TRAITÉ

DU DOL

ET

DE LA FRAUDE,

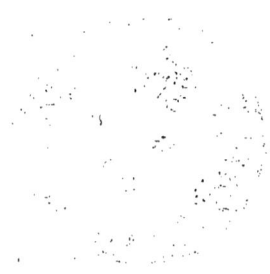

TRAITÉ
DU DOL

ET

DE LA FRAUDE,

EN MATIÈRE CIVILE ET COMMERCIALE,

Par M. CHARDON,

CHEVALIER DE L'ORDRE ROYAL DE LA LÉGION D'HONNEUR, PRÉSIDENT
DU TRIBUNAL CIVIL D'AUXERRE, (Yonne.)

Nullum mali genus, quod majorem humanæ societati
Pestem i ferat, quàm dolus malus. Cicer. *de off. lib.* 1.

TOME III.

AVALLON,

CHEZ COMYNET, IMPRIMEUR-LIBRAIRE.

1828.

TABLE

DES SECTIONS, CHAPITRES ET ARTICLES

CONTENUS DANS CE VOLUME.

FIN DE LA TABLE.

FAUTES A CORRIGER

Dans le 3ᵐᵉ. volume.

Page 16, 3ᵉ. ligne, *partagé*, lisez *partagée*.

Page 21, 6ᵉ. ligne, *repudié*, lisez *répudié*.

Page 112, 15ᵉ, ligne, *cxercées*, lisez *exercés*.

Page 114, 25ᵉ. ligne, *euv*, lisez *eux*.

Page 126, 1ʳᵉ. ligne, *utatu*, lisez *utatur*.

Page 174, 25ᵉ. ligne, 491, lisez 490 *bis*.

28ᵉ. ligne, *dépradation*, lisez *déprédation*.

Page 215, 29ₑ. ligne, *applieation*, lisez *appréciation*.

Page 225, 18ᵉ. ligne, *c'est ce que la loi.* lisez *c'est que la loi.*

Page 229, 7ᶜ. ligne, *marque*, lisez *marques*.

Page 230, 27ₑ. ligne, *ce pactes*, lisez *ce pacte*.

Page 344, 15ᶜ. ligne, *developpés*, lisez *développés*.

Page 376, 28ᵉ. ligne, *de Mulleville*, lisez *de Malleville*.

Page 386, 23ᵉ. ligne, *amico*, lisez *animo*.

TRAITÉ
DU DOL

ET

DE LA FRAUDE,

EN MATIÈRE

CIVILE ET COMMERCIALE.

SUITE DE LA SECONDE PARTIE.

SECTION III.

FRAUDES DANS LES LIBÉRALITÉS.

SOMMAIRE.

368. Division.

368. En recueillant les règles générales et communes à tous les genres de fraude, (n°. 3 et suivants,) nous avons eu occasion d'examiner plusieurs des principaux artifices qu'emploient ceux qui, contrariés par la loi dans les libéralités qu'ils veulent faire, ont recours à la fraude pour

satisfaire les passions auxquelles le législateur, par sa prohibition, a voulu mettre un frein. Nous revenons à ce même sujet, pour faire connaître les règles qui lui sont spéciales.

Nous verrons, d'abord, à qui appartient l'action en nullité ou réduction des dons indirects;

Nous examinerons, dans un second chapitre, ceux faits par les ascendants à leurs descendants;

Dans un troisième, ceux des époux entr'eux;

Dans un quatrième, ceux destinés aux enfants illégitimes;

Dans un cinquième, enfin, nous traiterons la question particulière sur le mérite des libéralités faites, à l'extrémité de la vie, par une femme malade, à son médecin qu'elle épouse.

CHAPITRE I.

ACTION EN NULLITÉ OU RÉDUCTION DES DONS INDIRECTS.

SOMMAIRE.

369. L'avantage indirect fait à un incapable peut être attaqué par tous ceux qui y ont intérêt.
370. Celui qui n'enfreint que la mesure de disponibilité, ne peut l'être que par ceux pour qui la mesure est établie.
371. Les créanciers du donateur ne peuvent l'attaquer.
372. Ni agir contre l'héritier pour le profit qu'il en a retiré.
373. Les donataires et les légataires sont dans la même impuissance.
374. Cas dans lequel l'époux donataire d'une part d'enfant peut-être admis.
375. Les héritiers collatéraux ne le sont jamais.
376. Ceux en ligne directe ne le sont que quand ils sont lésés.
377. L'enfant adoptif est assimilé à l'enfant légitime.
378. Divers cas dans lesquels l'enfant naturel a le même droit.

369. Les dons indirects ne sont attaquables que dans deux cas, lorsqu'ils ont été faits au profit d'un incapable, au mépris des articles 908 et 909 du Code civil, et quand le donateur a dépassé la mesure de la disponibilité fixée par les articles 913 et 915. Dans le premier cas, l'action en nullité appartient à tous ceux qui ont intérêt à s'en saisir. Les créanciers, les donataires et les légataires du donateur sont admis, comme les héritiers directs ou collatéraux ou irréguliers, à

faire rentrer, dans la masse des biens de la succession, ceux qui en ont été si abusivement distraits : le fait, que suppose l'action, enfreint une disposition d'ordre public.

370. Dans le second cas, ceux-là seulement en faveur de qui sont écrites les dispositions, sont admis à les invoquer.

371. Les créanciers du défunt seraient, à cet égard, sans intérêt et conséquemment sans action; ce qui n'a rien d'opposé à la faculté qu'ils ont d'attaquer les dons directs ou indirects de leur débiteur, quand ils ont été faits en fraude de leurs intérêts, ainsi que nous l'avons vu, n° 226 et 236 : la différence des deux hypothèses sera facilement aperçue. Dans des jours de prospérité, un père de famille a pu donner à un de ses enfants, ou à un étranger, et le faire par une voie détournée, sans chercher à tromper ses créanciers, ayant alors abondamment les moyens de les satisfaire. A sa mort, ses affaires se trouvent dérangées ; tandis que ses enfants, lésés par l'avantage indirect, peuvent s'en plaindre, les créanciers sont condamnés au silence, parce qu'il n'y a pas eu fraude à leur égard.

372. Ils ne peuvent pas même agir contre les enfants, à raison de ce que ceux-ci obtiennent dans les choses données. Ces choses ne dépendaient pas de la succession du débiteur, les enfants les recouvrent, comme légitimaires, par la

volonté de la loi, et non comme héritiers ; ils
sont, en quelque sorte, mis à la place du donataire, et continuent, comme lui, de posséder
ce qu'ils recouvrent, à titre singulier.

Cette position extraordinaire d'un enfant qui,
sans renoncer à la qualité d'héritier, recevant
même une portion des biens de son père, est
dispensé de payer les dettes de ce dernier, a
été l'objet d'une longue et savante discussion
au Conseil d'État, lors de la rédaction de l'article 921 ; elle avait même été close dans un sens
tout opposé : on réservait aux créanciers le droit
de se faire payer par les légitimaires. La majorité du Conseil appercevait, alors, dans l'idée
contraire, une source de fraudes ; mais le tribunat s'y opposa. M. Tronchet soutint les observations du tribunat, et l'action des créanciers
contre les légitimaires, fut définitivement rejetée ;
c'est pourquoi l'article 921 finit par ces mots :
ni en profiter. Voy. le procès verbal.

373. Les donataires du défunt sont, par les
mêmes articles du Code, exclus de l'action en
rapport ou réduction des avantages faits par le
défunt depuis leur donation ; ce qui ne les prive
pas du droit d'en demander la nullité, en tout
ou en partie, si ces libéralités nouvelles ont été
faites pour préjudicier aux leurs, comme nous
l'avons vu, n°. 298.

374. L'époux donataire d'une part d'enfant,

doit-il être compris dans cette exclusion générale des donataires? M. Grenier, n°. 500 et 711, adopte, d'une manière absolue, la négative, comme indubitable. Il s'appuie du suffrage de Lebrun et de celui de Denisart : comme eux, il donne pour motif que, «si l'exclusion était pro-» noncée, il serait libre à l'époux donateur et à » ses enfants, de réduire à rien le droit de l'é-» poux donataire, par des conventions fraudu-» leuses.»

Il nous semble qu'il ne faut pas confondre, comme l'ont fait ces auteurs, les donations antérieures au mariage de ces époux, et celles faites depuis. Celles qui ont précédé ce mariage sont exemptes de tout soupçon de fraude, à l'égard de l'époux donataire, qui n'a pu compter que sur les biens libres au moment de son mariage. Quant à celles postérieures, il est juste qu'elles ne puissent pas lui nuire, et qu'il soit recevable à attaquer celles faites indirectement; mais, dans ce cas, son action ne prend pas sa source dans le droit de faire rapporter, qui n'est institué qu'en faveur de l'héritier ; son action est celle d'un créancier demandant, en vertu de l'article 1167, la nullité de ce qui a été fait en fraude de ses droits, et cette qualification de créancier n'a rien d'exagéré. (*Voy. ci-dessus* n°. 310.)

Pothier, sur la *Coutume d'Orléans*, tit. *des successions*, n°. 88, a, le premier, enseigné

cette distinction , et réduit ainsi le droit de l'é-
poux donataire sur les autres donations. Dans
l'édition de Lebrun, donnée par Espiard, en 1775,
l'éditeur a eu soin de faire mention de ce sentiment de Pothier. On doit d'autant mieux s'y attacher aujourd'hui, que, du temps de ces auteurs,
la jurisprudence seule avait réglé par qui cette
action pouvait être intentée , et que ces règles
étaient incertaines et variables, comme le seront
toujours celles ainsi abandonnées aux opinions
des magistrats et des jurisconsultes. Aujourd'hui,
un texte formel n'accorde l'action en réduction
qu'à l'héritier ; un autre l'interdit nommément
aux donataires , sans exception. On ne peut donc
pas hésiter à refuser à l'époux donataire d'une
part d'enfant moins prenant, le moindre droit
sur les donations antérieures à son mariage.
Ajoutons que le sentiment opposé attribuerait
à l'époux veuf avec enfants , la faculté de porter
lui-même atteinte, en se remariant, aux donations par lui précédemment faites.

375. Les héritiers eux-mêmes ne sont pas toujours recevables à attaquer , comme donations
simulées, les actes faits par leur auteur, quelque graves et sérieux que soient leurs moyens
pour faire connaître la simulation. Dans cette
seconde partie, n°. 4, nous avons exposé la
solennelle controverse , qui a préparé les règles
invariables posées, sur cette matière, par la Cour
de cassation.

Les héritiers collatéraux n'ayant obtenu, par le Code, aucune réserve, leur auteur est libre de disposer de sa fortune par voie directe ou indirecte, sans qu'ils puissent attaquer ses actes, à moins qu'ils ne soient destinés à faire parvenir des largesses prohibées à un incapable. Hors ce cas, quoique les formes prescrites à la donation n'aient pas été observées, comme leur but est rempli par l'irrévocabilité d'un acte à titre onéreux, et que cet acte est sans fraude, toute action est interdite à ces héritiers.

376. Ceux en ligne directe sont dans la même impuissance, s'ils ne prouvent pas que la libéralité a été faite à un incapable, ou qu'elle entame la portion de biens qui leur est réservée. Quand même les dons seraient faits à l'un d'eux, les autres se prévaudraient en vain de l'article 843, portant que tout héritier venant à une succession doit y rapporter tout ce qu'il a reçu directement ou indirectement, à moins qu'il n'en ait été dispensé ; on ne peut pas en conclure que l'action en simulation puisse être prise chaque fois que, sous le couvert d'un contrat onéreux, on aperçoit un don fait à l'héritier ; si le donateur n'a disposé que de ce qui lui était permis, son donataire est dispensé du rapport, et n'en est pas moins admis au partage. Dans ce cas, le moyen indirect, choisi par le donateur, démontre suffisamment sa volonté que la personne gratifiée par lui, con-

serve ses largesses, indépendamment de sa portion héréditaire ; et, pour le décider ainsi, on
s'est particulièrement appuyé sur les articles 911
et 918, qui fixent, d'une manière limitative, les
cas dans lesquels l'action en simulation des libéralités peut être intentée.

Les nombreuses autorités que nous avons rapportées, n°. 4, nous dispensent de citer ici aucun
exemple.

377. Que cette action appartienne à l'enfant
adoptif, c'est ce dont l'article 350 ne permet pas
de douter, puisqu'il donne à cet enfant les mêmes
droits qu'à celui né du mariage. Toutefois, son
action ne peut atteindre les actes antérieurs à
l'adoption, qui, très-certainement, n'ont pas eu
pour but de le léser.

378. L'enfant naturel n'est pas héritier; mais
la loi, qui lui en refuse le titre, lui en attribue les
effets en partie, lui donnant, sur les biens de
ses père et mère décédés, une portion aliquote,
dont elle fixe la quotité, suivant le nombre et la
qualité des héritiers légitimes. Il résulte de là,
ainsi que l'ont reconnu tous les commentateurs,
et particulièrement M. Grenier, dans son *Traité
des Donations*, n°s. 652 et 675, qu'étant institués par la loi dans une partie de biens dont
leurs pères et mères sont tenus de leur faire la
réserve, si, par des libéralités directes ou indirectes, leurs droits se trouvent compromis, ils

sont recevables à attaquer les actes et les faits par lesquels cette violation a été commise : l'action, à cet égard, leur est disertement donnée par les articles 759 et 761.

Des tentatives ont été faites pour le système contraire : on a prétendu que le droit de l'enfant naturel n'était qu'une simple créance contre la succession, et non un droit réel. Elles ont échoué devant deux Cours, celle de Douay, le 14 août 1811, et celle de Rouen, le 17 mars 1813. (*Voy. Sirey*, tom. 12, 2, 1, *et t.* 13, 2, 230.) .

Sur ce droit de l'enfant naturel, il importe de faire plusieurs observations importantes : 1° dans tous les cas où la recherche de la paternité est interdite, ce n'est que du jour où le père a reconnu l'enfant, que celui-ci a un titre ; jusqueslà, ses droits étaient éventuels, et laissés à la discrétion du père ; d'où sort la conséquence que rien de ce qu'a fait le père auparavant, ne peut être soumis aux plaintes de l'enfant.

2°. Lorsqu'au contraire, la paternité peut être recherchée, comme celle du ravisseur, qu'autorise l'article 340, il est évident que le droit de l'enfant a commencé avec son existence, et que toutes les précautions prises par le père, depuis son rapt, doivent être considérées, par les tribunaux, comme le complément de ce crime, et fait en fraude des intérêts de l'enfant.

De l'expression *enlèvement*, dont se sert l'ar-

ticle 340 , pour désigner le rapt, on pourrait
conclure qu'il ne s'agit que du rapt *de violence*;
mais il faut y comprendre celui *de séduction*,
qui consiste à soustraire une fille mineure à l'autorité de ses père et mère. Il est plus facile à
exécuter que le premier, et conséquemment plus
dangereux. Le Code pénal les comprend tous
deux dans une même disposition....... « Quicon-
» que aura *par fraude* ou par *violence*, etc. »
Art. 354.

C'est ainsi que l'ont décidé uniformément le
tribunal et la Cour royale de Paris, dans la cause
d'un officier français contre une jeune Espa-
gnole. Il l'avait attirée auprès de lui , dérobée
aux vives recherches de son père, notaire à Cor-
doue, et amenée en France, où elle était devenue mère , le 14 novembre 1813. Après s'être
félicité, avec elle, dans sa correspondance, de
ce qu'ils avaient un fils, il avait fini le roman en
abandonnant la mère et l'enfant. Sur les justes
plaintes de cette infortunée , il eut le courage
d'invoquer , au soutien de sa perfidie, les subtilités du barreau. On eut recours, pour lui, à
l'équivoque, que semble autoriser l'article 340 ,
sur le caractère du rapt. On voulut aussi prétendre que, dans le sens de cet article , la con-
ception de l'enfant devait coïncider exactement
avec l'époque où l'enlèvement avait été fait. Ces
jeux d'imagination n'eurent pas plus de poids

qu'ils n'en méritaient : on réputa *ravisseur* celui qui avait soustrait une fille de seize ans à ses père et mère ; et tout le temps pendant lequel elle avait été en son pouvoir , fut déclaré celui de l'enlèvement. Il fut condamné à élever l'enfant, et à fournir à la mère des fonds suffisants pour retourner dans sa patrie. L'arrêt est du 28 juillet 1821. (*Voy. le Journal du Palais*, tom. 62, *p*. 25.)

M. Toullier, tom. 2, n°. 940, met le viol sur la même ligne que l'enlèvement , et le regarde comme compris dans la disposition de l'article 340. Il suppose que les législateurs ont fait un oubli , et veut le réparer. M. Locré, dans son *Analyse des Conférences sur le Code*, tom. 4 , *p*. 207, nous apprend, au contraire, que lors de la rédaction de cet article , il avait été proposé de comprendre le rapt et le viol dans une même exception, et que, d'abord , il fut décidé qu'il n'y en aurait aucune ; mais que, dans la suite , surtout après la conférence avec le tribunat , on rétablit l'exception , mais seulement pour le rapt, sur les observations du consul Cambacérès : « Qu'il serait immoral qu'un ravisseur , contre » lequel la paternité aurait été prouvée , à l'effet » de le faire condamner en des dommages et inté- » rêts, ne fût pas réputé le père de l'enfant envers » la mère duquel il aurait été condamné. »

La pensée de M. Toullier n'en est pas moins

judicieuse, et il serait déplorable que l'insuffisance du texte pût l'emporter sur le point d'équité.

Lors même que le coupable d'enlèvement ou de viol se serait, depuis, marié avec une autre femme, on ne pourrait pas contester à l'enfant son droit successif, et lui appliquer l'article 337. Cet article n'a pour objet que la reconnaissance spontanée, et ne peut pas être étendu à celle prononcée par la justice, et par suite d'un crime.

Quand, en se mariant, un des époux dissimule à l'autre qu'il a un enfant naturel, et le reconnaît ensuite, il commet une fraude dont la loi devait prévenir les effets; mais quand la paternité est due à une action aussi révoltante, il n'y a plus à mettre en balance la juste réparation qu'en doit le coupable, avec les intérêts de la femme qu'il a épousée, et des enfants qui en naîtront. Cette réparation était un droit acquis avant son mariage, dont les conséquences doivent être supportées par tous ses ayant-causes.

CHAPITRE II.

AVANTAGES INDIRECTS DES ASCENDANTS A LEURS DESCENDANTS.

SOMMAIRE.

379. Plusieurs Coutumes, prenant d'excessives précautions contre la fraude, et pour le repos des familles, prohibaient, entre les ascendants et leurs descendants, la plupart des conventions, dans la crainte qu'elles ne servissent d'occasion de dissimuler des avantages. Ces Coutumes, qu'on appelait *d'égalité parfaite*, ne faisaient pas le droit commun ; un beaucoup plus grand nombre avaient évité cet excès, et étaient suivies dans les Coutumes muettes. On pensait, avec raison, qu'il était même contraire à l'intérêt des familles de contraindre le chef, que des circonstances forçaient à des négociations, à ne pouvoir faire passer qu'à des étrangers les bénéfices légitimes qu'elles devaient procurer.

380. Le Code civil a adopté ce système, bien plus conforme que le premier, aux éléments d'une

sage liberté , et aux sentiments de la paternité :
L'article 843 dispense l'héritier de rapporter « le
» profit qu'il a pu retirer des conventions pas-
» sées avec le défunt, si ces conventions ne pré-
» sentaient aucun avantage indirect, lorsqu'elles
» ont été faites. »

Toute la théorie consiste donc aujourd'hui à
reconnaître, dans les faits et les actes qui ont eu
lieu entre l'ascendant et l'un de ses héritiers ,
ceux qui ont eu pour but de procurer à cet héritier un avantage excédant la mesure légale.

Dans les règles générales (section 1), nous
avons fait apercevoir la plupart des procédés
dont use ordinairement la fraude dans cette conjoncture; nous n'avons plus à nous occuper que
de quelques questions particulières.

381. Quelquefois , l'avantage d'un père à son
fils ne consiste qu'à s'abstenir d'un droit qu'il
aurait intérêt d'exercer, ou à exercer un droit
qu'il aurait intérêt d'abandonner.

Premier exemple : un père, ayant des enfants
de deux lits , est appelé à la succession de l'un
d'eux; s'il prend son quart, les biens qui le composent seront un jour partagés également par
tous ses enfants. S'il renonce, ceux-ci le recueil-
leront sur-le-champ , mais fort inégalement; les
frères-germains du défunt y auront moitié , et
partageront l'autre avec les consanguins.

Deuxième exemple : un père est institué légataire, conjointement avec un de ses enfants : s'il renonce à sa moitié , son colégataire la recevra seul , tandis qu'il l'eût partagé avec ses frères et sœurs , au décès du père, si celui-ci ne l'eût pas abandonnée.

Troisième exemple : une mère peut prendre moitié dans sa communauté avec son second mari , qui est avantageuse ; si elle y renonce , les enfants du second lit auront seuls tout ce qui lui en aurait appartenu.

La doctrine des anciens auteurs , prise dans son ensemble , offre , en résultat , que , dans de telles circonstances, l'enfant qui profite de l'abs- tention de ses père et mère, ne reçoit rien d'eux, et conséquemment n'a rien à rapporter à leur succession ; mais , si l'on examine attentivement tout ce qu'ils ont écrit sur ce sujet , on n'y trouve qu'incertitudes et contradictions.

Lebrun , dans son *Traité des Successions* , *liv.* III, *chap.* 6, *sect.* 2, voudrait que la renon- ciation fût réputée avantage indirect , quand il s'agit de succession , et non quand il s'agit de communauté. Pothier, plus conséquent , croit que les deux cas étant identiques, il faut n'exiger le rapport ni dans l'un ni dans l'autre. (*Cou- tume d'Orléans , tit.* XVII , n°. 79.) Le dernier éditeur, de Lebrun , s'est empressé de faire , de cette opinion de Pothier, l'objet d'une annotation ; mais , onze ans plus tard , Pothier , lui-même , écrivant son *Traité des Donations entre époux*, a pensé autrement, pour le cas où un mari refuse le legs qui lui est fait dans une succession échue à sa femme. Il reconnaît, dans ce procédé, une fraude à la prohibition faite aux époux de s'avantager; et néanmoins, dans son *Traité des Successions*, *ch*. IV, §. 2, œuvre de ses dernières années, et qui n'a paru qu'après sa mort, il retourne à ses premières pensées sur les renonciations des pères et mères, profitables à l'un de leurs enfants.

M. Merlin, auteur de l'article *rapport à succession*, dans le Répertoire, s'est borné à exposer les sentimens divers sur la question, sans se prononcer lui-même affirmativement, et dans les éditions qu'il en a données depuis le Code, il n'a rien ajouté à ce qu'il avait écrit.

M. Grenier, dans son *Traité des Donations*, n°. 515, se rapproche davantage de l'opinion de Pothier; et cependant finit par laisser ses lecteurs dans l'indécision. M. Toullier a reconnu aussi que les opinions étaient flottantes : il croit qu'elles le seront long-temps, et s'en tient là.

M. Chabot de l'Allier, au contraire, décide nettement que, dans les trois cas prévus, si le droit auquel le père a renoncé était évidemment avantageux, on ne doit attribuer sa renonciation qu'au désir de gratifier celui de ses enfants qui en reçoit le bénéfice, et qu'il y a lieu au rapport.

Quoi qu'il ait parfaitement justifié sa proposition, que nous adoptons sans réserve, nous croyons
pouvoir ajouter quelques considérations à celles
qu'il a données.

Très - certainement, c'est l'influence du Droit
romain sur l'esprit des anciens auteurs, qui, à
ce sujet, les éloignait de la vérité, dont par fois
ils se rapprochaient. Dans ce Droit, comme nous
l'avons fait voir, n°. 264, le créancier n'était pas
admis à contredire la renonciation de son débiteur, à une succession, quoiqu'il eût pu y trouver les moyens de s'acquitter envers lui, et le
motif est *Quis occasione acquirendi non utitur,
non intelligitur alienare, veluti qui hœredita-
tem amittit*, *l.* 28, ff. *de verb. signif.*

C'est sur ce même motif que s'appuient les
auteurs, pour interdire aux enfants la censure
des renonciations de leurs pères et mères, profitables à l'un d'eux; et ce motif est-il autre chose
qu'une pure subtilité? Pothier lui-même, dans
le passage que nous venons d'indiquer sur les
donations entre époux, le déclare *plus subtil
que solide.*

« Lorsque le mari qui était seul dans le degré
» le plus prochain pour recueillir une succession
» opulente, la répudie pour la faire passer à sa
» femme qui se trouve être dans le degré suivant,
» cette répudiation ne peut passer que pour un
» véritable avantage qu'il a eu dessein de faire à

» sa femme, aux dépens du droit qu'il avait de
» la recueillir : lequel avantage, nonobstant la
» *subtilité de la loi romaine*, doit passer pour
» un avantage prohibé. »

Jusqu'au Code civil, cette subtilité a fait la loi
entre les créanciers et leurs débiteurs, dans toutes les parties de ce royaume, régies par le Droit
écrit ; elle a été rejetée par les articles 622, 788
et 1164. Ce cas n'est pas, il est vrai, celui
qui nous occupe, mais il y a, entre les deux
hypothèses, une parfaite analogie. Si l'on a
craint que la renonciation d'un débiteur à un
droit, ne fût un moyen trop facile de tromper
ses créanciers, comment ne verrait-on pas,
dans celle des pères et mères, le même danger
à l'égard de leurs enfants ?

Quand, d'ailleurs, on dit que celui qui renonce à une succession, à un legs, à une communauté, n'a jamais eu les biens qui en dépendent,
on se fait illusion. Le renonçant est *censé* ne les
avoir jamais eus, telle est l'expression de l'article 785, et, par ce mot, la loi reconnaît positivement qu'elle ne consacre qu'une fiction, dont
l'objet est d'affranchir le renonçant des conséquences d'une qualité qu'il répudie ; mais les fic-
tions sont de droit étroit, et ne peuvent être
étendues d'un cas à un autre. La réalité est qu'on
ne peut renoncer qu'à ce qu'on a, et que l'émolument n'étant passé à l'enfant que par l'effet de

la renonciation du père, ce dernier avait auparavant tout ce que le premier a eu depuis.

Dans le système que nous combattons, on ajoute que la renonciation peut n'avoir été déterminée que par le désir du père d'échapper à des embarras peu profitables. En faisant cette objection, on oublie qu'il s'agit d'un père de famille ; que si la paternité a ses douceurs, elle a aussi ses charges et ses obligations ; qu'une de ces charges est la perte de l'indépendance dont jouissent les autres citoyens ; que le père de famille ne peut pas lâchement abandonner l'occasion d'améliorer le sort de ses enfants, sur-tout quand l'un d'eux doit ravir aux autres tout ce que son indolence laisserait tomber de ses mains ; qu'enfin tel est un des effets de la règle, qui circonscrit pour lui, dans d'étroites limites, la faculté de donner.

En un mot, ce système nous paraît tellement faux, que nous le comparons à celui d'un fils qui, forcé d'avouer qu'il a un sac de cent pistoles provenant de son père, dirait : Ce sac gênait mon père dans sa chambre, il l'a jeté par la fenêtre, je l'ai ramassé, je ne le tiens pas de lui, je dois le conserver.

Lors donc que des héritiers à réserve se plaignent d'une renonciation de l'auteur commun, prétendant qu'elle a produit un avantage indirect et réductible, à l'un des successibles, ils doivent, indubitablement, être admis à faire procéder à l'examen des forces et des charges du droit répudié; et, pour peu que le résultat de l'examen justifie leur plainte, on doit y faire droit.

De ce concours de circonstances, que la chose repudiée comme onéreuse par l'auteur, a été reprise comme utile par un de ses successeurs ; que les autres la réclament, et que celui qui l'a reprise refuse de la rendre, naît déjà la plus forte présomption qu'il y a avantage prohibé; on ne se querelle pas ainsi pour des chimères.

On doit d'autant plus s'attacher aujourd'hui à ce sentiment, que, comme nous l'avons déjà dit, les avantages indirects ne sont rapportables, qu'autant qu'ils excèdent la portion disponible, et conséquemment que, dans l'hypothèse actuelle, l'action en rapport ne sera dirigée utilement que lorsque la renonciation aura fait passer à l'enfant favorisé des valeurs considérables.

382. Dans le cas inverse de celui qui vient d'être examiné, si un ascendant, par l'exercice d'un droit facultatif dont il pouvait s'abstenir, procurait à l'un de ses successibles un avantage préjudiciable aux autres, le rapport pourrait également, et par les mêmes raisons, être exigé. On a vu que Pothier, malgré ses incertitudes sur la question, en général, n'hésite pas, sur celle particulière que présente cette nouvelle hypothèse, à décider que, lorsqu'une mère accepte la com-

munauté de son second mari, et par ce moyen
fait passer aux enfants du second lit une partie
de ses reprises, les enfants du premier sont bien
fondés à quereller cet avantage, comme fait en
fraude de la prohibition.

La même décision devrait être prise, si un
père, en acceptant la succession d'un débiteur de
son fils, lui procurait le paiement d'une créance,
qui, s'il eût renoncé, eût été perdue pour le fils.

383. Suivant l'article 868 du Code civil, l'héritier, tenu de rapporter le mobilier qui lui a
été donné, ne doit compte que de la prisée qui
en a été faite dans la donation ; cependant cette
prisée peut être infidèle. Si telle était la prétention des autres héritiers, et qu'ils offrissent de
l'établir, seraient-ils admissibles à la preuve ?
On peut leur opposer que le texte de la disposition ne leur réserve pas cette faculté, et que son
silence a pu être déterminé par les difficultés et
les dangers d'une nouvelle estimation ainsi faite
d'objets dont l'examen n'est plus possible. Le sentiment contraire nous semble plus conforme au
droit et à l'équité. La disposition de l'article 868
suppose nécessairement que la prisée a été faite
de bonne foi ; dans cette règle, comme dans toutes les autres, l'exception de fraude est toujours
sous entendue, et ne peut être écartée que dans
le très-petit nombre de cas où la loi l'a déclarée
inadmissible. Cela est si vrai, que cette disposi-

tion, dans son texte, n'admet pas même la preuve
par écrit de l'infidélité, et que personne n'osera,
sans doute, porter la conséquence de son silence,
jusqu'à vouloir faire proscrire cette preuve, qui
pourrait résulter des registres du donateur ou
des factures trouvées dans ses papiers. Il faut
donc admettre l'exception de fraude, et c'est l'a-
vis de M. Grenier, nos. 523 et 548. A l'égard des
difficultés d'une évaluation par témoins, elles
doivent rendre les juges sévères dans l'examen
des faits articulés, et du mode de preuve offert ;
mais elles ne sont pas insurmontables, et ne peuvent pas fonder une fin de non recevoir. Si, par
exemple, on articulait qu'au moment où un père
donnait à son fils une maison, avec tout son mobilier prisé seulement 3,000 fr., quelqu'un lui
offrait de ce mobilier 10,000 fr. ; si on mettait
en fait que des diamants donnés par une mère à
sa fille pour 6,000 fr., venaient d'être achetés
par elle 25,000 fr. ; si, sur-tout, dans ces deux
cas, on proposait de faire entendre les personnes
avec lesquelles les négociations auraient eu lieu,
sans contredit la preuve ne pourrait pas être refusée.

CHAPITRE III.

AVANTAGES INDIRECTS ENTRE ÉPOUX.

SOMMAIRE.

384. Indépendamment des nombreux moyens de dissimuler les libéralités prohibées dont nous avons déjà parlé, le mariage en offre aux époux plusieurs qui méritent un examen particulier.

Ceux qui s'unissent en premières noces, ont une très-grande latitude pour les conditions civiles de leur union. Cependant le but du mariage étant d'avoir des enfants, la loi a veillé pour eux, voulant qu'en leur donnant l'existence, on ne les condamnât pas à l'infortune, par une prodigalité déraisonnable. C'est pourquoi le Code civil (*chapitre des Donations entre époux*), après leur avoir donné une faculté illimitée de s'avantager, pour le cas où ils n'auraient pas d'enfants, dans le cas contraire, restreint cette faculté, même par contrat de mariage, à un quart en propriété et un quart en usufruit des biens du donateur. L'article 1099 qui termine ce cha-

pitre, annulle expressément les donations déguisées qui dépasseraient cette mesure.

Il ne faudrait pas conclure de cette prohibition, que les conventions matrimoniales, qui, en
modifiant la communauté légale par des ameu-
blissements, par des mises inégales, ou par des
attributions de parts différentes, procurent à l'un
des époux un avantage important, puissent être
réputées libéralités, et à ce titre réduites à
la portion disponible. Ces conventions ont toujours été admises comme conditions licites du
mariage ; jamais les enfants n'ont été reçus à les
censurer pour leur légitime ; et le Code, en les
autorisant de nouveau, n'a ouvert l'action en réduction qu'aux enfants du premier lit, lorsqu'elles
sont stipulées pour un second mariage, *article* 1496
et 1527.

385. Il en est autrement de la simulation d'apport : la fraude seule a pu la conseiller pour enfreindre la prohibition, et la nullité prononcée
par l'article 1099, est incontestablement applicable à cette stipulation mensongère. Toutefois, il
faut l'observer, cette action, par laquelle des enfants accusent leurs père et mère de déloyauté
et de mensonge, ne doit pas être légèrement
conçue, et ne peut-être accueillie par les tribunaux, qu'autant que des faits graves et précis tendent à prouver une lésion énorme pour les enfants.

386. La vente d'immeubles, par un des époux

à l'autre, permise par l'article 1595, dans les trois cas qui y sont spécifiés, est encore une occasion de don indirect; aussi ce même article réserve-t-il expressément aux enfants le droit d'en faire vérifier les causes et les valeurs. Cette vérification est facile, ce n'est pas aux enfants à prouver la fausseté de la créance qui a été la cause ou le prétexte de la vente, c'est à l'époux acquéreur à en établir la sincérité. Quant au prix de l'immeuble cédé, une estimation en fait aisément connaître le plus ou moins de justesse; mais une faible différence ne suffirait pas pour porter atteinte à l'acte, il faudrait qu'elle fût assez considérable pour qu'on ne pût pas douter de l'intention d'avantager l'acquéreur.

387. L'article 1096 du Code civil portant : « Toutes donations faites entre époux pendant » le mariage, quoique qualifiés entre vifs, se- » ront toujours révocables », contient implicitement une prohibition, dont le maintien est très-essentiel à la paix des ménages. Cette fragilité des dons que des époux, dans un jour de satisfaction ou d'enthousiasme, peuvent se faire, et qu'ils peuvent briser le lendemain, si les espérances conçues s'évanouissent, est un salutaire préservatif contre les efforts de la violence, de la ruse et de la séduction, dont on voyait trop d'exemples dans les pays où les époux pouvaient jadis se faire, pendant le mariage, des dons irrévocables.

Les conséquences de cette disposition sont, 1°. que les époux sont entr'eux *incapables* de faire et de recevoir de semblables dons;

2°. Que les donations entre vifs faites par l'un d'eux aux père, mère, ou enfants d'un premier lit de l'autre, peuvent être révoquées par le donateur, comme faites à ce dernier par leur interposition, conformément à l'article 911 ;

3°. Que si, par toute autre voie, une semblable infraction était commise, l'époux dépouillé serait incontestablement admis à prouver la fraude, et s'il la prouvait, à reprendre les choses par lui données.

Une cause de cette nature s'est présentée récemment au tribunal d'Auxerre. Le sr. D....., ayant des enfants d'un premier lit, était remarié en secondes noces avec la demoiselle P....., et n'en avait pas d'enfants. Pour augmenter son aisance et enrichir ses enfants, aux dépens de sa femme, il la détermina à vendre une maison qui lui était propre, et qu'ils habitaient ensemble, à ses enfants, moyennant une rente viagère de 300 fr. sur sa tête et celle de sa femme, réductible à 250 fr. à la mort du premier qui décéderait. Puis, par une contre-lettre dont sa femme trouva le double dans ses papiers, ses enfants s'étaient obligés à lui laisser la jouissance de cette maison pendant sa vie, et, dans le cas où il survivrait à sa femme, beaucoup plus jeune que lui, à lui continuer la rente viagère de 300 fr. sans réduction.

Après son décès, ses enfants voulurent expulser la veuve de la maison qui faisait sa seule ressource. Elle résista à leur demande, en excipant de la nullité de la vente à laquelle elle disait avoir été contrainte. Elle prouva que cet acte n'était qu'une libéralité déguisée, en justifiant que la maison avait été acquise par elle peu d'années auparavant, moyennant 6,000 fr.; elle soutint qu'on ne devait compter pour rien les 300 fr. payés par les enfants à leur père, puisqu'ils lui devaient des aliments; qu'à son égard, si l'acte était maintenu, elle serait dépouillée d'une valeur de 6,000 fr. pour 250 fr. de rente viagère.

En effet, le tribunal n'hésita pas à voir dans cet acte une violation de la prohibition prononcée par l'article 1096. Le caractère de libéralité était évident, l'esprit de fraude qui avait présidé à l'opération était révélé par la contre-lettre dont les dispositions n'étaient pas déniées, la spoliation de la femme par le mari et ses enfants était manifeste, la maison lui resta.

Les enfants du sr. D.... se faisaient un moyen de ce que leur belle-mère n'avait pas révoqué cet acte du vivant de leur père; le tribunal n'y eut aucun égard, la faculté de révoquer par le donateur lui étant accordée sans limite, ne doit dès-lors s'éteindre qu'avec lui.

Il en eût été autrement, si la demoiselle P.... était morte avant ou après son mari, sans avoir consigné par écrit sa volonté de révoquer. Ses héritiers n'auraient pas été recevables dans l'action qui lui a réussi. On leur aurait répondu avec avantage : qu'importe qu'elle ait pris un moyen indirect pour faire ce qu'elle pouvait faire directement. (*Voy. le n°. 4 de cette seconde partie.*) La loi ne lui défendait pas de donner entre vifs, elle l'autorisait seulement à révoquer ; mais cette faculté est personnelle à l'époux donateur ; elle est la même que celle des testateurs de lacérer leurs testaments, faculté qu'ils conservent toute leur vie, et qui très-certainement ne passe pas à leurs héritiers.

387. *Bis.* Des fraudes beaucoup plus communes dans les seconds ou subséquents mariages, sont celles dont sont victimes les enfants des mariages précédents. Dans ces alliances tardives, l'intérêt parle bien plus haut que l'affection. La loi ne permettant à la personne qui a des enfants, de donner à celle qu'elle épouse qu'une portion d'enfant, paraît à celle-ci trop parcimonieuse, et l'on s'efforce d'en secouer le joug : les enfants du premier lit sont regardés comme une charge dont on veut être dédommagé, et celui qui leur a donné la vie, ne défend leurs intérêts qu'avec une tiédeur facile à vaincre. Cette déplorable vérité est si généralement reconnue, que, dans ces causes, la faveur est pour les enfants qui accusent, et la sévérité pour l'époux qui se justifie.

Non-seulement les stipulations d'apport, écrites dans le contrat de mariage, peuvent être arguées de simulation, mais toutes les conventions dérogeant à la commuuauté légale doivent, ainsi que nous l'avons déjà dit, être vérifiées dans leur résultat, de manière à ce que l'époux donataire ne recueille pas une obole au-delà de la part d'enfant.

Un arrêt de la Cour de cassation, du 2 mai 1808, rappelle aux tribunaux la rigueur avec laquelle ce principe doit être appliqué. En l'an IV, le sieur Richard et la dame Frémicourt se marièrent, ayant tous deux des enfants d'un précédent mariage. Par leur contrat, entr'autres dispositions, il fut dit que le survivant serait propriétaire de toute la communauté mobiliaire, et que, s'il y avait des enfants du prédécédé, *tous les avantages accordés au survivant seraient restreints aux termes des lois.* Le sieur Richard, décédé en janvier 1806, laissa deux enfants ; néanmoins sa veuve prétendit que la restriction de ses avantages ne pouvait pas s'étendre sur la propriété de la communauté mobiliaire que lui conférait son contrat de mariage, et fit accueillir sa prétention par le tribunal de Cambrai, dont le jugement a été confirmé par la Cour de Douai. Ses principaux motifs sont : « Que la stipulation entr'époux, par contrat de mariage, portant que » le survivant d'entr'eux sera propriétaire de la

» communauté mobiliaire, n'est point une dona-
» tion, mais un simple règlement de commu-
» nauté entr'eux, une convention entre associés,
» laquelle ne tient nullement à la bienfaisance,
» mais à une juste indemnité; qu'elle n'a pour
» objet que les bénéfices résultant de l'industrie,
» de l'économie et des travaux respectifs des époux,
» et qu'elle peut même, par événement, être
» illusoire, comme dans le cas où la communauté
» éprouverait des pertes..,... ; que les art. 1525
» et 1527 du Code civil portent des dispositions
» confirmatives, claires et précises sur la ma-
» tière......, sauf, de la part des héritiers du dé-
» funt, la reprise des apports et capitaux mis
» dans la communauté mobiliaire, par l'époux
» décédé...... »

L'arrêt qui casse cette décision en réfute victorieusement les motifs :

« Considérant que les articles 1098 et 1099
» déterminent et limitent, d'une manière posi-
» tive, l'avantage qu'un époux, veuf avec enfants
» d'un premier lit, qui passe à de secondes
» noces, peut faire à son second époux, et que
» la réduction de tout ce qui tend directement
» ou indirectement à excéder cet avantage, est
» également ordonnée, d'une manière expresse,
» au profit des enfants du premier lit; que, si
» l'article 1525 permet en général aux époux de
» stipuler que la totalité de la communauté ap-

» partiendra au survivant d'entr'eux, l'effet de
» cette disposition générale ne peut s'étendre au
» cas particulier de l'existence d'enfants d'un pre-
» mier lit : ce qui résulte clairement de l'article
» 1527, où le législateur excepte formellement
» de la liberté presque illimitée des conventions
» matrimoniales, établie par divers articles pré-
» cédents, toute convention qui tendrait à porter
» atteinte à la réserve légale dévolue aux enfants
» d'un premier lit; Considérant, enfin, que les
» dernières expressions du même article 1527, ne
» peuvent avoir évidemment pour objet que
» d'autoriser le partage égal des bénéfices de
» communautés dans lesquelles des mises iné-
» gales ont eu lieu, sans que ce partage égal
» puisse être réputé avantage au profit de celui
» des époux dont la mise a été moindre que celle
» de l'autre époux, mais qu'on ne peut l'étendre
» à une stipulation qui appellerait l'époux survi-
» vant à la propriété de la totalité de ces mêmes
» bénéfices, etc. »

M. Grenier qui, dans la première édition de
son *Traité des Donations*, avait professé la
même doctrine que celle des magistrats de Cambrai et de Douai, dans la seconde, a eu soin de
faire connaître cet arrêt. (*Voy. tom.* ii., p. 434.)

CHAPITRE IV.

AVANTAGES INDIRECTS AUX ENFANTS ILLÉGI-
TIMES.

SOMMAIRE.

388. Lorsque des enfants illégitimes naissent de personnes libres de s'unir en mariage, les articles 757 et 758 du Code civil leur accordent, dans les biens de leurs père et mère, une portion plus ou moins étendue, suivant le nombre et la qualité des héritiers légitimes : quant aux incestueux et aux adultérins, l'article 762 les réduit à de simples aliments, et l'article 908, à l'égard de tous, défend de leur rien donner au delà de ce qui est ainsi réglé.

389. Il semblerait, par suite de ce que nous avons dit, dans le cours de ce Traité, *sur la fraude à la loi*, que cette disposition, conçue en termes prohibitifs, ne peut pas être impunément violée; que tout sentier détourné qui pourrait

conduire ces enfants à une fortune que la loi leur refuse, doit être fermé comme la voie directe, sur tout si ce qui leur est donné abusivement est ravi à des enfants légitimes. On serait d'autant plus porté naturellement à appliquer à cette espèce de fraude les règles générales et élémentaires sur le respect à la loi, que c'était un point invariable dans l'ancienne jurisprudence; qu'on l'opposait comme une digue salutaire à la dissolution des mœurs. On pourrait croire que la parcimonie du Code envers ces enfants, prenant aussi sa source dans la morale, avait pour objet, non de les punir d'une faute dont ils sont innocents, mais d'effrayer ceux qui, dédaignant le mariage, seraient tentés de former ces associations illicites, qui scandalisent la société.

Le texte du Code, malgré les équivoques dont il est susceptible, n'a rien qui soit en opposition absolue avec ces idées; mais la jurisprudence lui a donné une interprétation qui les repousse. Les infractions les plus audacieuces aux dispositions de l'art. 908, ont été maintenues. Ces déplorables succès ont été obtenus, non-seulement par des voies indirectes, mais par celles directes et positives.

Cependant la première décision solennelle, donnée à ce sujet, fut conforme à l'ancienne jurisprudence; et, par arrêt du 2 décembre 1808, la Cour de Limoges admit l'action en fraude contre un legs universel fait évidemment aux enfants adultérins du testateur.

La Cour de Paris, au contraire, rejeta, le 6 juin 1809, la preuve de faits non moins désicifs, articulés par les héritiers de Baude contre ses légataires universels.

Les opinions divisées par ces autorités, étaient flotantes, lorsque, sur le pourvoi contre l'arrêt de la Cour de Limoges, M. Merlin, alors Procureur-général, entreprit de venger les dispositions du Code mises en question, des outrages que, suivant lui, leur faisait cet arrêt ; il se livra à un travail considérable, vrai chef-d'œuvre de dialectique, pour démontrer l'erreur dans laquelle la Cour de Limoges était tombée. Sa démonstration s'appuie moins sur le texte de ces dispositions, que sur l'esprit qui paraît les avoir dictées. Il fait voir, en effet, par tout ce qui a été fait et dit au conseil d'Etat, lors de leur rédaction, que les commissaires ne se dissimulaient pas que les règles par eux adoptées sur la recherche et la reconnaissance de la paternité, fourniraient des moyens faciles d'éluder les restrictions établies par les articles 762 et 908 ; que loin d'y vouloir obvier, ils se félicitaient de les procurer ; qu'ils avaient, surtout, voulu épargner aux tribunaux les enquêtes scandaleuses que nécessitait la recherche de la paternité.

La Cour de cassation partagea l'opinion du procureur-général, et le 14 mai 1810, l'arrêt de Limoges fut cassé. Le 14 mai 1811, un arrêt de Bruxelles eut le même sort. Depuis, la Cour est allée beaucoup plus loin que M. Merlin. Ce magistrat qui, avec une rare sagacité, avait cherché la solution des équivoques que contient le Code sur la matière, dans les conférences des rédacteurs, se bornait à regarder comme inadmissible la recherche de la paternité; mais, dans tous les cas où elle se trouvait établie, et particulièrement dans celui de la reconnaissance spontanée, quoiqu'illégale du père, il voyait un moyen infaillible de faire annuler ou réduire les dons prohibés. Il se fondait, pour ce sentiment, sur un passage formel du rapport de M. Jaubert au tribunat.

L'opinion diamétralement contraire fut adoptée dans trois arrêts des 28 juin 1815, 17 décembre 1816, et 11 novembre 1819. La Cour y décide, en principe, que l'article 335 ayant prohibé la reconnaissance des enfants adultérins ou incestueux, les confessions volontaires se trouvent comprises dans cette prohibition.

391. A des décisions aussi imposantes, et par leur nombre et par la dignité de la Cour dont elles émanent, opposer les observations d'un simple particulier, c'est, nous ne nous le dissimulons pas, s'exposer au reproche de témérité. Peut-être sommes-nous subjugués par l'erreur,

quand nous croyons la combattre ; il est possible
que les conséquences qui inévitablement doivent
résulter de cette jurisprudence sur les mœurs,
nous égarent en nous effrayant, et nous fassent
imputer aux arrêts des torts qui sont dans la loi.
Quoiqu'il en soit, nous allons signaler ces conséquences, et, pour cela, parcourir rapidement
les espèces jugées.

1°. Pendant le mariage du sieur Lanchère,
Marie Batard devint mère de trois enfants. Après
la mort de la dame Lanchère, son mari se rendit
avec la fille Batard, chez un notaire ; tous deux
y déclarèrent que ces trois enfants leur devaient
le jour, et qu'ils se disposaient à faire rectifier
les actes de leur naissance. Sur cet acte, la rectification fut demandée au tribunal de la Seine,
obtenue et exécutée. De ce moment, ces enfants
prirent le nom de Lanchère, et, peu de temps
après, il leur fit don, ainsi qu'à leur mère, de
deux maisons à Paris, estimées 85,000 fr. Après
son décès, les enfants de Marie Batard, trouvant des inscriptions hypothécaires sur les deux
maisons, en demandèrent la radiation aux enfants
légitimes, qui leur opposèrent tous les actes dont
nous venons de donner le détail, et particulièrement le nom et la qualité d'enfants Lanchère,
qu'ils avaient dans la donation, ainsi que dans
leurs actes de Mariage, et qu'ils se donnaient
dans l'instance même.

C'est, sans avoir égard à ces actes privés et publics, que les Cours de Paris et de cassation, tout en leur donnant le nom et la qualité d'enfants de Lanchère, les déclarent étrangers à ce dernier, et maintiennent sa libéralité.

2°. Guenin, étant marié, fit inscrire, comme né de lui, un enfant dont était accouchée la demoiselle Gillet, et par son testament, légua une rente de 300 fr. à cet enfant et à sa mère. Le tribunal de la Seine avait ordonné l'exécution du testament; la Cour royale de Paris, se fondant sur la reconnaissance volontaire, crut devoir annuler la disposition de Guenin; mais son arrêt a été cassé le 17 décembre 1816.

3°. La demoiselle Devillars mit au monde un enfant six mois vingt-sept jours après le décès de la dame Bécard. Le mari de cette dernière présenta lui-même l'enfant à l'officier de l'état civil, s'en déclara le père, et signa l'acte. La demoiselle Devillars ayant laissé, à sa mort, une fortune considérable, Bécard, en sa qualité de père de l'enfant, se présenta pour y prendre la portion que la loi accorde à l'enfant naturel. Les héritiers lui opposèrent sa naissance adultérine, prouvée par son acte de naissance, et la qualité que Bécard prenait lui-même. Le tribunal de Semur, déterminé par ce moyen, qui paraissait décisif, n'accorda à l'enfant qu'une rente de 1,500 fr., pour lui tenir lieu d'aliments. La Cour de Dijon, au contraire, lui accorda tous les droits de l'enfant naturel, par le motif que la reconnaissance de la paternité adultérine est prohibée; et le pourvoi des héritiers devant la Cour de cassation fut rejeté.

390. Ainsi, désormais, les coupables de libertinage, d'adultère et d'inceste, peuvent se dispenser du mystère; et s'ils s'en couvrent encore, c'est l'opinion publique qui les y condamne : l'autorité judiciaire n'y attache plus aucune importance. Ils peuvent élever les enfants de leurs désordres, leur donner leur nom, et leur transmettre leurs biens; ils peuvent même, comme Guenin et Bécard, faire inscrire leur honteuse paternité sur les registres de l'état civil, ces enfants n'y perdront rien. Enfin si, comme Lanchère, un mari, du vivant de sa femme, n'a pas osé reconnaître les fruits de ses adultères, il pourra déshonorer son veuvage, et apprendre à ses enfants que la famille est plus nombreuse qu'ils ne le pensent; il faudra, s'il le demande, que les tribunaux fassent salir les registres de l'état civil, par le scandaleux émargement de ses turpitudes, il n'en pourra pas moins donner aux adultérins toute la portion disponible de ses biens ; en sorte que, s'il laisse plus de quatre enfants légitimes, il pourra faire l'adultérin plus riche que chacun d'eux.

Le mal ne s'arrêtera pas là : portons plus

haut nos regards; l'union de l'homme et de la femme, quand elle est consacrée par les organes de la religion et de la loi, est l'honneur et l'appui de la société : si elle se forme sans ces autorités, elle en est l'opprobre et le tourment. Le mariage absorbe pour toujours la liberté des époux, leur impose de nombreuses obligations, et les livre à mille sortes de peines et de vicissitudes qui en sont inséparables; tandis que l'union illicite semble promettre les douceurs du mariage, sans en avoir ni les charges, ni les dangers, et, surtout, elle ne porte aucune atteinte à la liberté. Ainsi, que l'homme et la femme soient libres dans leur choix, que la religion ni la loi civile ne les dirigent, à coup-sûr, ce n'est pas dans les chaînes du mariage qu'ils iront se placer : il n'y a donc pas de civilisation parfaite, sans que des lois fortes ne concourent, avec les principes religieux, pour contraindre l'homme ou à garder le célibat, ou à subir le joug du mariage. Telle est la source de cette législation commune à toutes les nations policées qui, dans tous les temps, mettant les *bâtards* dans une catégorie particulière, les a privés du droit de successibilité. Jadis, la plupart des professions honorables leur étaient interdites, et la conscience publique avait ajouté à ces peines celle du mépris. Il ne fallait pas moins que les grandes considérations que nous venons de rap-

peler, pour justifier des mesures qui, en elles-
mêmes et à l'égard de ces infortunés, semblent
autant d'injustices; mais qui, dans l'ordre général, ont été jugées indispensables, parce qu'il y
avait impossibilité d'employer d'autres moyens.

Aujourd'hui, que la religion n'exerce plus
son empire sur une grande partie de la population; que les lois civiles s'en sont séparées; que
la réprobation des bâtards s'est affaiblie; que la
législation elle-même coopère à cet affaiblisse-
ment, en affectant de substituer à cette dénomination celle fort impropre *d'enfants naturels,*
qui appartient à tous; aujourd'hui enfin que, se
relâchant encore de la sévérité des siècles précédents, la loi accorde, à l'espèce la moins odieuse
de ces enfants, une part de la succession de leurs
père et mère; si l'interprétation donnée par la
jurisprudence actuelle est maintenue, le désordre
ira à son comble, et l'une des bases fondamen-
tales de l'ordre social s'écroulera.

Les associations illicites, déjà si communes,
même dans les campagnes, le deviendront bien
davantage, lorsque ces décisions seront par-
venues à la connaissance du vulgaire. Et pourquoi, dira-t-on, se marier par un contrat indis-
soluble, quand on peut, sans ce lien effrayant,
jouir de tout ce que le mariage a de flatteur;
puisque les enfants qui naîtront d'une union purement temporaire et toujours libre, pourront

recevoir, par des dons, des biens que la loi semble leur refuser; puisque ceux qui leur auront donné l'existence, pourront se livrer à toute leur tendresse pour eux, les élever, les avouer publiquement, leur faire porter leur nom, leur laisser toute leur fortune, en un mot, les faire jouir du même sort que les enfants légitimes ?

Toutes ces conséquences de l'interprétation donnée à l'article 335 sont très - certainement inévitables, et, la vérité nous arrache cette pénible observation : l'association fut-elle incestueuse, les coupables, que jadis on eût condamnés au feu, pourront, à la faveur de la bénignité du Code pénal, qui ne veut pas les punir, et de la jurisprudence civile qui protège leurs enfants, même contre leurs confessions volontaires, jeter le masque, élever leurs enfants, et leur transmettre et leurs noms et leurs biens. Qui ne serait effrayé de l'excès du mal, en voyant sur le tableau de la population de Paris, en 1823, que sur 27,070 enfants nés pendant cette année, 9,806, c'est-à-dire, plus d'un tiers, se composent d'enfants naturels, dont 4,882 sont nés à domicile et le surplus dans les hôpitaux. (*)

Est-il donc vrai que l'article 335 soit tellement précis et impératif, qu'il faille ainsi, et jusqu'à la

---

(*) En 1824. les naissances ont été de 28,812, comprenant 10,221 enfants illégitimes, dont 5,205 nés à domicile. En 1825, naissances 29,253, 10,039 illégitimes, 5101 à domicile.

révision du Code, lui sacrifier, comme à une idole, l'honneur et le repos de la société? Loin qu'on trouve dans sa disposition un principe aussi affligeant, elle offre une idée toute contraire.

Les auteurs du Code, voulant donner à l'enfant naturel une portion dans les biens de ses père et mère, autorisent ces derniers, par l'article 334, à le reconnaître par acte authentique, et, pour borner, à cet enfant, la nouvelle successibilité, l'article 335 ajoute : « Cette reconnaissance ne pourra avoir lieu *au profit* des enfants nés d'un commerce incestueux ou adultérin. »

L'unique but de cette disposition est donc de traiter rigoureusement ces enfants, et de les réduire à de simples aliments, non de leur être favorable : la reconnaissance *à leur profit* est sans effet, elle ne leur confère aucun droit ; mais si elle a eu lieu, c'est un fait qui reste établi, et qui reçoit nécessairement l'application de l'article 908. C'est ainsi que l'avait jugé le tribunal de la Seine dans la cause des enfants Lanchère. M. Delaporte l'a également interprété dans ce sens : « A l'égard de ces enfants, il ne peut y avoir de » reconnaissance légale. Cependant, leur filiation » peut être constatée par l'aveu du père ou de » la mère ; mais la reconnaissance qui se trouve, » soit dans l'acte de naissance, soit dans tout » autre acte authentique, ne peut être qu'une » reconnaissance de fait, dont tout l'effet est de

» donner à l'enfant dont la filiation est constatée,
» le droit de demander des aliments, et rien de
» plus. »

La Cour de Paris, après avoir, dans la cause
des enfants Lanchère, rejeté l'argument tiré
contr'eux de la confession volontaire, n'a pas
craint d'abjurer cette opinion dans la cause des
enfants de la demoiselle Gillet, et d'admettre
contre ceux-ci, par son arrêt du 18 mars 1815, la
preuve de filiation adultérine que donnait leur
naissance.

La Cour de cassation, dans les motifs de sa
décision en faveur des enfants Lanchère, « assure
» que l'objet de l'article 335, proclamé par les
» orateurs du gouvernement et ceux du tribunat,
» a été d'empêcher, par respect pour les bonnes
» mœurs et la pudeur sociale, toutes les recon-
» naissances, toutes les confessions volontaires
» des crimes d'inceste et d'adultère, et de pré-
» venir les débats scandaleux auxquels pourraient
» donner lieu ces révélations honteuses ; et
» qu'ainsi, lorsque ces reconnaissances, ces con-
» fessions volontaires ont été faites, malgré la
» prohibition de la loi, elles ne peuvent pro-
» duire aucun effet. »

Dans cette assertion, nous osons le dire, il y a
une erreur matérielle, dont on peut s'assurer, en
relisant les discours de MM. Bigot-Préameneu,
orateur du gouvernement, Lahary, orateur du

tribunat, et Duveyrier, membre du Corps-Législatif. Tous trois se bornent à justifier la règle
qui prohibe la recherche de la paternité : ils expliquent encore pourquoi la loi admet la reconnaissance *au profit* des enfants naturels, et *l'interdit au profit* des adultérins et incestueux ;
mais ils ne s'occupent que de la reconnaissance
légale, et aucun d'eux n'a prévu précisément la
question, c'est-à-dire, l'effet de la confession
volontaire *contre* ces mêmes enfants, en faveur
desquels l'article 908 aurait été violé.

Mais un orateur du gouvernement, M. Jaubert, dans une autre circonstance, en ce qui
concerne les donations, s'exprimait ainsi le
9 floréal an XI : «Quant aux adultérins ou inces-
» tueux, dans les cas rares et extraordinaires où
» il pourra s'en découvrir par la suite, ou de
» la nullité d'un mariage, ou d'un désaveu de la
» paternité, ou d'une *reconnaissance illégale*, ils
» ne pourront non plus recevoir que des aliments.»

Enfin M. Merlin, dans son réquisitoire contre l'arrêt de Limoges, ne s'est, certes, pas
montré contraire aux enfants illégitimes : il y a
compilé, avec un soin extrême, tout ce qu'au
Conseil d'Etat et au Corps-Législatif on a dit, en
leur faveur, relativement aux dons excessifs qui
leur seraient faits ; il résume ainsi ce qu'a dit
M. Jaubert de la confession volontaire : «Pour
» qu'un enfant puisse être jugé adultérin ou in-

» cestueux, et réduit comme tel à un legs d'ali-
» ments, il faut que sa qualité soit prouvée, non
» par une enquête, voie toujours facile, et dont
» l'accès est toujours libre dans les autres ma-
» tières, mais par des voies rares et extraordi-
» naires; et ces voies, quelles sont-elles? L'ora-
» teur n'en indique que trois : la circonstance
» que cet enfant est né d'un mariage annulé pour
» cause de bigamie ou de parenté au degré pro-
» hibé, un jugement qui, en accueillant le désa-
» veu du mari, aura déclaré la femme coupable
» d'adultère; enfin, *la reconnaissance sponta-*
» *née, quoiqu'illégale du père.* »

On voit que M. Merlin, loin de donner, à ce
qu'a dit M. Jaubert de la reconnaissance illégale,
un autre sens, ou de combattre son interprétation, ne s'occupe que d'en développer les pensées bien opposées à l'assertion de la Cour de
cassation.

Le second motif de cette Cour est : « Que les
» confessions volontaires d'une filiation adulté-
» rine ou incestueuse se trouvent proscrites par
» les mêmes motifs que les reconnaissances d'une
» paternité adultérine ou incestueuse; qu'elles
» offenseraient également les bonnes mœurs;
» qu'elles porteraient également atteinte à la pu-
» deur sociale; qu'elles donneraient également
» lieu à des débats scandaleux, et qu'en consé-
» quence, elles sont également illicites. »

Quel qu'outrage que fassent aux bonnes
mœurs ces confessions volontaires d'une filiation adultérine ou incestueuse, ni la loi, ni les
tribunaux ne peuvent les empêcher d'avoir lieu.
La loi peut bien déclarer qu'elles ne donnent
aucun droit, les tribunaux pouront empêcher
qu'elles ne profitent à ceux qui les auront faites ;
en un mot, on peut les empêcher en droit; mais
en fait, elles braveront toute espèce de défense,
à moins qu'il n'y ait quelque danger à les faire.

Or, ce danger se présenterait à leur prévoyance,
si les tribunaux s'emparaient de ces confessions
pour y trouver ce qui y est éminemment, c'est-à-
dire, la preuve d'une filiation adultérine ou incestueuse, et annulaient les dons faits en fraude
de la loi ; et si telle était la jurisprudence, bientôt
ni les bonnes mœurs, ni la pudeur sociale n'é-
prouveraient de semblables offenses. Mais si l'on
peut encore, comme l'enfant de Guenin et celui
de Bécard, sans autre état que celui d'adultérin,
obtenir des tribunaux la validité des donations
que refuse à ces enfants l'article 908; si l'on peut
encore, à l'imitation des enfants Lanchère, porter l'effronterie jusqu'à demander aux magistrats
la rectification du registre de l'état civil, pour
y faire émarger trois adultères ; si l'on peut
aussi hautemeut faire ces confessions, sans que
les donations faites aux enfants qu'elles concernent soient exposées à la réduction, le scandale se

multipliera à l'infini, en sorte qu'en approfondissant ce motif de l'arrêt, on se trouve entraîné
dans un sens contraire à celui que la Cour en a
conçu.

Par un troisième motif, elle considère « Que
» rechercher dans des faits et dans des actes la
» preuve de l'aveu d'une filiation adultérine, ce
» serait indirectement rechercher la paternité. »

D'abord, la proposition fût-elle exacte en soi,
elle ne pouvait être d'aucun usage dans l'espèce de
l'arrêt. Les Lanchère avaient la possession d'enfants adultérins ; le jugement qui avait ordonné
la rectification de leurs actes de naissance, leur
avait accordé cet état sur leur demande ; ils l'a-
vaient constamment possédé depuis ; ils l'avaient
dans l'acte dont ils demandaient l'exécution ; ils
s'en qualifiaient dans le procès ; ils avaient tellement cet état, qu'ils n'en avaient pas d'autre.
Il en était de même des enfants de la demoiselle
Gillet et de la demoiselle Devillars, qui avaient
reçu cet état en venant au monde, et le rappe-
laient dans tous les actes de la procédure. Il n'y
avait donc pas l'ombre d'une recherche à faire
pour les reconnaître adultérins, et il en aurait
fallu beaucoup pour laver sur eux cette tache
dont ils demandaient le profit.

En second lieu, il est vrai que la recherche de
la filiation est en même temps celle de la paternité, puisque l'une est l'effet et l'autre la cause ;

mais la proposition se réduit à un jeu de mots ; car, quand il y a *aveu* de l'une et de l'autre, il n'y a plus de *recherche* à faire ; et lorsque ce mot a été placé dans l'article 335, très-certainement on ne prévoyait pas qu'un jour on y comprendrait la simple lecture des qualités prises dans la demande ; car, comme nous l'avons déjà dit, c'est par le nom et les qualités que prenaient les Lanchère dans leur demande, qu'était fourni l'aveu de leur filiation adultérine.

Telles sont les réflexions que de longues méditations nous ont suggérées ; nous les soumettons aux amis des mœurs et des lois, parmi lesquels les Cours tiennent le premier rang.

391. Au surplus, nous ne doutons pas que, lors de la révision des Codes, qui est demandée de toutes parts, et dont déjà le gouvernement s'occupe, le concubinage, l'adultère, l'inceste et les enfants naturels, ne soient les sujets principaux du travail. Personne ne peut se dissimuler que, dans tout ce qui concerne les mœurs, notre législation actuelle n'est qu'une timide transaction, entre la saine morale et les doctrines irréligieuses mises en crédit par la révolution.

Tout en évitant les excès et l'arbitraire de l'ancienne jurisprudence, on mettra un frein à ces associations scandaleuses qui rivalisent avec les unions légitimes, et la loi prendra des mesures pour que ses prohibitions ne soient pas impuné-

ment violées. Il est, surtout, à désirer que les re=
connaissances de paternité, quoique non écrites,
et qui résultent de soins donnés à ce titre, puissent être prouvées, pour rabaisser au taux légal
les dons excessifs. C'est le moyen le plus efficace
d'éloigner des unions illicites, ceux qui auraient
la fatale pensée d'en contracter. Qu'on parcoure
toutes les conférences et tous les discours qui ont
préparé cette partie du Code, et l'on sera convaincu que, si toutes les opinions se prononçaient
contre la recherche de la paternité, on n'avait
en vue que l'action tendante à prouver, par des
faits, jadis appelés de *familiarité*, la paternité
même contre un individu qui la désavoue. Sous
ce point de vue, il est certain qu'il y aurait absurdité à vouloir s'assurer ainsi d'un fait que la nature a couvert d'un voile impénétrable. Ce n'est
pas même, sous ce rapport, que l'ancienne jurisprudence admettait la preuve de ces faits ; elle
voulait uniquement, par une présomption de
paternité, atteindre celui qui s'était exposé à la
produire. Il est encore vrai que cette mesure
faisait naître des abus sans nombre, dont il importe de se garder ; mais lorsque, comme dans
l'espèce jugée par la Cour de Limoges, les faits
de familiarité ont été suivis d'une reconnaissance libre de paternité, confirmée par des largesses exhorbitantes, il serait ridicule de concevoir des doutes que n'a pas conçus la personne

intéressée, et de les concevoir, pour ne pas réprimer une fraude à la loi.

En attendant la révision, M. Merlin a trop puissamment démontré que l'esprit qui a dirigé les auteurs du Code, a été de ne pas admettre la preuve par témoins de la paternité, même lorsqu'il s'agit de libéralités prohibées, pour qu'on puisse, à cet égard, espérer un changement de jurisprudence.

392. Toutes les observations que nous venons de faire sur la paternité, s'appliquent en grande partie à la maternité : les articles 335 et 342 en prohibent également la recherche et la reconnaissance, quand il s'agit d'une filiation adultérine ou incestueuse : il n'est parvenu à notre connaissance aucun arrêt rendu dans cette hypothèse même; mais, sous ce premier rapport, les prohibitions sont égales dans les deux cas, et, dès-lors, elles doivent produire les mêmes conséquences.

Le Code n'a mis de différence, entre la maternité et la paternité, qu'à l'égard de la filiation, appelée *naturelle;* dans ce dernier cas, la recherche de la maternité est admise par l'article 34ı. Ne l'est-elle que lorsqu'elle est favorable à l'enfant? peut-elle être admise contre lui, si les héritiers de la femme qu'on veut faire déclarer la mère, n'articulent cette maternité que pour faire réduire les dons faits par cette femme à l'enfant? Cette question a été agitée, en 1821, devant la Cour d'Amiens.

Le 28 août 1802, un enfant fut inscrit à Brevilliers, sous le nom d'*Adeline-Françoise, fille légitime du sieur Martin C...*, *bijoutier à Paris, et de dame Louise-Françoise Peignel, son épouse.* Cette déclaration fut faite par une sage-femme pour l'absence des père et mère. Il paraît qu'Adeline n'a jamais vu ni connu ses prétendus père et mère; et que c'est à la demoiselle Eugénie B... qu'elle a dû tous les soins par elle reçus dans son enfance. C'est par elle qu'elle a été mise en pension, qu'elle a appris un état, et que toutes les dépenses de son éducation ont été faites. En 1819, la demoiselle B.... mit le comble à ses bienfaits, en faisant Adeline légataire universelle de sa fortune qui était considérable.

Les frères et sœurs de la demoiselle B.... demandèrent la réduction de ce legs, prétendant que les personnages énoncés dans l'acte de naissance, étaient des êtres imaginaires qui n'avaient jamais existé, et qu'Adeline était la fille naturelle de la demoiselle B.... Ils crurent ne pouvoir arriver à la preuve de cette filiation, qu'en s'inscrivant en faux contre l'acte de naissance; mais, comme ils ne prétendaient pas que les énonciations, qu'ils soutenaient mensongères, eussent été insérées par l'officier de l'état civil dans cet acte, en sachant qu'elles étaient contraires à la vérité, ils furent déclarés non recevables dans leur inscription de faux, sauf à eux à attaquer l'état de l'enfant par la preuve testimoniale.

Il y eut appel de part et d'autre, et, le 9 août 1821, la Cour d'Amiens rejeta définitivement leur demande par trois motifs :

1°. Parce qu'Adeline étant en possession de l'état que lui donnait son acte de naissance, personne ne pouvait le lui contester, aux termes de l'article 322 ;

2°. Parce que l'article 341 ne permet là recherche de la maternité qu'en faveur de l'enfant ;

3°. Parce que, fût-elle permise aux tiers, les héritiers de la demoiselle B.... ne remplissaient pas les conditions imposées à l'enfant pour l'exercice de cette action, ne rapportant aucun acte qui établît l'accouchement de la demoiselle B..., à une époque concordante avec la naissance d'Adeline, et ne produisant pas de commencement de preuve par écrit de l'identité d'Adeline avec l'enfant dont la demoiselle B..... serait accouchée.

Si cet arrêt pouvait fixer la jurisprudence, il aurait une grande influence sur le sort des enfants illégitimes ; d'une part, la tache de leur illégitimité pourrait être facilement effacée ; en leur supposant, dans les actes de naissance, des père et mère purement fantastiques, on en ferait des enfants légitimes ; de l'autre, les dispositions du Code qui fixent avec rigueur la mesure de leurs droits sur les biens de leurs père et mère, seraient tout-à-fait illusoires, et la loi aurait, elle-même, ménagé à la fraude la voie la plus large et la plus commode.

Nous croyons que les dispositions du Code sont entr'elles beaucoup plus conséquentes; et que si les faits, dont les héritiers de la demoiselle B...... demandaient à faire la preuve étaient concluants, la faculté de les prouver, ne devait pas leur être refusée.

1°. L'article 322 porte : « Nul ne peut contes-» ter l'état de celui qui a une possession con-» forme à son acte de naissance » ; et M. Bigot-Préameneu disait à ce sujet : « Lorsque les deux » principaux moyens de constater l'état civil d'un » individu, qui sont le titre de naissance, et la » possession conforme à ce titre, se réunissent, » son état est irrévocablement fixé, nul ne serait » recevable à le lui contester. » On doit en conclure que, si ces deux moyens ne concourrent pas en faveur d'un individu, toute personne, y ayant intérêt, peut lui contester l'état qu'un de ces moyens tend isolément à lui donner.

La Cour d'Amiens l'a reconnu; mais elle a pensé qu'Adeline avait pour elle les deux moyens, en joignant à l'acte de sa naissance une possession « de nom et d'état conformes à ce titre, » aussi étendue qu'elle peut l'être dans la posi-

» tion d'un enfant, dont les parents ont depuis
» disparu. »

N'y a-t-il pas d'illusion à voir ainsi deux choses
où il n'y en a qu'une ? La possession qu'exige
l'article 322 ne peut pas se borner à celle du
nom conféré par le titre, car elle ne prouve rien
de plus que le titre, c'est donc la possession
d'état telle qu'elle est caractérisée par l'art. 321 ;
c'est-à-dire « celle produite par la réunion de
» faits qui indiquent le rapport de filiation et de
» parenté entre un individu *et la famille à la-*
» *quelle il prétend appartenir.* »

En séparant, comme l'a fait la Cour d'Amiens,
cet article 322, de ceux qui, avec lui, composent
le chapitre *des preuves de la filiation des en-*
fants légitimes, on s'expose à des erreurs : en
les combinant tous ensemble, on se pénètre plus
sainement du véritable sens de chacun d'eux.
Ainsi, très-certainement, la possession énoncée
en l'article 322, n'est pas la simple possession
du nom écrit dans l'acte de naissance, si ce nom
ne met l'individu qui le porte, en rapport avec
aucune famille ; c'est par là précisément que les
enfants légitimes sont reconnus pour tels, ils
ont une famille et les autres n'en ont pas.

Vainement a-t-on dit dans l'arrêt : « qu'Ade-
» line avait une possession d'état aussi étendue
» qu'elle peut l'être dans la position d'un enfant
» dont les parents ont disparu. » Le cas supposé

de la disparition de tous les membres d'une famille, est infiniment rare ; mais se fût-il réalisé, ils auraient été connus avant leur disparition, et c'est à cette famille existante, au moment de la naissance qu'il faut que l'enfant puisse se rattacher pour avoir la possession d'un état.

Nous pourrions argumenter de ce que l'article 321 veut la réunion suffisante des faits, pour soutenir qu'un nom ne suffit pas. Nous ne présentons pas cette objection, parce que les conférences tenues, à ce sujet, par les rédacteurs du Code, ainsi que le discours de M. Bigot-Préameneu, nous apprennent « que la loi n'exige » pas que tous les faits qu'elle indique concourrent. L'objet est de prouver que l'enfant » a été élevé et traité comme légitime : il n'importe que la preuve résulte des faits plus ou » moins nombreux, il suffit qu'elle soit certaine.» et M. Locré, *t. 4, p.* 504, fait cette sage réflexion : «les mots *il suffit qu'elle soit certaine*, expriment exactement l'intention du législateur. » Dans l'impossibilité de tout prévoir, il s'en est » rapporté à la conviction du juge. »

Si donc il est vrai qu'un seul des faits énumérés dans l'article 321, peut suffire pour opérer la possession, il ne l'est pas moins qu'il faut qu'il soit de nature à donner au juge la conviction de la légitimité : or avoir porté le nom qu'indique l'acte de naissance, sans que ce nom ait placé l'individu qui l'a porté dans aucune famille, n'est certes pas avoir une preuve certaine de légitimité, et qui puisse en donner au juge la conviction.

Telle était la position d'Adeline : on reprochait à son acte de naissance de n'indiquer ses père et mère que par des noms supposés. Si le reproche était injuste, il lui était facile de prouver, au moins, l'existence de ces personnages, au moment de sa naissance. Il n'est pas possible qu'un bijoutier ait demeuré à Paris, en 1802, sans que les registres des patentes, des contributions, du commissaire et de la préfecture de police, n'en conservent des notions précises. Adeline ne rapportait aucun de ces renseignements, se bornant à dire, mes parents ont disparu ; quel juge pouvait-elle convaincre de sa légitimité?

2°. La seconde proposition de l'arrêt, que la recherche de la maternité n'est permise par l'article 341, qu'en faveur de l'enfant, n'est nullement justifiée par cet article. Il contient, au contraire, une règle aussi absolue que celle qui, dans l'article 340, défend la recherche de la paternité. La seconde partie de l'article ne concerne, en effet, que l'enfant, mais la première a un sens indépendant de la seconde, dont il est séparé par un *alinéa*. A la vérité, dans les conférences du Conseil-d'Etat, on ne s'est occupé que des considérations relatives à la recherche de la maternité par l'enfant, et cela parce qu'il s'en présentait d'importantes à son égard ; mais il n'a pas été dit un seul mot pouvant donner la pensée qu'on a entendu interdire cette recherche à tout autre qu'à l'enfant; et par la même raison que, de la généralité de la prohibition contenue en l'article 340, on a conclu qu'elle repoussait l'exception comme l'action, et devait s'étendre à toutes personnes et à tous les cas; de la généralité de l'autorisation exprimée dans l'article 341, on doit conclure aussi qu'elle admet l'exception comme l'action; qu'elle est donnée à toutes personnes, et pour tous les cas.

Ainsi, la paternité ne peut pas donner lieu à l'action en fraude, parce que sa recherche est interdite ; la maternité, au contraire, peut être le motif de cette action, parce que la recherche en est permise, et qu'il n'y a dans la loi aucune disposition qui l'exclue. D'ailleurs, la différence entre l'une et l'autre recherche est infinie. « Si » la recherche de la paternité est interdite, dit » M. Locré, t. 4, p. 214, ce n'est que parce que » le fait de la paternité est incertain. Ce motif est » impuissant à l'égard de la mère. » Empruntant les paroles de MM. Bigot-Préameneu et Lahary, il ajoute : « Il ne s'agit pas, à son égard, de pé- » nétrer les mystères de la nature, son accou- » chement et l'identité de l'enfant sont des faits » positifs, et qui peuvent être constatés. La jus-

» tice ne peut donc pas s'égarer; dès-lors, plus
» de raisons pour exclure la recherche de la ma-
» ternité. »

3°. Le troisième motif, fondé sur ce que les héritiers de la demoiselle B.... n'avaient pas de
commencement de preuve par écrit de l'identité
de l'enfant, condition imposée par l'article 341,
est réfuté par cet article même; c'est à l'enfant
que cette condition est imposée; elle ne l'est donc
qu'à lui et non aux autres personnes intéressées.
Tout ce qui tend à gêner l'action en fraude, ne
peut recevoir qu'une interprétation sévère et rigoureuse. Le but de cette action étant de venger
une offense à la loi, on ne peut lui opposer
que des exceptions formellement exprimées dans
la loi même. On conçoit facilement pourquoi
elle exige que l'enfant réclamant une mère qui le
désavoue, ait un commencement de preuve par
écrit, sans cela le repos des familles serait à la
merci du premier aventurier, qui se serait procuré quelques affidés disposés à soutenir son système; mais après l'enfant, qui peut se livrer à une
telle recherche, si ce n'est la famille même de la
femme soupçonnée? Or, loin que les mêmes raisons de craindre une action injuste se présentent,
c'est déjà un violent préjugé en faveur de cette
action, qu'elle soit dirigée par la famille.

Notre sentiment n'est cependant pas qu'elle
puisse indifféremment être admise, dans tous

les cas où un imprudent voudrait s'en saisir.
La loi l'autorise, puisqu'elle ne l'interdit pas;
mais cette action est grave dans son objet, et
affligeante dans les détails sur lesquels l'examen
doit se porter; les tribunaux ne peuvent donc
la recevoir et autoriser la preuve, que quand des
circonstances sérieuses rendent déjà problables
les faits articulés.

Dans la cause jugée par la Cour d'Amiens, les
héritiers de la demoiselle B.... avaient cet avantage, il faut en convenir. Adeline, élevée par elle
depuis sa plus tendre enfance, comblée de ses
bienfaits pendant sa vie, et devenue à sa mort
riche de tous ses biens; Adeline portant le nom
d'êtres inconnus, mais faciles à découvrir, si jamais ils eussent existés; parvenue à l'âge de dix-
huit ans, sans avoir eu la moindre notion sur ses
prétendus parents, Adeline ne devait pas obtenir
le succès étonnant de faire fermer la bouche aux
témoins, qui, suivant ses adversaires, auraient
prouvé que la demoiselle B.... était accouchée au
mois d'août 1802, et qu'Adeline était, identique-
ment, l'enfant qu'alors elle avait mis au monde.

L'article 908 occupe dans le Code civil une
place inutile, si dans une telle occurrence, il
n'est pas permis aux personnes intéressées d'obtenir justice de son infraction.

393. Nous venons d'examiner des questions
difficiles et controversées; mais ce qui ne l'est

pas, c'est que, quand la filiation illégitime d'un enfant a été établie par la voie judiciaire, dans le cas d'un mariage annulé, ou d'un désaveu du mari pour adultère, l'action en réduction des libéralités que cet enfant pourrait recevoir par la suite directement ou indirectement, de ceux qui lui ont donné le jour, serait, incontestablement, recevable de la part de tous successeurs ayant intérêt à cette réduction. Il faut ajouter à ces deux cas, celui de la paternité attribuée au ravisseur par suite de l'article 340, et dont nous avons parlé, nº. 378.

CHAPITRE V.

LIBÉRALITÉS AUX INCAPABLES.

SOMMAIRE.

394. Presque toutes les questions sur les libéralités faites aux incapables, ont déjà trouvé place dans ce Traité. *Voy. la seconde section de la 1re. partie, et le chapitre II, section 1re. de cette seconde partie.*

395. Il ne nous reste à examiner que celle de savoir si l'incapacité du médecin cesse, lorsqu'il épouse sa malade attaquée d'une maladie mor-

telle, et si les donations qu'elle lui fait, soit par leur contrat de mariage, soit depuis leur union, sont valables ?

Avant le Code civil, la jurisprudence avait étendu jusqu'aux médecins, chirurgiens et pharmaciens, l'incapacité dont l'ordonnance de Blois frappait les administrateurs. «Mais, disait M. Talon, lors d'un arrêt, du 31 août 1665, rapporté au *Journal des Audiences*, *liv.* 4, *chap.* 30, » les médecins n'ont jamais été jugés par les arrêts » incapables d'accepter des legs, lorsqu'il s'est » rencontré d'autres causes, que leur art seul, » qui les pouvait avoir méritées. » Tous nos auteurs rapportent, en effet, une multitude d'arrêts dans ce sens ; nous n'en connaissons cependant aucun qui ait précisément décidé la question, avec la circonstance que la mort ait suivi de près le mariage.

Le Code civil, article 909, a transformé en loi formelle cette incapacité du médecin qui, jusqu'alors, n'était qu'une règle de jurisprudence susceptible de varier, suivant les circonstances et l'opinion du Magistrat : elle doit donc aujourd'hui être soumise à des règles fixes et invariables.

La question qui nous occupe est, sans contredit, la plus importante de toutes celles que peut faire naître l'interprétation de cet article. Il s'agit de décider si, pour apprécier la donation de la femme malade à son médecin qui va être, ou qui est déjà son mari, on doit plus considérer le médecin que le mari, ou le mari que le médecin ; déclarer incapable le médecin, quoique mari, en exécution de l'article 909, ou déclarer capable le mari, quoique médecin, en s'autorisant des articles 1091 et 1094 ?

Il s'élève, en faveur de l'un et l'autre thême, des considérations tellement graves, qu'on ne peut pas se pancher vers l'un des deux, sans craindre de tomber dans l'erreur.

D'une part, le médecin qui épouse une femme dont il a étudié la maladie, et prévu la mort, n'épouse que sa fortune, et a froidement compté les jours de complaisance et de dégoûts qu'il lui faudra passer, pour recueillir la dépouille de cette malheureuse femme : il ne profane ainsi le plus saint des contrats, que parce que c'est le seul moyen capable de l'aider à enfreindre la disposition qui contrarie sa cupidité.

D'autre part, on ne peut pas se dissimuler que, si le but est odieux, le moyen est légal. Dans les contrats ordinaires, les parties peuvent s'en tenir aux apparences ; mais il n'en est pas ainsi du mariage ; s'il est régulier, il ne peut être simulé ; il est nécessairement ou nul ou irrévocable. Son irrévocabilité est telle, que la mort même, en séparant les époux, laisse subsister le lien sous plusieurs rapports, et particulièrement dans la

personne du survivant, par son alliance avec
la famille dans laquelle il est entré. Il semble
que le mariage du médecin avec sa malade étant
valable, on ne devrait voir en eux que des époux
participant à la capacité sans bornes et sans exception que leur donnent les articles 1091 et
1094 de s'avantager.

Le Code, par un mot ajouté, soit à ces articles,
soit à l'article 919, eût évité aux magistrats une
grande perplexité. On va voir, en effet, toutes les
variantes que son silence a produites dans la
nouvelle jurisprudence : quatre mariages de
cette espèce ont déjà occupé les tribunaux.

La demoiselle Rey, de Lyon, avait, depuis long-
temps, confié le soin de sa santé débile au sieur
Broisin, médecin. Le 12 fructidor an ix (1801),
étant attaquée d'une phtysie, elle l'épousa, et le
28 du même mois, elle l'institua, par un testament, son légataire universel. La mort l'ayant en-
levée quatre jours après, ses héritiers attaquè-
rent et le mariage et le testament, prétendant
que le mariage était simulé, et n'avait été, dans
la pensée des époux, qu'un moyen d'éluder la
prohibition.

Pour Broisin, on répondit que le mariage étant
inattaquable, dans sa forme, il y avait absurdité
à l'arguer de simulation. Les juges de première
instance, le 25 avril 1806, et la Cour de Lyon, le
18 avril 1807, adoptèrent ce dernier sentiment ;

leurs motifs sont : « que le mariage de Broisin
» avec la demoiselle Rey, a été contracté avec
» toutes les formes voulues par la loi ; que l'acte
» civil constate que le futur et la future se sont
» transportés à la mairie pour faire rédiger leur
» acte de célébration de mariage ; que, d'un
» autre côté, et antérieurement à l'acte civil, il
» y avait entr'eux contrat de mariage par-de-
» vant notaires, pour régler les conventions matri-
» moniales ; que, dès-lors, un tel mariage ne peut,
» aux yeux de la loi, être suspecté de simula-
» tion. »

Cet arrêt fut déféré à la Cour de cassation ;
mais elle rejeta le pourvoi, le 30 août 1808 :
« Attendu que le Code, par l'article 1094, laisse
» aux époux la faculté de s'avantager récipro-
» quement, dans les limites y énoncées, de tout
» ce dont ils peuvent disposer entre étrangers ;
» que l'article 212 impose aux époux les devoirs
» mutuels de fidélité, secours et assistance, d'où
» résulte que ce n'est pas pour les époux qu'a
» été établie la prohibition générale écrite dans
» l'article 909 ; attendu, d'ailleurs, que rien ne
» constate que les demandeurs aient requis pré-
» cisément, devant la Cour d'appel, l'application
» de cette prohibition. »

Par cette dernière disposition, la Cour de cassation s'est réservée la faculté d'approfondir davantage la question, quand elle se présenterait

seule, et après avoir été directement jugée par les Cours.

La dame de Courbon, tombée, depuis 1805, dans un état de langueur continuelle, était soignée par le sieur Bonnet, médecin; d'abord à Saint-Vallier où ils demeuraient tous deux, puis à Paris, où ils fixèrent leur résidence, après le décès du sieur de Courbon. Le 14 octobre 1812, ils passèrent un contrat de mariage, contenant plusieurs donations réciproques et à titre particulier. S'étant mariés, peu de jours après, la dame de Courbon, par un testament olographe, disposa de toute sa fortune en faveur du sieur Bonnet, à l'exception d'un capital de 160,000 fr., dont elle ne lui donna que l'usufruit, attribuant la nue propriété de cette somme à son frère et à ses neveux. Trente-trois jours après elle n'existait plus.

Sur la demande en nullité de ces libéralités, le tribunal de la Seine ne vit la question que comme elle avait été vue par les Magistrats de Lyon; et le 28 avril 1814, les dispositions de la dame de Courbon furent maintenues par des motifs très-laconiques, mais précis; « Attendu » que le mariage n'est pas prohibé entre l'offi- » cier de santé et sa malade; que celui du sieur » Bonnet, avec la dame de Courbon, a été con- » tracté légalement, et n'est point attaqué; que, » dès-lors, ce mariage doit produire tous ses » effets, ainsi que les conventions et donations » qui s'y rattachent. »

Tandis que ce procès s'instruisait, un autre du même genre se préparait. Le sieur Gille de Han, médecin de Paris, soignait depuis long-temps la demoiselle Duval de Soicourt qui, le 30 mars 1814, subit l'extirpation d'un cancer au sein. Le 12 avril 1815, elle épousa le sieur de Han, et le mariage se fit dans sa chambre : deux médecins ayant attesté qu'elle ne pouvait pas, sans danger, se transporter à la mairie. Un contrat de mariage, passé la veille, contenait, au profit du futur, une donation universelle de la fortune de la demoiselle de Soicourt.

Cette dernière étant décédée deux mois après, les sieur et dame Rigel, ses héritiers, demandèrent la nullité de la donation, en s'appuyant sur l'incapacité du sieur de Han.

Le 9 avril 1816, le tribunal de la Seine, abandonnant complètement le sentiment qu'il avait conçu dans la cause du sieur Bonnet, et par des motifs diamétralement contraires, prononça la nullité de la donation. Sur l'appel, les sieur et dame Rigel craignant, sous le rapport du point de fait, une infirmation, offrirent de prouver toutes les circonstances dont ils concluaient que le mariage n'avait été qu'un moyen indirect saisi par le sieur de Han pour couvrir son incapacité. La Cour de Paris, par arrêt du 24 février 1817, « Considérant que le mariage du médecin avec » sa malade, pendant la maladie dont elle est

» morte , ne couvre pas l'incapacité établie par
» l'article 909, admit la preuve. »

Ce succès des héritiers de la dame de Soicourt,
encouragea probablement ceux de la dame de
Courbon, et les porta soit à appeler, soit à suivre
sur un appel déjà émis, du jugement favorable
au sieur Bonnet : leur espoir ne fut pas trompé,
et le 26 janvier 1818, la Cour de Paris, après
avoir fait, dans son arrêt, l'analyse des faits,
y trouva la preuve, « que le sieur Bonnet était
» dans les termes de la prohibition prononcée
» par l'article 909, dont il n'avait pu être relevé
» par un mariage contracté uniquement pour
» échapper à cette prohibition. » .

Enfin, la Cour de cassation fut saisie une seconde fois de la question, par le pourvoi du sieur
Bonnet, qu'elle a rejeté le 11 janvier 1820. (*Voy.*
le Journal du Palais, tom. 57, *p.* 113.) Les motifs de sa décision sont : «Que, si d'après les ar-
» ticles 1091 et 1094 , le médecin qui a traité une
» personne pendant la maladie dont elle est morte,
» et qui l'a épousée pendant le cours de cette ma-
» ladie, peut profiter des donations qu'elle lui a
» faites dans cet intervalle, ces donations sont
» maintenues, parce qu'elles sont présumées avoir
» été librement déterminées par l'affection con-
» jugale; qu'il en est autrement, lorsqu'au lieu
» de dériver de cette affection , et d'être le li-
» bre effet du consentement, elles n'ont eu d'au-

» tre cause que l'empire que le médecin avait sur
» la malade, et l'abus qu'il en a fait pour obtenir
» d'elle ces donations, dans les derniers moments
» de sa vie ; que c'est, d'après ces circonstances
» particulières, reconnues par la Cour royale de
» Paris, que les donations dont il s'agit ont été
» annulées ; que par une suite, cette Cour, loin
» de violer la loi, a fait une juste application de
» l'article 909, et des principes de l'espèce. »

On serait tenté de penser que la distinction
affectée dans cet arrêt, n'a eu d'autre objet que
de rendre moins saillante son opposition avec
celui du 30 août 1808. On suppose des circonstances particulières, qui auraient révélé à la Cour
de Paris que la libéralité n'avait pas été dictée
par l'affection conjugale, et n'avait d'autre cause
que l'empire du médecin sur la malade. Si l'on
recourt à l'arrêt de cette Cour, on n'y voit aucune circonstance particulière, on n'y voit que
ce qui était remarqué dans toutes les autres espèces, c'est-à-dire, *un medecin épousant une
femme pendant la maladie dont il la traitait,
et à laquelle elle a succombé peu de temps
après.* »

Quoiqu'il en soit, l'ensemble des dispositions
de cet arrêt ne permet pas de douter que, dans
le concours de ces dernières circonstances, sans
qu'aucune autre puisse justifier le médecin, la
donation ne doive être annulée.

Ce point moral de notre jurisprudence a également reçu le suffrage de la Cour de Montpellier. En mars 1800, le sieur Royer épousa la dame Damiens, depuis long-temps aux prises avec une maladie grave, pour laquelle elle avait réclamé ses soins. Sept mois après, la mort de sa femme le rendit maître de tous ses biens, dont elle lui avait fait donation par leur contrat de mariage, et il en jouit, sans inquiétude, pendant dix-huit ans. En 1818, les frères de la dame Damiens, probablement réveillés sur leurs intérêts par les diverses décisions dont nous venons de rendre compte, demandèrent la nullité de cette donation. On leur opposa la prescription de dix ans, rejetée par le tribunal de Castelnaudary, qui les autorisait à prouver que, lors du mariage de la dame Damiens, elle était atteinte de la maladie cause de sa mort, et en était traitée par son mari. Ce jugement fut confirmé par arrêt de la Cour de Montpellier, du 23 décembre 1819.

Cet arrêt fut cependant annulé par la Cour de cassation, le 21 août 1822, mais relativement au moyen de prescription qui fut admis en ces termes : « Attendu que l'invalidité des donations » contractées en faveur du mariage, étant subor- » donnée à la circonstance de fraude qui pouvait » les avoir déterminées, l'action en annulation » était soumise à la prescription de dix ans. » (*Voy. le Journal du Palais*, tom. 65, p. 355.)

Dans cet arrêt même, où la prescription a protégé le médecin, on voit encore que la Cour de cassation persévère, sur la question au fond, dans son opinion conforme à celle des Cours de Paris et de Montpellier.

Effectivement, puisque, sur cette question deux dispositions du Code sont également impératives en sens contraire, on a dû considérer que celle qui tend au maintien de la donation ne concerne qu'un intérêt individuel, tandis que celle qui autorise à annuler, ayant pour bases l'intérêt général et la morale publique, c'est à celle-ci qu'on a dû obéir de préférence.

Ajoutons que la faculté, créée pour les époux par les articles 1091 et 1094, est, comme toutes les autres, susceptible de l'exception de fraude, et que, si le mariage lui-même n'a servi que de moyen pour enfreindre la prohibition prononcée par l'article 909, il ne peut pas avoir l'efficacité qu'on s'en était promise.

SECTION IV.

CAUSE ILLICITE.

SOMMAIRE

396. Définition. Régle générale.
397. Observations préliminaires.
398. Division.

396. Chacun peut disposer à son gré de ce qui lui appartient, et renoncer à ce qui est établi en sa faveur , pourvu que la cause qui le dirige ne soit pas illicite ; c'est-à-dire, qu'elle ne soit pas en opposition avec une loi prohibitive , qu'elle n'offense pas les mœurs , et ne trouble pas l'ordre public ; cette règle , consacrée par toutes les législations , est écrite et répétée avec profusion dans le Code civil. *Voy. les articles* 6, 900, 1108, 1133, 1172, 1387 et 1388.

Quels que soient donc l'objet et la forme des actes , de quelque voile qu'on en ait couvert la cause véritable , si l'on parvient à la découvrir, et qu'elle soit illicite, la fraude est réprimée , dans un contrat, en l'annulant ; dans une libéralité, en maintenant la disposition , et dispensant le donataire d'en exécuter la condition ; plus tard nous verrons le motif de cette différence.

397. Pour donner plus de clarté aux développe-
pements dont ce sujet important est susceptible ,
quelques observations préliminaires sont indis-
. pensables.

1°. On peut remarquer des locutions différentes dans le texte des sept articles que nous
avons indiqués ; mais , en les rapprochant, on
sera facilement convaincu qu'ils n'expriment tous
qu'un même vœu, et se réfèrent à l'article 1133,
où la cause illicite est définie , comme nous l'a-
vons dit : violation des lois prohibitives , offense
aux bonnes mœurs, trouble à l'ordre public.

2°. Ces trois parties de la règle ont, entr'elles ,
une intime corrélation , et tendent à un but unique qui est l'ordre public, appuyé sur les bonnes
mœurs, et défendu par les lois prohibitives.

3°. Enfin, tout ce qui, sous ce rapport , régit
la cause , régit également *la condition* , qui n'est
elle-même qu'une cause : *Conditio est causa ,
quâ existente nascitur obligatio.* Cujas , *sur la
loi* 72 , ff. *de condit, et demonst.*

398. Ce qui , dans cette matière , présente le
plus de difficultés , c'est de reconnaître , parmi
nos lois, celles qui, sans être rédigées en termes
prohibitifs , intéressent l'ordre public, par la
seule nature de leurs dispositions. Leur style ,
alors, étant le même que celui des lois du droit
privé, auxquelles les particuliers peuvent déroger, elles n'ont, pour assurer leur inviolabilité ,

que le motif qui les a dictées ; et c'est ce motif qu'il faut chercher par un examen approfondi de l'ordre public.

Nous nous en occuperons donc dans un premier chapitre ; dans le second, nous traiterons des lois prohibitives , et , dans le troisième , des bonnes mœurs.

CHAPITRE Ier.

ORDRE PUBLIC.

SOMMAIRE.

399. Définition ; règle générale ; subdivision.

399. L'ordre public est la vie du corps social , de cet être moral, sous la protection duquel tous les citoyens faibles ou forts trouvent une égale garantie.

Les lois qui le constituent sont :

1°. Celles qui distribuent les pouvoirs nécessaires à son existence, et qui en règlent l'exercice.

2°. Celles qui prescrivent aux citoyens leurs devoirs.

3°. Celles qui concernent tous leurs droits naturels, politiques et civils.

Telles sont les lois qui, de leur nature, se tiennent au-dessus des volontés particulières, et qui, quoiqu'elles ne contiennent aucune prohibition spéciale, ne doivent rencontrer aucun obstacle à leur exécution dans les actes privés; mais aussi toute loi qui n'aura pas de place dans l'une ou l'autre de ces trois catégories, et qui ne prohibera pas les conventions contraires à ses dispositions, appartiendra nécessairement au droit privé; les particuliers pourront y déroger.

§. Ier.

Pouvoirs conférés par la loi.

SOMMAIRE.

400. Inviolabilité de ces pouvoirs.
401. Administrateur nommé par le donateur.
402. Interdiction volontaire du mari.
403. Pouvoirs obligatoires.
404. Trafic du pouvoir.
405. Prix de démission d'un emploi.

400. L'ordre public ne consiste pas seulement dans les grands ressorts que font mouvoir les dépositaires de l'autorité publique; ces pouvoirs, qui n'agissent que dans l'intérieur des familles, savoir, celui du mari à l'égard de la femme, celui des pères et mères sur leurs enfants, des tuteurs et des curateurs sur les personnes et les biens qui leur sont confiés, pour n'être que les extrémités du corps social, n'en sont pas moins des parties intégrantes et nécessaires : en général,

tout pouvoir créé par la loi ne peut être altéré ni dans son étendue, ni dans son exercice, par les stipulations particulières.

Ceux des agents de l'autorité publique ont un caractère si évident, si impérativement recommandé à l'obéissance des citoyens, qu'aucun doute ne peut s'élever sur leur inviolabilité. Delà sort la conséquence qu'aussitôt que leurs actes, au lieu de tendre au but pour lequel ils ont reçu le pouvoir, prennent une direction contraire, ils restent sans force; c'est pourquoi on ne peut induire aucun acquiescement, aucune fin de non-recevoir de ce qu'ils ont fait, dit ou écrit, si l'intérêt qui leur est confié y est compromis. La Cour de cassation a eu récemment l'occasion de confirmer cette règle d'ordre public. Un notaire avait été traduit, par le procureur du Roi de Nîmes, devant le tribunal, pour y être destitué : les juges s'étaient bornés à lui recommander plus de régularité dans ses fonctions. Le procureur du Roi lui avait fait signifier le jugement, *pour qu'il eût à s'y conformer*. Plus tard, il en avait appelé, et la Cour de Nîmes, réputant acquiescement cette signification, l'avait démis de son appel. Cette décision a été cassée, par arrêt du 1er. décembre 1824, et les principaux motifs sont : « Que la loi, qui donne au ministère public » l'action en suspension ou destitution des no- » taires, et la faculté d'appeler des jugements

» rendus sur l'exercice de cette action, intéresse
» éminemment l'ordre public ; que le jugement
» avait été attaqué d'appel dans le délai de la loi,
» que c'est mal-à-propos que la Cour de Nîmes
» a induit une fin de non-recevoir de ce que le
» jugement avait été signifié au notaire, avec in-
» terpellation de s'y conformer, parce que le ma-
» gistrat, chargé de la poursuite d'une action
» qui intéresse l'ordre public, ne peut ni abré-
» ger les délais que la loi fixe, ni renoncer aux
» facultés qu'elle lui donne, etc.».....(*Voy. le
Journal du Palais, tom.* 71, *p.* 458.)

401. C'est, surtout, dans les libéralités que les
bienfaiteurs ont souvent cru avoir la faculté de
mettre, à leurs largesses, des conditions contraires au pouvoir des pères et mères ou tuteurs des
enfants, objets de leurs dispositions, en chargeant
des personnes de leur choix d'administrer les
biens donnés à ces enfants pendant leur minorité.

Une telle disposition porte manifestement atteinte à l'ordre public, sous deux rapports.

1º. Dans l'ordre naturel, le pouvoir des hommes
sur ce qu'ils possèdent n'est que viager, et expire
avec eux ; c'est pourquoi le mandat ne survit
pas à celui qui l'a donné. Le Droit public a tracé
à leur pouvoir une plus grande étendue, et c'est
de ce droit seul qu'ils tiennent la faculté de faire
exécuter leur volonté, même après leur décès.
Ils ne peuvent donc en user que dans les cas

prévus par ce Droit, et aux conditions qu'il a prescrites. Or, cette faculté n'est accordée qu'aux testateurs, et seulement pour l'année qui suit leur décès ; l'extension, au-delà de ce terme, du pouvoir des exécuteurs testamentaires est prohibée par l'article 1026 du Code civil. Si donc les tribunaux admettaient ces institutions d'administrateurs des biens légués ; il suffirait aux testateurs, pour éluder la prohibition, d'éviter de donner aux agents créés par eux, le nom d'exécuteur testamentaire.

La loi accorde également aux donateurs qui veulent charger de restitution leurs donataires, la faculté de faire surveiller l'exécution de leur volonté par un tuteur *ad hoc ; art.* 1055. Elle attribue aussi aux pères et mères celle de désigner le tuteur de leurs enfants ; *article* 397. Si donc elle a ainsi disposé pour certains cas, et en termes restrictifs, on ne peut pas hésiter à voir une infraction à l'ordre public dans l'établissement d'un pouvoir que la loi n'autorise pas ; elle autorise bien le donateur à conserver aux enfants la jouissance des biens dont il les enrichit, et conséquemment à soustraire les revenus à l'usufruit légal des pères et mères ; mais ceux-ci n'en doivent pas moins administrer ces biens, par suite du pouvoir exclusif que leur donne leur qualité de tuteur.

Enfin, l'administration comprend nécessaire-

ment les actions, et le droit *d'ester en justice*, où
nul ne peut figurer, s'il n'a un des pouvoirs
créés par la loi; ainsi, peuvent s'y présenter les
tuteurs, curateurs, exécuteurs testamentaires,
syndics, et tous autres à qui l'ordre public dis-
tribue une partie de l'autorité; mais le délégué
d'un individu ne peut y paraître, sans que cet
ordre ne soit troublé; le mandataire lui-même
n'y est admis que sous le nom de son mandant :
comment donc pourrait-on concevoir l'existence
légale d'un administrateur à qui toute action ou
exécution seraient interdites ?

On peut voir, dans les nouvelles éditions du
Répertoire de M. Merlin, au mot *puissance paternelle*, *sect.* 5, trois arrêts du Parlement de
Paris, qui ont jugé conformément à ces principes,
et un quatrième de la Cour de Besançon dans le
même sens, et par interprétation des art. 387 et
et 388 du Code civil.

402. Quelquefois aussi des femmes impatientes
du joug marital, et ne pouvant s'y soustraire
ni par l'interdiction, ni par la séparation, ont
cherché leur indépendance et l'asservissement
de leurs maris, dans des traités ou des procura-
tions irrévocables. De tels actes ne pourraient
pas supporter les regards de la justice. Une dame
Galli, de Parme, obtint, le 16 octobre 1807, de
son mari, un acte notarié, par lequel ce dernier
se reconnaissant incapable de continuer l'admi-

nistration de ses affaires, « déclara la lui céder
» volontairement et irrévocablement, de manière
» à ce que sa cession équivalût à une vraie et for-
» melle interdiction, voulant que sa cession fût
» homologuée en justice. » Le tribunal de Parme,
ayant, en effet, homologué cet acte extravagant,
extorqué par la ruse à la faiblesse, M. Merlin, alors
procureur-général près la Cour de cassation, en demanda la nullité, qui fut prononcée par arrêt du 7
septembre 1808 : « Attendu qu'on ne peut déroger,
» par des conventions particulières, aux lois qui
» intéressent l'ordre public et règlent l'état des
» citoyens. » (*Voy. le Journal du Palais*, 1er sé-
mestre 1809, *p.* 20.)

403. Le pouvoir marital est tellement indépendant de toutes conventions particulières, que
si le mari a laissé sa femme administrer à sa place,
et qu'elle ait consommé tout ou partie de sa fortune, il n'en est pas moins tenu de l'en indemniser, lors de la dissolution de leur communauté.

Il faut, effectivement, remarquer une différence notable entre les pouvoirs de la première
classe, ceux des agents de l'autorité publique, et
ceux de la seconde classe, c'est-à-dire, des maris,
pères, mères, tuteurs et curateurs. Le pouvoir
de ces derniers est l'attribut d'une charge dont
ils ne peuvent être libérés que dans les cas prévus, et en observant les formes prescrites à chacun d'eux. Quant aux premiers, ils peuvent, à

leur gré, et avec les précautions d'usage, cesser leurs fonctions; les honneurs ou les traitements ordinairement attachés à leurs emplois, invitent tellement les successeurs, qu'aucune loi ne s'oppose à ce que les titulaires ne recouvrent leur liberté, presqu'aussitôt qu'ils la réclament.

404. Si la convention qui entrave un pouvoir légal est illicite, celle dans laquelle domine l'abus de ce pouvoir, l'est bien plus encore. Telle serait celle par laquelle le dépositaire du pouvoir en ferait une occasion de lucre personnel. Ces sordides conventions de la part des fonctionnaires publics, qui heureusement, de nos jours, sont devenues fort rares, constituent les crimes de *concussion* et de *corruption*, prévus par le Code pénal, et, dès-lors, nous devons cesser de nous en occuper. A l'égard de celles ourdies par les fonctionnaires de la seconde classe, tels que les tuteurs, curateurs, sequestres, etc., si elles ne sont pas soumises à des peines publiques, elles doivent, au moins, éprouver toute la sévérité des tribunaux civils.

Nous n'en rapporterons qu'un exemple; mais il est précieux, en ce qu'on y voit comment, malgré tous les artifices dont la fraude avait fait usage, pour assouvir impunément sa cupidité, on est parvenu à la convaincre et à la punir. C'est dans le *Traité des Minorités*, de Meslé, p. 179, que nous le trouvons.

III.   6.

La demoiselle Collin, riche héritière, ayant perdu ses père et mère, avait pour tuteur Syonière, procureur au Parlement, et demeurait chez le sieur Targas, son beau-frère, secrétaire du Roi. Aussitôt qu'elle eut atteint l'âge de quatorze ans, ces deux individus, également pervers, conçurent l'odieux projet de faire, du mariage de cet enfant, un honteux trafic, et rencontrèrent, dans la personne de la dame d'Andilly, son aïeule, la même bassesse de sentiments. Targas, en conséquence, proposa sa belle-sœur au sieur Delabrousse, jeune avocat aux conseils; et quand, de part et d'autre, le mariage parut convenir, 3,500 fr. furent le prix qu'on mit à la conclusion, savoir: 2,500 fr. pour Targas, 500 fr. pour Syonière, et 500 fr. pour la dame Dandilly, qui cependant promettait une reconnaissance de 600 fr. payable après sa mort. Ils trouvèrent dans Labrousse un homme capable d'employer, comme eux, les armes de la ruse et de la duplicité. Ne voulant ni renoncer à un mariage qui lui convenait, ni remplir leurs espérances, il prit un parti qui leur fut funeste.

D'abord, on lui fit faire, le 22 août 1649, les trois promesses convenues. Peu de jours après, Targas, doutant du mérite de la sienne, exigea qu'elle fût convertie en une obligation notariée, sous le nom du sieur Delavetz, comme lui, secrétaire du Roi. Elle fut consentie le 28 du même

mois, et causée pour prêt. Il prêta effectivement
1,000 fr. à Labrousse; mais l'obligation fut écrite
pour 3,500 fr. De son côté, Syonière, peu satisfait de son premier larcin, exigea de Labrousse,
la veille du jour fixé pour la rédaction des articles,
qu'en reprenant ses deux promesses de 500 fr.,
il lui en remit deux autres, l'une de 800 fr., à
son profit, datée du 6 septembre, l'autre de
700 fr. au profit de la dame Dandilly, datée du 7.
Puis réfléchissant, comme Targas, qu'aucune
cause n'était exprimée dans ces promesses, il
imagina de donner aussi à Labrousse 1,000 fr.,
et de lui dicter une quittance de 2,500 fr. sur le
reliquat de son compte de tutelle. Labrousse,
toujours docile, s'y prêta encore, et Syonière lui
remit, pour les brûler, les deux promesses des
6 et 7 septembre. Elles étaient sur le même
feuillet, cotté et ainsi apostillé de la main de
Syonière : «*M. Delabrousse* 1,500 f.» Labrousse
eut l'adresse de conserver cette feuille de papier,
en en jetant une autre dans le feu.

Le mariage fut célébré le 4 octobre. Dès le
surlendemain, Labrousse qui, à chaque acte
exigé de lui, avait protesté devant un notaire
contre la contrainte qu'il éprouvait, renouvela
toutes ses protestations devant le même notaire.
Avant d'agir ouvertement, il désirait régler
amiablement le compte tutélaire de Syonière,
dont il redoutait les tracasseries, ainsi que celles

de Targas, s'il leur faisait connaître trop tôt ses intentions hostiles. Mais Syonière éludait, et, pour fortifier son exaction, il lui fit deux paiements sur le reliquat de son compte, dans les quittances desquelles il fit mentionner celle du 25 septembre. Targas aussi voulait, avant tout, être payé ; Labrousse lui ayant donné un à-compte de 83 fr., il fut annoté sur l'obligation par le prête-nom Delavetz.

Enfin, le 12 février, il forma sa demande, qui fut entravée par tous les incidents que l'esprit de chicane et de vengeance purent inspirer à Syonière. Cependant, le 7 avril, il subit interrogatoire sur faits et articles, ainsi que Targas, Delavetz et la dame d'Andilly. Malgré leurs efforts pour cacher la vérité, elle se fit jour dans leurs réponses, et plusieurs de leurs mensonges servirent à la faire connaître. Delavetz fut amené à l'aveu qu'il n'était que le prête-nom de Targas. Syonière, persuadé que les deux premières promesses avaient été anéanties, nia audacieusement qu'elles eussent jamais existé. Foudroyé ensuite par la représentation de ces promesses apostillées de sa main, il ne se débarrassa de son premier mensonge que par un second, en niant que l'apostille fût de son écriture, mensonge mis encore à découvert par des experts.

Cette cause fut portée à l'audience du Parlement de Paris, qui, le 9 avril 1652, déclara

nulles toutes les obligations et quittances de Labrousse; ordonna que , suivant ses offres , il re-
mettrait les 2,000 fr. par lui reçus, et en appliqua
le montant au pain des prisonniers. On trouve
les motifs de cet arrêt dans le réquisitoire de
l'avocat-général Bignon , dont voici les pas-
sages les plus importants : « Il semblait y avoir
» beaucoup à redire qu'un majeur, de pleine
» majorité, fut recevable à se pourvoir contre des
» actes publics, authentiques et en bonne forme;
» qu'étant entré en paiement, et reconnaissant
» avoir reçu une partie des sommes mentionnées
» ez promesses et obligations dont il s'agit , il y
» eut apparence de l'écouter; mais , d'autre
» côté, considérant le fait, comme il a été arti-
» culé, le temps, les circonstances particulières
» de ce qui s'est passé; les fuites et chicanes
» pratiquées pour éviter les lumières de l'au-
» dience; les dénégations et variations qui pa-
» raissent par les interrogatoires; les preuves
» qui résultent des informations......, prouvent
» la fourbe et la tromperie......, portent le coup
» et percent l'apostume........; que ce complot
» de trois personnes, une aïeule, un beau-frère
» et un tuteur, qui ont concerté le prix du ma-
» riage d'une pupille, est trop odieux pour le
» laisser sans atteinte....... »

405. La convention par laquelle un fonctionnaire public qui donne sa démission , stipule

une indemnité pour lui, est-elle illicite ? Nous pensons qu'il faut distinguer l'emploi purement honorable, de celui auquel un traitement est attaché.

Le fonctionnaire qui se démet du premier de ces emplois, n'abdique que des honneurs : s'il reçoit une indemnité, il blesse l'ordre public, non directement puis qu'il cesse d'y participer, mais indirectement en offensant les bonnes mœurs. Il manque à la probité, en cherchant un lucre dont son emploi n'est pas susceptible.

Celui, au contraire, qui jouit d'un traitement, et qui, par sa démission, le perd et le transporte à son successeur, procure à celui-ci un avantage lucratif dont, par son fait, il l'investit, et dont il nous semble qu'il peut recevoir une indemnité. Pour combattre ce sentiment, on oppose que ces emplois ne sont pas dans le commerce. Sans doute, ils n'y sont pas ; mais aussi le titulaire ne vend pas le sien, et l'on ne peut pas supposer de vente là où il n'y a pas faculté de livrer ; rien ne porte le gouvernement à choisir celui qui se présente : s'il reçoit sa confiance, c'est qu'il l'aurait reçue, quand même il n'y aurait pas eu de traité avec le titulaire; mais, tout en la méritant, il ne l'aurait pas eue, si la démission se fût fait attendre. Nous n'apercevons pas comment l'honneur défendrait au titulaire de mettre un prix à une démission qui doit être lucrative pour son successeur.

Deux fois cette question a été agitée devant la Cour d'Amiens, et y a été résolue dans ce sens. En 1809, Defregals s'obligea de payer a Menesson une rente viagère de 600 fr., si, sur sa démission de l'emploi de garde-général des eaux et forêts, Defregals fils en était pourvu. La nomination eut lieu, et la rente viagère promise fut exactement servie à Menesson jusqu'en 1817. A cette époque, l'emploi fut supprimé, et Defregals demanda la nullité de son obligation, s'appuyant sur plusieurs moyens, et particulièrement sur ce qu'elle n'avait qu'une cause illicite. Sa prétention, accueillie par le tribunal de Laon, fut ensuite réprouvée par la Cour d'Amiens : « Attendu que Menesson avait pu, sans blesser » la loi, les bonnes mœurs et l'ordre public, » donner sa démission, pour faciliter à Defregals » fils les moyens de lui succéder, et que la rente » viagère promise n'avait pas une cause illicite. » Cet arrêt est du 18 janvier 1820. Un second, de la même Cour, du 18 juin 1822, réforme également un jugement de première instance, « qui » déclarait illicite le traité par lequel un per- » cepteur des contributions avait obtenu, pour » prix de sa démission, une pension viagère de » 350 fr. au profit de sa mère. » (*V. Sirey,* 2e. *partie, p.* 73. La Cour de Grenoble a jugé, dans le même sens, par arrêt du 5 juillet 1825, également sur la démission d'un percepteur. (*Voy. le Journal du Palais, tom.* 75, *p.* 82.)

L'arrêt de la Cour de Paris, rapporté au *Journal du Palais*, tom. 41, *p.* 114, n'a rien de contraire aux précédents : le fonctionnaire qui avait reçu une indemnité s'était obligé de la rendre, si celui qui désirait son emploi n'était pas agréé par le gouvernement, et il avait été refusé. Le point de fait a dispensé d'approfondir le point de droit.

Celui du 9 novembre 1825 est plus formel. Il réforme un jugement du tribunal de Provins, qui avait maintenu un acte, en exécution duquel Jaris était, depuis vingt ans, servi d'une rente viagère de 600 fr. par Desejourné, pour prix de sa démission de l'emploi de percepteur, dont ce dernier avait été investi. (*Voy. le Journal du Palais*, tom. 76, *p.* 400.) Mais la Cour s'est bornée à déclarer ce traité *illicite*, sans donner les motifs de cette sévère qualification. Sa décision ne peut donc être qu'un léger contre-poids à celles contraires que nous venons de rapporter. Les Cours d'Amiens et de Grenoble ne se sont pas contentées de dire qu'un semblable traité était *licite*; elles ont développé leur pensée, dont le trait essentiel est que, dans ces négociations, l'emploi n'est pas vendu, et que par elles le choix du souverain n'est pas gêné.

Cependant M. Toullier (*tom.* 6, *pag.* 160) avait déjà professé la doctrine adoptée par la Cour de Paris.

Mettant sur la même ligne les conventions faites avec les titulaires, et celles par lesquelles un homme en crédit se chargerait de procurer un emploi, il déclare sèchement, sans autre motif, que, dans ces deux conventions, il y a offense à l'ordre public. Ce n'est pas avec ces généralités abstraites, où la question est décidée par la question même, qu'on peut convaincre. D'abord, pourquoi confondre une odieuse turpitude avec une négociation dont le caractère est au moins douteux? Sans doute, la promesse faite à l'homme en crédit est évidemment illicite; elle blesse, tout à la fois, les mœurs et l'ordre public, parce que l'homme assez vil pour faire trafic de sa faveur auprès des personnes en place, est infailliblement disposé à les tromper, s'il le faut, pour assurer le succès de ses honteuses spéculations. Quant au titulaire, il ne fait qu'abdiquer son emploi; il ne porte atteinte ni aux mœurs, en recevant une indemnité de la privation de revenu à laquelle il se condamne, ni à l'ordre public, dont il ne gêne aucun des ressorts.

Disons encore, et en général, pour tous les cas où il s'agit de délier un homme des obligations qu'il a librement consenties, et de lui permettre une iniquité, comme celle soumise à la Cour de Paris, pour venger l'ordre public plus ou moins compromis, que le magistrat n'éprou-

vera de regrets de lui avoir été favorable, qu'autant qu'il ne lui sera pas resté le moindre doute
sur la réprobation de la cause des obligations
contractées.

§. 2.

Devoirs imposés par la loi.

SOMMAIRE.

406. Division.

406. Des devoirs imposés par la loi, les uns
intéressent l'Etat comme les citoyens, plusieurs
n'intéressent que l'Etat, les autres n'intéressent
que les citoyens.

ARTICLE Iᵉʳ. Devoirs intéressant l'État comme les citoyens.

SOMMAIRE.

407. Convention dont la cause est une turpitude.
408. S'il n'y a turpitude que de la part de celui qui reçoit, les
valeurs remises peuvent être réclamées.
419. Celles promises ne peuvent être exigées.
410. S'il y a turpitude égale des contractants, aucune action en
restitution ou payement n'est admise.

407. Dans l'ordre naturel, la Providence a
laissé aux hommes la faculté de s'aider ou de se
nuire, pour n'en être récompensés ou punis que
dans une autre vie. Dans l'état de société, s'en-

tr'aider est un devoir; se nuire, une action punissable à l'instant même : de là, les lois répres-
sives et pénales.

Que la convention qui a pour but de nuire à
l'Etat ou à un des individus qu'il protége, soit
illicite, c'est sur quoi personne n'hésitera; que
celle qui assure un prix à l'auteur d'un mauvais
dessein, pour le désarmer, mérite une égale réprobation, c'est ce qui n'est pas moins univer-
sellement reconnu ; mais quand un individu,
indifférent sur les peines divines, et dans l'espoir d'échapper à celles temporelles, a fait un
pacte de cette espèce; qu'il s'est chargé, soit de
commettre une mauvaise action, soit de s'en
abstenir, moyennant un salaire, quel peut
être, entre les contractants, l'effet de la cause
illicite? Aucune disposition, à cet égard, n'a été
écrite dans le Code civil; et les questions qui
peuvent s'élever, restent soumises aux principes
de l'équité.

On les trouve parfaitement développés dans
les décisions des jurisconsultes romains, composant le titre v, liv. III des Pandectes : *De condic-
tione ob turpem vel injustam causam.* L'équité
s'y fait si sensiblement apercevoir, que tous ceux
qui ont écrit depuis sur le même sujet, et particulièrement Grotius, Puffendorf, Barbeyrac,
Domat et Pothier, s'y sont scrupuleusement attachés.

408. On distingue, d'abord, les conventions déshonnêtes à l'égard seulement de celui qui reçoit, de celles qui le sont à l'égard de celui qui paie, comme de celui qui reçoit.

Relativement aux premières, la somme payée peut être réclamée. Si, par exemple, un dépositaire exige un prix pour rendre le dépôt gratuit qui lui a été fait, le propriétaire de la chose déposée, qui s'est vu contraint de supporter cette exaction, sera fondé à répéter tout ce qu'il aura donné; il peut même appuyer sa demande sur l'article 1376 du Code civil, qui oblige celui qui a reçu sciemment une chose qui ne lui était pas due, à la restituer.

Il en est de même du cas où un homme, disposé à commettre un crime ou un délit, n'a renoncé a cet affreux projet, qu'en recevant un salaire : en cela, il a commis un véritable larcin, dont non-seulement la restitution peut-être poursuivie, mais qui, suivant les circonstances, pourrait recevoir l'application des articles 401 et 405 du Code pénal.

409. Par une conséquence naturelle de ce qui vient d'être dit, si, dans de semblables traités, les valeurs stipulées n'avaient pas été remises, toute action en paiement serait rejetée comme étant elle-même un outrage à la justice.

410. Dans les conventions où il y a turpitude de part et d'autre, comme si un prix est stipulé

pour commettre un forfait, tout ce qui est donné
est irrévocablement perdu, lors même qu'avant
que le forfait ait été commis, celui qui en a payé
le prix révoquerait son odieux mandat, ou que,
sans révocation de celui-ci, l'autre ne l'exécuterait pas.

L'article 1376, cité plus haut, ne pourrait pas
être invoqué ici, parce que l'action en restitution
des choses ainsi données, serait une profanation
de la justice, qui ne doit rien à ceux qui mécon-
naissent ses préceptes ; et que, si elle admettait
de semblables actions, les individus capables
d'accepter ces commissions, s'empresseraient de
les exécuter.

A plus forte raison encore, si le prix du forfait n'a pas été payé, celui à qui il a été promis
ne peut-il pas être admis à le réclamer : en un
mot, lorsque les deux contractants sont également
coupables, la position de celui qui possède,
dit la loi 8 (*loco cit.*), est la meilleure ; elle est
effectivement la meilleure, non en droit, mais
en fait, puisque, quelque soit la position dans
laquelle leur perversité les ait placés, la justice
les repousse, sans vouloir écouter ni l'un ni
l'autre.

Tout ce que nous venons de dire, n'a de rapport qu'aux actions qui, offensant autant la morale que l'ordre public, doivent éprouver plus de
sévérité que celles seulement attentatoires aux

lois fiscales et arbitraires. Nous allons examiner celles-ci dans l'article suivant.

ARTICLE II. Devoirs particuliers envers l'État.

SOMMAIRE.

411. Devoirs des fonctionnaires publics.
412 Ceux des citoyens.
413. Fraudes des droits du fisc.
414. Prix des marchandises de contrebande.
415. Société pour contrebande.

411. Les devoirs envers l'Etat sont, d'abord ceux des divers agents entre lesquels le pouvoir public est distribué, et qui ne le reçoivent que pour le bien-être de la société. Les conventions et les conditions, qui directement ou indirectement tendraient à les détourner de leurs devoirs, sont donc essentiellement illicites.

412. Ceux des simples citoyens sont les impôts directs et indirects, le service militaire, et les autres charges publiques nécessaires au souverain, pour faire jouir tous les membres de la société dont il est le chef, des avantages de la civilisation.

413. Parmi les lois qui les imposent, celles sur les droits d'importation et d'exportation, les octrois des villes et la prohibition de certaines marchandises, sont les plus habituellement exposées aux efforts de l'égoïsme et de la cupidité, pour

se soustraire à leurs dispositions. Sans doute les particuliers qui se livrent à ce vil métier , se rendent coupables d'attentat à l'ordre public et aux mœurs ; néanmoins, on ne peut pas se refuser à reconnaître une différence sensible entr'eux et ceux dont nous avons parlé dans l'article précédent; ces derniers soulèvent l'indignation, quand les autres, n'inspirant que le mépris, doivent éprouver moins de sévérité.

Ainsi les sommes payées pour pratiquer la fraude de ces droits, peuvent être réclamées, tant que celui qui s'est chargé de la commettre, n'a rien fait pour remplir sa commission. Quelque blâmable que soit la conduite du commettant, si l'autre voulait conserver sans cause ce qu'il a reçu, sa déloyauté serait plus révoltante encore, et l'article 1376 pourrait recevoir son application.

Cette décision peut paraître contraire au principe rappelé dans l'article précédent, et puisé dans la *loi 8, ff. de condict. ob turp. caus.*; mais si l'on examine avec attention les textes nombreux du Droit romain sur la *turpitude*, on se convaincra comme nous, d'une part, que la fraude des droits du fisc n'y est jamais donnée pour exemple ; que dans le sens exact de ce mot, on ne comprenait à Rome que ce qui faisait encourir l'infamie , ainsi que le remarque Théophile sur le §. *ex quibusdam, inst. de pœn.*

*tem. litig. Sic turpes actiones, turpia que judi-
cia appellantur, quæ damnatis infamiam in-
ferunt.* Cicéron, dans son oraison *pro Cluentio*,
l'interprète de même : *sic turpi judicio damna-
tos interpretare, qui eo judicio damnati sunt,
quod infamiæ notam inferit.* Or, parmi nous,
ni dans l'opinion publique, ni dans le système
des lois pénales, on ne taxe d'infamie les individus coupables de fraude envers le fisc. L'opinion
les voue au mépris, et la loi ne leur inflige que
des peines correctionnelles, tout-à-fait différe-
rentes de celles afflictives et infamantes. Mais le
point le plus décisif sur cette question, c'est que
ces fraudes ne sont réputées telles que par des
lois positives et variables; qu'elles ne blessent
les mœurs que dans ce sens, que les bonnes
mœurs exigent l'obéissance aux lois.

414. M. Toullier, *tom.* 6, *p.* 125, a remarqné,
d'après Barbeyrac, cette différence dans les lois
auxquelles certains pactes peuvent être contraires, et il en a tiré la même conséquence; mais il
en infère deux autres dans lesquelles nous croyons
qu'il est allé trop loin. Suivant lui, si les marchandises de contrebande ont été livrées, l'acheteur ne pourrait pas se dispenser d'en payer le
prix, lors-même qu'elles seraient confisquées dans
ses magasins. Distinguons dans les marchandises
de contrebande, celles dont le commerce intérieur est permis, et qui ne sont ainsi appelées

que parce qu'elles n'ont pas été soumises aux droits d'entrée, de celles qui, par leur nature même, reçoivent cette dénomination, parce que leur importation de l'étranger est défendue, ou que le gouvernement s'en est réservé le monopole.

N'est-il question que des premières? on ne doit sans doute pas confondre l'introduction furtive, qui est le point illicite, avec la chose introduite. Cette chose a une valeur indépendante des circonstances, qui l'ont mise en la possession de l'acheteur; elle est dans le commerce, le vendeur est donc bien fondé à en demander le prix.

Mais ce n'est pas de cette espèce de marchandises que M. Toullier entend parler, puisqu'il les suppose saisies dans les magasins de l'acheteur : or, celles dont le fisc peut ainsi faire la recherche sont hors du commerce; elles ne peuvent pas être l'objet d'une vente légitime. Par argument de l'article 1598, l'obligation qui résulte de cette vente, n'ayant qu'une cause illicite, est incontestablement nulle. On ne peut pas appliquer à cette hypothèse la règle *perit domino*, qui ne se réfère qu'aux choses dont la possession est licite; jusqu'a l'accident qui en prive le possesseur, celles-ci ont toute leur valeur; les choses prohibées, au contraire, avant, comme après la saisie du fisc, n'ont pas d'existence devant la loi; elles ne périssent donc pas par l'événement de la saisie ; elles n'ont jamais existé que pour être proscrites.

Loin que nous adoptions le sentiment qui valide l'obligation de celui qui a acheté une chose prohibée, nous pensons que, si cette cause a été dissimulée dans l'acte obligatoire , le débiteur est recevable à prouver la simulation et la violation déguisée de l'article 1131, conformément à la règle générale rappelée ci-dessus, n°. 396.

415. M. Toullier professe encore, à l'égard des sociétés pour contrebande, une opinion que nous croyons devoir combattre. Il pense que les sociétaires qui ont été condamnés à l'amende, n'en sont pas moins obligés de se tenir compte des gains et des pertes qu'ils ont faits pendant la durée de l'association.

Que cette solution soit juste au for intérieur, nous sommes loin de penser le contraire ; mais ce n'est pas, sous ce rapport, qu'elle est offerte *dans un Cours de Droit français sur le Code :* or, quand le Code, non-seulement dans sa disposition générale , qui déclare nulle l'obligation dont la cause est illicite, a évidemment compris celle que contractent des associés en s'unissant pour un commerce illicite, renouvelle cette volonté constante dans un article spécial : « Toute so- » ciété doit avoir un objet licite, art. 1833. » Comment pourrait-on se laisser entraîner à l'idée que des hommes, faisant métier de violer la loi ,

peuvent être admis dans son sanctuaire, pour y
entretenir les dépositaires de son autorité, des
diverses infractions qu'ils lui ont fait souffrir, et
faire constater, par un jugement, la créance illégitime qui peut en sortir pour quelques-uns
d'entr'eux?

Mais, dit-on, s'ils ont été condamnés aux peines encourues, la loi est satisfaite. Non, elle ne
l'est pas : elle veut, dans ses dispositions pénales,
que la guerre qu'ils font à l'État soit punie, et,
dans ses dispositions civiles, que le traité fait
entr'eux ne puisse point recevoir la sanction de la
justice. Ces deux moyens de répression sont in-
dépendants l'un de l'autre, et l'on chercherait
en vain, dans notre législation, un mot dont on
pût induire que, quand un de ces deux moyens
a été employé, l'autre doive rester sans effet.

On dit encore qu'il y a des conventions que
les lois défendent, mais qu'elles laissent subsister, lorsqu'elles sont faites contre leur prohibition, d'où l'on conclut qu'il peut y en avoir entre
les parties de valides, quoique la loi les annulle
en tant qu'il est en elle. On conçoit pourquoi la
Cour de cassation est chargée d'annuler, dans
l'intérêt de la loi, des arrêts contre lesquels la
partie lésée ne s'est pas pourvue; si elle ne ré-
pare pas le mal actuel, au moins son arrêt de
censure peut avoir un effet salutaire sur la jurisprudence, et prévenir le retour de l'erreur com-

mise ; mais il n'est pas possible de concevoir un but utile, à ce que la loi annullât, *en tant qu'il est en elle*, la convention qu'elle laisserait subsister, *en tant qu'elle intéresse les contractants*. Au surplus, nous ne craignons pas d'assurer qu'il n'existe pas dans nos lois un seul texte qui puisse justifier cette étrange proposition. Sans doute la loi valide, dans des cas d'exception, des conventious qu'elle défend dans la thèse générale. Souvent encore, elle veut qu'un contrat nul dans son principe, soit maintenu s'il a été exécuté, surtout lorsqu'il a eu des effets irréparables, comme le mariage ; mais on ne surprendra jamais la loi, dans le même cas, à annuler pour elle et valider pour les contractants. Au surplus, de ce que la loi l'aurait fait dans certaines circonstances, ce ne serait pas un motif pour que les tribunaux se le permissent dans celles non prévues par elle, la conséquence contraire serait la seule raisonnable, et particulièrement à l'égard des conventions illicites.

A coup sûr, M. Portalis avait en vue les subtilités de Babeyrac ainsi rajeunies, lorsque présentant au Corps-Législatif le projet des premiers articles du Code civil, il disait sur l'article 6, « Quelques jurisconsultes ont poussé le délire » jusqu'à vouloir que ces conventions réprouvées » eussent néanmoins assez de force pour qu'on » pût obliger les contractants à fournir en équi-

» valent, ce que les lois ne permettent pas d'exé-
» cuter en nature. Toutes ces dangéreuses doc-
» trines, fondées sur des subtilités, doivent dis-
» paraître devant la sainteté des lois. Le maintien
» de l'ordre public dans une société est une loi
» suprême; protéger des conventions contre cette
» loi, ce serait placer des volontés particulières
» au-dessus de la volonté générale, ce serait dis-
» soudre l'Etat. »

C'est avec cette sévérité qu'a été jugée la cause
d'un mandataire contre son mandant pour fait
de contrebande. Sereno, introduisant en France
des marchandises prohibées, fut saisi et condamné en 2,000 fr. d'amende et aux dépens,
montant à 900 fr. Prétendant n'avoir été que le
mandataire de Scapa, il forma demande contre
lui en remboursement de ces dépenses, s'appuyant sur les articles 1999 et 2000 du Code
civil. Scapa, sans même dénier le mandat allégué, lui opposa la cause illicite avouée par lui,
et invoqua les articles 1108 et 1131. Cette défense a été accueillie par le tribunal de Verceil,
dont le jugement a été confirmé par arrêt de la
Cour de Turin du 12 décembre 1807. (*Voy.
Sirey, tom.* 7, 2e *partie, p.* 216.)

ARTICLE III. Devoirs des citoyens entr'eux.

416. Quelques-uns de ces devoirs ont été imposés par la loi naturelle ; et s'ils appartiennent à
l'ordre public, c'est parce que les lois civiles, en
les reconnaissant essentiels à cet ordre, les ont
consacrés.

Tels sont ceux des pères et mères de fournir
des aliments à leurs enfants, jusqu'au moment
où ils les ont mis en état de s'en procurer eux-
mêmes par le travail, et ceux des enfants de
pourvoir, par une juste réciprocité, aux besoins
de leurs pères et mères, que l'âge ou les infir-
mités ont réduits à la nécessité de recourir à
eux. Aucun traité ne peut porter atteinte à une
obligation aussi sacrée. *La loi* 8, *Cod. de Tran-*
sact., ne permet de transiger que sur les aliments dus pour le passé, et non pour l'avenir.
Ainsi, lors-même que les pères et mères ont doté
leurs enfants, ou leur ont procuré un état, si
ces enfants, même par leur faute, ont dissipé
leur dot, ou perdu l'état qu'ils avaient reçu ; en
un mot, si, quelqu'en soit la cause, ils n'ont de
ressource pour leur subsistance, qu'à se réfu-

gier auprès de ceux qui leur ont donné la vie,
leur prière ne peut pas être dédaignée : c'est
une obligation irrachetable, et elle s'étend jusqu'aux petits enfants. Dans le *supplément au
Journal des audiences*, on lit un arrêt du 10 décembre 1652, qui condamne un ayeul à payer
à ses petits enfants une pension alimentaire qu'il
refusait, en justifiant qu'il avait pourvu à l'établissement de leur père.

Les enfants, à l'égard des aliments devenus nécessaires à leurs pères et mères, ne pourraient pas,
d'avantage, se prévaloir des conventions qu'ils
auraient faites avec eux, si elles n'étaient pas conformes à leurs devoirs. Non-seulement les renonciations des pères et mères seraient annulées,
comme contraires à l'ordre public et aux bonnes
mœurs ; mais si, depuis la fixation des aliments,
par un traité, les besoins des pères et mères
étaient augmentés, ceux-ci seraient admis à réclamer un supplément convenable. La chose jugée elle-même n'établirait pas de fin de non-
recevoir : le jugement intervenu n'ayant pu, aux
termes des articles 208 et 209, avoir d'autres
bases que la position respective des parties au
moment où il a été rendu.

Le Droit civil a étendu ce devoir d'aliments,
par les articles 206, 207 et 301, aux alliances
que produit le mariage, et aux époux, même séparés légalement. Les pères et mères en doivent

aux maris et aux femmes de leurs enfants, et réciproquement leurs gendres et leurs brus leur en doivent toujours; si l'un d'entr'eux tombe dans l'indigence, et que l'autre puisse lui en adoucir l'amertume. Le donataire doit aussi secourir son bienfaiteur tombé dans le besoin, ou lui remettre ce qu'il a reçu de lui, *article* 955. Dans tous ces cas, comme dans le premier, les tribunaux, à la prudence desquels ces causes intéressantes sont abandonnées, ne peuvent pas s'arrêter aux divers actes intervenus entre les parties. S'il s'y trouvait quelque clause qui pût autoriser un refus, elle serait réputée illicite, et le devoir devrait être rempli; c'est ainsi que, même après un divorce, le sieur Corvisart, par arrêt de la Cour de Paris, du 7 floréal an XII, a été condamné, solidairement avec le sieur Dhéliaud son gendre, à payer à la dame Corvisart une pension de 2,400 fr., nonobstant que, par la transaction qui réglait leurs intérêts respectifs, elle eût renoncé à leur demander des aliments. (*Voyez le Journal du Palais, collection de l'an* XII, *pag.* 390.)

417. Aux devoirs que la loi naturelle prescrit aux enfants envers leurs pères et mères, et à l'accomplissement desquels la loi civile prête toute sa force, cette dernière loi en a ajouté un bien important, c'est celui de ne pouvoir se marier sans leur consentement, ou celui des personnes qui les représentent dans la famille.

Il est si peu au pouvoir de ceux qui doivent donner ce consentement, d'affranchir les enfants de l'obligation de le demander, qu'un consentement indéterminé, et non spécial pour la personne avec laquelle l'enfant projette de se marier, serait nul, et justement réputé dérogatoire au droit de famille, conséquemment à l'ordre public. Quoique les expressions du Code civil, à ce sujet, ne soient pas aussi expresses qu'elles auraient pu l'être, on ne peut pas les entendre autrement.

D'abord, c'est évidemment l'esprit qui domine dans ses dispositions. Ce qu'elles commandent n'est pas une *permission* de se marier, mais un *consentement* au mariage : or, on n'entend par le consentement à un contrat, que le concours de la volonté de celui qui le donne avec celle des contractants, et ce concours ne peut pas exister, si celui qui doit y participer ne connaît qu'un des contractants. D'ailleurs, cette pensée des rédacteurs du Code est très-clairement exprimée dans l'article 151, relatif à l'acte respectueux. Par cet acte, l'enfant doit demander le *conseil* de ses père et mère, et, certes, on ne prétendra pas que ceux-ci pourront donner leur *conseil* sur un mariage, sans connaître la personne avec laquelle il s'agit de le contracter. Ajoutons que, diriger les enfants dans le choix d'un époux, est, pour les pères et mères, autant un devoir qu'un droit, et chaque fois qu'il y a cette corrélation, la renonciation au droit emportant la désertion du devoir, il y a offense à l'ordre public. *Voy.* n°. 424.

L'officier de l'état civil qui, sur un pareil consentement, célébrerait un mariage, encourrerait les peines prononcées par l'article 192; et l'ascendant auquel il aurait été surpris, n'en serait pas moins fondé à s'opposer au mariage, s'il en était encore temps. Il pourrait même, suivant les circonstances de bonne ou mauvaise foi, demander la nullité du mariage.

418. Si, dans l'ordre naturel, il semble que l'homme et la femme, après s'être unis par le fait de leur volonté réciproque, l'un d'eux puisse abandonner l'autre, sans être rappelé par aucun devoir, il n'en est pas ainsi dans l'ordre public; leur union n'est légitime que quand les conditions et les formes prescrites par la loi ont été éminemment remplies; mais quand elle est ainsi formée, elle impose aux époux des devoirs respectifs, dont ils ne sont pas maîtres de s'affranchir irrévocablement. De graves circonstances rendent-elles indispensable la dispense de quelques-uns de ces devoirs? c'est à la justice seule qu'il appartient de le reconnaître et de le prononcer. C'est pourquoi la séparation de biens qui soustrait la femme à l'obéissance qu'elle doit à son mari, quant à l'administration de sa fortune; et la séparation de corps qui dispense les deux époux

de la plupart des autres devoirs, ne peuvent être prononcées que par l'autorité judiciaire, et en *grande connaissance de cause, article* 1443. Les juges qui, dans ces instances, adopteraient des jugements d'*expédient*, sans en avoir scrupuleusement examiné les motifs, manqueraient à leurs premiers devoirs, ils offenseraient l'ordre public. Dans toutes les contestations qui leur sont soumises, ils peuvent suppléer les moyens de droit : dans celles-ci, c'est une étroite obligation à remplir.

419. L'invalidité des conventions entr'époux, relativement à leur séparation, a fait agiter récemment devant la Cour d'Angers, puis devant celle de cassation, la question de savoir si, quand l'instance a été souverainement jugée par arrêt, les parties peuvent valablement transiger sur le pourvoi en cassation, dont l'époux peut, à son gré, faire ou ne pas faire usage?

Après une instance fort animée sur la demande en séparation de la dame Pion contre son mari, la séparation avait été prononcée par le tribunal de la Flèche, et confirmée par la Cour d'Angers. On se disposait à procéder à la liquidation de leurs droits, lorsque le sieur Pion, menaçant de se pourvoir en cassation, fixa à 10,000 fr. le prix de son silence. Jugeant lui-même cette convention illicite, il exigea qu'elle fût dissimulée. Commandée par la nécessité, la dame Pion souscrivit, au profit du sieur Coignard, choisi par son mari pour l'aider dans son exaction, un billet de 10,000 fr. payable après le délai du pourvoi. Le sieur Pion, ainsi satisfait, garda le silence ; mais à l'échéance, sa femme refusa de payer le billet. Condamnée par défaut en première instance, elle porta son appel devant la Cour d'Angers : là, elle opposa au sieur Coignard la simulation de son billet, et le rôle de complaisance qu'il jouait dans cette affaire. A l'égard du sieur Pion appelé dans l'instance, elle se prévalut de la cause illicite qui avait déterminé la souscription du billet. Coignard fut contraint de convenir que la dame Pion ne lui devait rien, prétendant seulement être créancier du mari, sans le prouver.

L'arrêt du 18 juillet 1821, qui annulle le billet, est ainsi motivé : « Considérant, 1°. qu'à l'égard » du sieur Coignard, le billet en question est sans » cause réelle, au respect de la dame Pion qui » ne lui devait rien ; que d'ailleurs il n'a jus- » tifié ni offert de justifier que le sieur Pion fût » son débiteur particulier, comme il l'a seulement » allégué en plaidant ; que même il ne résulte au- » cunement des termes du billet, que la dame » Pion l'ait consenti pour la libération de son » mari envers le sieur Coignard ;

2°. » Que ce billet, effet d'un accord particulier » entre les sieurs et dame Pion, a eu uniquement » pour objet et pour cause, à leur égard, la re-

» nonciation du sieur Pion au pourvoi en cassa-
» tion qu'il voulait former ; que ce pourvoi, en
» cas d'admission et de renvoi à une autre Cour,
» aurait aussi remis en question l'état du mari et
» de la femme, quant à leur séparation jugée ;
» d'où il suit que réellement le billet consenti par
» la dame Pion, a été le résultat d'une transaction
» sur un procès d'ordre public, procès non in-
» variablement terminé, puisqu'il pouvait re-
» naître par suite du pourvoi en cassation ;

» Que toute transaction en tel cas, et sur cette
» matière, est prohibée formellement par l'ar-
» ticle 1004 du Code de procédure, qui n'est, en
» cela, que la conséquence des articles 6, 1121 et
» 1133 du Code civil; qu'ainsi la cause unique du
» billet dont il s'agit, doit être considérée comme
» illicite, et en faire prononcer la nullité. »

Le pourvoi des sieurs Coignard et Pion en
cassation, a été soutenu avec beaucoup d'habileté
par M. Guichard ; il disait : La séparation volontaire des époux leur est interdite ; mais lorsqu'elle
a été prononcée par la justice, et qu'un arrêt est
intervenu pour la confirmer, il y a chose jugée,
décision souveraine. L'époux qui a succombé
peut, à la vérité, se pourvoir par requête civile,
ou en cassation ; mais c'est une faculté créée en
sa faveur, qu'il perd par son silence, et conséquemment à laquelle il peut renoncer par un
acte positif.

Ce système qu'on pourrait également faire valoir sur la faculté d'appeler, et même sur celle
d'opposition à un jugement par défaut, n'était
qu'ingénieux. L'époux condamné qui garde le
silence, reconnaît l'équité du jugement ; celui
qui transige fait renaître l'instance, pour la terminer par une convention privée, tandis qu'elle
ne peut l'être que par les organes de la loi.

La Cour de cassation, en rejetant le pourvoi,
le 2 janvier 1823, a considéré « qu'il résultait des
» faits constatés par l'arrêt attaqué, 1°. Que le
» sieur Coignard avait servi de prête-nom au
» sieur Pion, dans le billet souscrit à son profit,
» par la dame Pion, qui ne devait rien au sieur
» Coignard ;

» 2°. Que le billet en question avait une fausse
» cause, et que sa véritable avait eu pour objet
» le résultat d'une transaction entre les sieur et
» dame Pion, sur un pourvoi en cassation contre
» un arrêt qui avait prononcé leur séparation de
» corps, matière qui tient à l'ordre public ; qu'ainsi
» en déclarant illicite la cause du billet dont il
» s'agit, et en le déclarant nul, la Cour a fait une
» juste application de l'article 1133 du Code ci-
» vil. » (*Voy. Sirey*, 1re. *partie, p.* 88, 1823.)

§. 3.

Droits naturels, politiques et civils.

420. Les droits naturels consistent dans la liberté des personnes, et la disponibilité des choses qu'elles possèdent. Ce sont moins des droits que des facultés dont l'homme est doué en naissant, et qui n'appartiennent à l'ordre public que par la protection qu'il leur doit, ainsi que sous le rapport des devoirs, des conditions et des formes auxquels leur exercice a été assujéti par les lois civiles.

421. Les droits politiques, variables au gré des générations, sont aujourd'hui, en France, de participer médiatement ou immédiatement à la représentation nationale.

422. Les droits civils sont, 1°. les diverses conditions des individus; c'est-à-dire leur filiation légitime, adoptive ou naturelle; leurs qualités de majeurs ou mineurs, de libres ou inter-

dits, de regnicoles ou étrangers, de célibataires ou engagés dans les liens du mariage, d'ayant la vie civile ou l'ayant perdue; d'où naissent les questions d'Etat;

2°. Les conséquences de ces divers états, relativement à la capacité d'être témoins, d'ester en justice, contracter, et particulièrement de disposer ou d'acquérir, par tous les moyens que la loi a institués pour la transmission des biens;

3°. Les droits de famille, savoir : ceux que le mariage donne à l'un des époux sur l'autre; ceux des pères et mères sur la personne et les biens de leurs enfants, et réciproquement ceux des enfants sur les biens de leurs pères et mères; ceux encore qui sont exercées dans les conseils de familles, les tutelles et les curatelles;

4°. Les droits de sûreté et de garantie que procurent à la personne et aux biens du citoyen, les actions, prescriptions et l'autorité publique.

423. On aperçoit sans doute comment tous ces droits s'enchaînent, en quelque sorte, avec les pouvoirs et les devoirs qui leur correspondent, et dont nous avons parlé dans les paragraphes précédents; ils en sont les attributs et l'indemnité. Il y a entre eux une telle corrélation, qu'on ne peut, presque jamais, léser les uns sans blesser les autres. C'est en effet de l'ensemble de toutes ces parties, et du mouvement mesuré de chacune d'elles que naît l'ordre public, c'est-à-

dire la force de l'Etat et la liberté des citoyens.
Pour en maintenir l'équilibre, la loi a voulu que
des droits, érigés en apparence pour l'intérêt
privé des citoyens, et auxquels il semble, au premier aperçu, qu'ils pourraient renoncer, fussent
inaliénables, et survécussent à tous les actes dans
lesquels on aurait voulu les altérer.

424. Toutefois, cette inaliénabilité des droits
ne subsiste que jusqu'au moment où ils ont pu
produire leur effet. A ce moment, la liberté reprend son empire, et le propriétaire du droit
dispose, à son gré, de l'émolument qui lui est acquis, pourvu qu'il ne le fasse pas en fraude des
droits d'un tiers. Par exemple, personne ne peut
renoncer au droit de demander des aliments à
celui qui en est tenu, l'ordre public surveille ce
droit, et le défend même contre la volonté de
ceux à qui il appartient. Cependant, les aliments
qui auraient dû être fournis par le passé, et ne
l'ont pas été, ne forment plus qu'une créance ordinaire dont la remise peut être faite. *V. n°. 417.*

Par suite de cette importante distinction, lorsqu'une stipulation dans un acte commutatif, ou
dans une libéralité, est attaquée comme attentatoire à un des droits civils d'un des contractants,
ou de la personne gratifiée, on doit examiner,
avec soin, si elle tend à le priver de ce droit,
ou seulement à l'indemniser de l'émolument
qu'il pourrait en retirer, si, au moment où il

pourrait l'exercer, il l'abandonnait. Dans le premier cas, la stipulation serait illicite, dans le second elle serait valable.

Supposons une disposition testamentaire, par laquelle une pension viagère est léguée à un individu qui ignore à quels parents il doit le jour ; mais à condition qu'il ne se permettra aucune action tendant à les découvrir. Evidemment le testateur, en s'exprimant ainsi, voudrait paralyser, dans son légataire, un des droits les plus précieux, celui de la filiation : l'interdiction de toute tentative ne laisserait pas de doute sur l'hostilité de l'intention ; la condition serait réputée non écrite, et le légataire dispensé de la remplir, n'en aurait pas moins la délivrance du legs..

Si, au contraire, le legs était fait au légataire pour en jouir dans le cas où il ne pourrait ou ne voudrait pas réclamer des secours de ses parens ; par cette condition, ni le droit, ni les intérêts du légataire ne sont gênés, l'intention du testateur est pleine de bienveillance, sans mélange de dessein blâmable ; l'ordre public n'en est donc pas offensé ; et si les héritiers du testateur étaient instruits, par la suite, que le légataire est parvenu à découvrir ses parents, et à obtenir d'euv, des moyens de subsister, ils seraient indubitablement fondés à reprendre la chose léguée.

Il faut cependant réduire ce que nous venons de dire des conditions, sur l'exercice futur des droits, à ceux qui ne se rattachent à aucun des devoirs dont nous avons parlé dans les paragraphes précédents. Ainsi, la condition de ne pas accepter une nomination à la chambre des représentants serait licite, parce que la morale la plus sévère ne peut pas faire un devoir d'accepter des fonctions, pour lesquelles le nombre des aspirants est toujours surabondant; celle de ne pas participer aux élections serait illicite, parce que cette participation est autant un devoir qu'un droit, et qu'on n'est pas remplacé. Le legs d'aliments suffisants fait à un père, à condition de n'en pas demander à son fils serait licite, parce que le devoir des enfants d'en fournir à leur père, n'existe que quand celui-ci est dans le besoin; tandis que la condition faite au père de laisser sa fille se marier à son gré, serait illicite, ayant pour effet la double infraction du devoir du père de surveiller le mariage de sa fille, et de celui de la fille de consulter son père.

Cette règle, qui sert à reconnaître la majeure partie des droits auxquels on ne peut pas renoncer, a été déjà professée par Burlamaqui, dans ses *Principes du Droit naturel, partie* 1re., *chap.* 7, §. 8, *n°.* 3 : « Il y a des droits qui » ont par eux-mêmes une liaison naturelle avec » nos devoirs, et qui ne sont donnés à l'homme » que comme des moyens de s'en acquitter. Re- » noncer à ces sortes de droits, ce serait donc re-

« noncer à son devoir, ce qui n'est pas permis. »
Ce qu'ajoute ce célèbre professeur, qu'à l'égard
des droits qui n'intéressent pas nos devoirs, la
renonciation est licite; que ce n'est qu'une affaire
de prudence, est une grave erreur par la généralité de la proposition. Le droit de demander des
aliments, celui de succéder à nos parents, et la
plupart des droits naturels et civils, sans nous
imposer de devoirs, sont cependant inaliénables.
Sa première proposition n'en est pas moins incontestable.

425. La condition de ne pas se marier est-elle
contraire à l'ordre public? Beaucoup d'auteurs
la prétendent contraire aux bonnes mœurs;
nous examinerons leur sentiment dans le chapitre III, n°. 597. Mais un avocat distingué du
barreau de Paris, a inséré dans le Journal de ce
barreau, une dissertation qui fait, de cette condition, un attentat à l'ordre public comme aux
bonnes mœurs : nous ne nous occuperons ici que
de ce qu'il a dit concernant l'ordre public.

L'auteur, pour justifier son assertion, a confondu la faculté de se marier avec les lois qui en
règlent l'exercice; et, comme il est très-vrai que
ces lois sont d'ordre public, il est parvenu à sa
conséquence que la condition de ne pas se marier, tend à priver celui à qui elle a été faite,
d'un droit faisant partie de l'ordre public.

Nous disons, au contraire, que se marier n'est

pas user d'un droit, mais d'une faculté naturelle que l'homme a reçue dans son organisation ; faculté que les lois civiles ont pu et dû assujétir, dans son exercice, à des formes, à des conditions, et à toutes les obligations qui, dans l'état de civilisation, en sont la suite nécessaire. Aussi nos législateurs, imitant, en cela, ceux de tous les temps, n'ont pas eu la prétention de l'ériger en droit, ils se sont bornés à fixer quand et comment l'homme et la femme pourraient s'unir par mariage, ainsi que les droits et les devoirs qui en résulteraient pour eux.

L'auteur s'est bien aperçu que, dans le chapitre du mariage, les rédacteurs du Code ne se sont servis que d'expressions négatives et restrictives : « L'homme avant dix-huit ans, et la » femme avant quinze ans, ne peuvent contracter » mariage, *article* 144. On ne peut contracter » un second mariage avant la dissolution du pre- » mier, *article* 147 », et ainsi dans les articles subséquens. Il n'a pas voulu en deviner le motif qui aurait contrarié son système ; il a mieux aimé croire qu'en pareille matière, les législateurs avaient pu, indifféremment se servir du style négatif ou de celui affirmatif, et sérieusement il enseigne qu'il faut raisonner sur ces dispositions, comme si elles étaient rédigées ainsi : « L'homme » après dix-huit ans, et la femme après quinze » ans, peuvent contracter mariage. On peut con-

» tracter un second mariage, après la dissolution
» du premier. »

Non, il n'était pas indifférent de s'exprimer,
à cet égard, négativement ou affirmativement ;
on ne pouvait pas, sans s'exposer à une juste critique, dire : *L'homme peut se marier* ; autant
aurait valu lui donner la permission de marcher,
de boire et manger. Nos législateurs ont rendu
hommage à cette loi préexistante à toute institution humaine : *Lex non scripta, sed nata.* C'est
dans cette loi qu'ils ont vu l'établissement du
mariage, et se renfermant dans le cercle de leurs
attributions, ils n'ont voulu qu'approprier à
l'ordre public actuel, ce qu'une main plus puis-
sante que la leur avait établi.

Le mariage n'est donc pas un droit civil ; il
n'est pas non plus un devoir, puisqu'en France
aucune loi n'en fait une obligation ; dès-lors, il
n'y fait partie de l'ordre public que lorsqu'on
veut le contracter ; jusques là, il reste dans cette
partie du domaine de la liberté, que le droit
public n'a pas envahie.

Toutefois, nous ne prétendons pas que cette
faculté soit aliénable ; nous la regardons, au
contraire, ainsi que toutes celles qui sont des
attributs de la liberté, comme soumises à la disposition de l'article 1042, qui veut que toute
obligation *de faire ou de ne pas faire*, se ré-
solve en dommages et intérêts, quand elle n'est
pas exécutée.

De toutes ces réflexions, concluons que la libéralité faite à un légataire, sous la condition de
ne pas se marier, ne blesse pas l'ordre public;
qu'elle n'empêchera pas le légataire de se marier, s'il préfère cet état au legs qui lui a été fait,
mais que, pour dommages et intérêts, il sera
privé du legs.

426. C'est aussi le résultat que doivent avoir
les promesses de mariage reconnues valables en
France pendant deux siècles, et sur le mérite desquelles on semble hésiter aujourd'hui.

On peut cependant dire, en général, des promesses de mariage, qu'elles sont aussi licites que
le mariage qui en est l'objet. Elles en sont le
préalable nécessaire; la raison le veut, et la loi
le suppose, puisqu'elle exige que ces promesses
soient publiées, afin que les personnes, intéressées à en empêcher l'exécution, puissent s'y opposer.

La législation romaine a varié à cet égard.
Dans les temps anciens, on réputait obligatoires
les promesses de mariage, et même les peines
qui y avaient été stipulées. Plus tard, la *loi* 1,
Cod. de sponsalibus, voulut que ces conventions restassent sans effet; mais l'équité prévalut sur cette loi de circonstance : on continua de
prononcer des dommages et intérêts, lorsque
l'un des contractants se refusait à l'exécution, et
la novelle 18 finit par autoriser cet usage.

En France, pendant long-temps, par une fausse interprétation d'une loi canonique, on suivit la *loi* 1, *Cod. de spons*, qui répugne à nos mœurs. Mais, le 28 mars 1638, le Parlement de Paris changea sa jurisprudence, en condamnant François Leseq à exécuter l'obligation par lui contractée dans un contrat de mariage, de payer 12,000 fr. à la fille qu'il promettait d'épouser, s'il manquait à sa parole. Cet arrêt solennel, rapporté par Brodeau et Bardet, a été suivi d'une multitude de décisions semblables. Lorsque, comme dans l'espèce de 1638, une indemnité avait été promise, et se trouvait équitablement déterminée, elle était prononcée; si elle était excessive, elle subissait la réduction que commandaient les circonstances; s'il n'avait été promis aucun dédommagement, il était arbitré par les juges.

Le Code civil n'a pas une seule disposition dont on puisse induire l'abrogation de cette jurisprudence : aussi les tribunaux et les Cours l'ont-ils exactement suivie. On trouve, dans le recueil de Sirey, un arrêt de la Cour de Nîmes, du 6 août 1806, qui s'y est conformé, et dans le *Journal du Palais*, cinq arrêts dans le même sens : l'un de la Cour d'Agen, du 2 avril 1810, le second de la Cour de Nîmes, du 4 janvier 1814, et les trois autres de celle de Colmar, des 29 juillet 1806, 13 mai et 18 juin 1818. La Cour de cassation elle-même, saisie du pourvoi contre l'arrêt du 4 janvier 1814, l'a rejeté, par le motif que la Cour de Nîmes, en adjugeant à la demoiselle Aldebert des dommages et intérêts, les avait fondés sur le préjudice qu'elle avait éprouvé de l'inexécution des conventions intervenues entr'elle et le sieur Daubignac. Son arrêt est du 7 août 1814.

C'est le 21 décembre suivant que cette même Cour a jugé la question dans un sens diamétralement opposé, et décidé que la Cour d'Amiens, en déclarant contraire à la liberté du mariage, aux bonnes mœurs et à l'ordre public, la promesse mutuelle du mariage avec indemnité de 6,000 fr., contractée entre le sieur Devérité et la demoiselle Barbier, avait fait une juste application des articles 1131 et 1132 du Code civil. (*Voy. le Journal du Palais*, tom. 43, *p.* 89.)

Il nous est d'autant plus permis de combattre cette décision, que, comme on vient de le voir, elle fait revivre une jurisprudence abandonnée depuis 1638, ce que, quatre mois avant son dernier arrêt, la Cour avait elle-même proclamé par celui du 7 août précédent.

On peut croire que, dans la dernière espèce jugée, quelques circonstances, dont les arrêtistes n'ont pas rendu compte, ont fait voir que la promesse sur laquelle la Cour d'Amiens a prononcé, contenait un pacte contraire aux bonnes mœurs et à l'ordre public, ce qui en effet peut arriver, ainsi que nous le dirons bientôt; qu'ainsi son arrêt et celui de la Cour suprême n'ont jugé qu'un point de fait susceptible de faire exception, et non le point de droit en général, comme on pourrait le penser par la relation beaucoup trop laconique de l'arrêtiste.

Faisant donc abstraction de toutes les circonstances dans lesquelles on peut abuser de la promesse de mariage, comme de tout autre contrat, personne, sans doute, n'hésitera à reconnaître qu'elle est licite. Dire, avec la loi romaine citée plus haut, que cette promesse ne doit pas être obligatoire, comme *contraire à la liberté du mariage*; c'est protéger la légèreté, l'inconstance et la déloyauté; c'est altérer les bonnes mœurs et non les défendre; c'est faire passer dans notre législation un texte qui n'y a pas été introduit, et qui, jadis admis dans notre jurisprudence, en a été éliminé et jugé contraire à la bonne foi.

Sans doute le mariage doit être librement contracté; mais il a cela de commun avec toutes les autres conventions. Le Code ne l'a pas placé, sous ce rapport, dans une catégorie particulière; or, cette liberté des conventions n'existe que jusqu'au moment où l'on en fait un légitime usage. Elle ne va pas au-delà, sans quoi il n'y aurait rien de stable dans la société des hommes.

« Les conventions légalement formées tiennent
» lieu de loi à ceux qui les ont faites. » Article 1134.

Quand deux personnes libres et capables de se
marier, s'en font la promesse, elles contractent
légitimement. Le mariage ne subsiste pas encore, parce que, dans l'intérêt des tiers et des
époux eux-mêmes, le droit public a prescrit des
formes qu'il faut remplir. Jusques là, ceux qui
ont voulu s'unir, peuvent s'y refuser, par suite
de la règle générale, qui veut que toute obligation *de faire ou de ne pas faire* puisse se résoudre, en dommages et intérêts ; mais, au moins,
la première convention n'aura pas été dérisoire ;
celui qui y manquera, sans motifs raisonnables
et justifiés, devra dédommager l'autre de tout
le préjudice qu'il lui aura occasionné. N'eût-on
à venger la personne délaissée que de l'humiliation que certainement elle a soufferte, et des
occasions de mariage qu'elle a pu éviter pour
être fidèle à sa parole, l'équité proteste haute-
ment contre le refus absolu d'indemnité qui lui
serait fait.

S'il est dû un dédommagement quand il n'en
a pas été stipulé, comment serait-il illicite de
prévoir, dans la promesse même, un changement de volonté, et d'en régler la peine à l'a-
vance, conformément aux articles 1226 et 1152,
du Code ? Avant nous, M. Toullier a enseigné

la même doctrine avec toute la force de son ex-
cellente dialectique. (*Voy*. son *Cours de Droit*,
tom. 6 , *p*. 293.)

427. Jusqu'à ce moment, nous n'avons envi-
sagé la promesse de mariage qu'en elle-même ,
et dégagée des circonstances qui peuvent la
rendre vicieuse. Nous l'avons supposée dictée
par des intentions pures, souscrites par des personnes ayant la capacité requise et revêtue des
formes essentielles à la validité des conventions
synnallamatiques : mais trop souvent elle n'est
que le fruit de la séduction et le moyen conçu
pour en continuer les désordres. Alors, elle est
un outrage aux bonnes mœurs. *Voy*. n°. 616.

Si les contractants, ou l'un d'eux , étaient encore dans les liens de la minorité , la promesse
serait frappée de la nullité d'ordre public qui
brise tous les traités interdits aux mineurs.

Quand même les contractants seraient majeurs
et parvenus à l'âge fixé par l'article 158 , pour
pouvoir se marier contre le gré de leurs parents,
la promesse qu'ils souscriraient , sans la participation de ceux dont ils doivent demander le conseil, serait sans effet. La loi, en exigeant des enfants cette démarche respectueuse envers leurs
parents, n'a pas institué une vaine cérémonie :
par le mariage , chacun des époux entre dans la
famille de l'autre , et y prend le rang d'un enfant pour en remplir les devoirs et en exercer

les droits ; les chefs de cette famille ont donc le plus sensible intérêt, avant cette initiation de l'étranger, d'être, sinon obéis, au moins consultés. Le législateur, en réduisant leur droit à celui de ne donner que les conseils de leur expérience, a indubitablement voulu que l'enfant, en les demandant, fût dans un état de liberté qui lui permît d'en sentir tout le prix, et de les suivre. La promesse par lui consentie auparavant, en lui enlevant cet état de liberté, serait un attentat au droit de l'ascendant, comme au devoir de l'enfant, et conséquemment à l'ordre public.

CHAPITRE II.

LOIS PROHIBITIVES.

SOMMAIRE.

428. Objet de ces lois.
429. Division.

428. Les lois civiles, en refusant leur sanction aux conventions illicites, veillent, tout à la fois, et à l'intérêt individuel de celui des contractants qui serait victime de ses imprudentes obligations, si elle ne le protégeait contre ses erreurs et ses passions ; et à l'intérêt général, parce qu'il importe à l'ordre public que chacun ne fasse qu'un bon usage de ce qui lui appartient. *Expedit enim*

*reipublicæ ne suâ re quis malè utatu. Instit.
§. 2, de his qui sui vel juris alieni sunt.*

Tel est particulièrement le but des lois prohibitives. Jadis, quelques auteurs étaient divisés
sur la nature des expressions nécessaires dans
une loi pour lui imprimer ce caractère ; d'autres
enseignaient plus judicieusement que ce n'était
pas aux mots qu'il fallait s'attacher, mais à l'essence de la disposition ; c'est surtout aujourd'hui
que ce dernier système doit l'emporter.

Nos lois nouvelles sont rédigées avec tant de
précision, qu'il n'est pas possible de confondre
les règles absolues avec celles purement faculta-
tives qu'elles ont établies.

429. Déjà, et surtout dans cette seconde partie, nous avons eu occasion de signaler une foule
de prohibitions, ainsi que les moyens capables
de déconcerter les fraudes pratiquées pour les
enfreindre ; il ne nous reste qu'à porter l'attention des amis de la justice et de l'ordre sur celles
qui concernent :

1°. La liberté individuelle ;

2°. Les droits civils ;

3°. L'ordre des successions ;

4°. L'usure ;

5°. Le jeu ;

6°. Les droits litigieux ;

7°. Les actions rescisoires et les prescriptions.

§. Ier.

Atteintes à la liberté individuelle.

430. Rien n'est plus précieux à l'homme que sa liberté. Il ne doit en sacrifier à la société, en échange de ses garanties, que la portion indispensable au bien public : c'est par ce motif que l'article 2063 du Code civil prohibe toute atteinte à la liberté des personnes.

Les articles qui le précèdent définissent très-précisément les cas où un citoyen pourra exercer contre un autre, la contrainte par corps. Il est ensuite défendu, hors les cas déterminés, à tous juges de la prononcer, à tous notaires et greffiers de recevoir les actes dans lesquels elle serait stipulée, et à tous Français de la consentir, même en pays étranger; disposition puisée dans l'*Ordonnance de* 1667, *tit.* XXXIV, *art.* 6.

La législation, ne se bornant pas à réprimer, et voulant prévenir toute arrestation illégale que l'erreur ou la fraude pourrait commettre, la soumission à la contrainte par corps, dans quelque convention que ce soit, ne peut être mise à exécution qu'après que la légitimité de la stipulation a été reconnue par un jugement : article 2067. On ne pouvait pas prendre plus de précautions, et cependant, dans ce cas, comme dans tous les autres, la fraude parvient souvent à rompre les barrières qu'on lui a opposées.

431. Le moyen le plus ordinairement employé par un avide créancier, pour, au mépris de la loi, affecter à sa créance la liberté de son débiteur, est de lui faire souscrire une lettre-de-change, quoiqu'aucun contrat de change n'intervienne entr'eux : mais alors il y a presque toujours simulation frauduleuse, puisque la promesse du débiteur ne peut recevoir, dans un simple prêt, la couleur de la lettre-de-change, qu'autant qu'on y suppose toutes les circonstances qui doivent la lui donner. Or, la lettre-de-change, dont les effets sont si graves qu'elle autorise la contrainte par corps contre les souscripteurs, sans exception de personne, n'a été imaginée que pour faciliter le transport des espèces d'un lieu dans un autre. Si donc on peut découvrir que sa forme a été empruntée, non pour le but légitime qu'elle doit avoir, mais pour

enfreindre la prohibition de l'article 2,063, l'article 112 du Code de commerce la répute simple promesse; et lorsque les tribunaux de commerce ont reconnu la simulation, l'article 136 du même Code leur prescrit, s'il n'y a en cause que des particuliers non commerçants, de les renvoyer devant les juges ordinaires. Si quelques-uns d'eux sont négociants, les tribunaux de commerce connaissent du fond, sans pouvoir prononcer la contrainte par corps contre ceux qui sont étrangers au négoce.

Lors donc qu'un individu, non commerçant, se trouve exposé au paiement d'une lettre-de-change comme tireur, endosseur ou accepteur, les tribunaux doivent appliquer, dans toute sa rigueur, la disposition de l'article 110 du Code de commerce, sur la forme de la lettre-de-change. Qu'entre commerçants on mette peu d'importance à cette forme, cela semble naturel, puisque la traite, fût-elle considérée comme simple promesse, entraînerait toujours la contrainte par corps. Par là s'expliquent un grand nombre d'arrêts qui ne se sont pas arrêtés à de minutieuses critiques sur le texte des lettres-de-change. Mais, quand c'est à l'égard d'un citoyen non commerçant, la présomption est pour la simulation, et toute critique est sérieuse, puisqu'elle tend à conserver la liberté du débiteur, et au maintien de l'article 2063.

432. Les formes ont-elles été assez adroitement observées pour rendre vains, sous ce rapport, les efforts du débiteur? Il faut voir si elles sont conformes à la réalité, et s'il n'y a pas de suppositions; dans ce cas, il s'agit de désarmer la fraude, et l'article 1353 recevant son application, les conjectures, les présomptions et la preuve testimoniale sont admissibles. « S'il s'agit » de suppositions, dit M. Pardessus, dans ses » *Eléments de Jurisprudence commerciale*, » pag. 218, nous ne pensons pas que, pour ap- » pliquer l'article 112, on doive se borner aux » preuves qui résulteraient de la rédaction même ; » autrement on ne pourrait jamais reconnaître » la fausseté qu'on voudrait réprimer : la nature » et l'espèce de la preuve qui pourrait être ad- » mise dans ce cas, dépendent de la sagesse des » tribunaux. »

Nous ajouterons à cette sage réflexion que la question de simulation étant abandonnée aux tribunaux de commerce, ils sont d'autant plus fondés à admettre, dans cette occasion, la preuve par présomptions ou par témoins, que, par la législation qui leur est particulière, ils y sont autorisés, dans tous les cas, où elle leur paraît convenable. *Voy. la première partie de ce Traité*, n°. 131.

Ce point de droit a été reconnu par la Cour de Bruxelles, dans l'espèce suivante. Moulard avait

tiré à son ordre sur Powits, une lettre-de-
change qu'il avait ensuite endossée au profit de
Boutique. Tous trois habitaient Bruxelles ; mais
Moulard, pour simuler la remise d'un lieu sur
un autre, avait daté sa traite de Louvain. A l'é-
chéance, ce fut lui qui, prétendant avoir remboursé Boutique, obtint contre Polwits un jugement par défaut au tribunal de commerce,
dont Polwits appela pour incompétence, et obtint la réformation, par arrêt du 28 juin 1810 :
« Attendu que les trois personnes désignées dans
» l'effet dont il s'agit sont domiciliées à Bruxelles;
» qu'aucune de ces personnes n'est négociant,
» par conséquent qu'aucune opération de change
» n'est intervenue entre les parties ; que même,
» dans le cas, ce n'est que le prétendu tireur et
» l'accepteur qui sont intéressés, Boutique étant
» remboursé; d'où il suit que toute l'opération
» n'a été inventée que pour donner à une simple
» obligation l'extérieur d'une lettre-de-change,
» et éluder, par ce moyen, la loi qui défend de
» consentir la contrainte par corps. » (*Voy. le
Journal du Palais*, 2e. sém. de 1810, p. 525.)

Entre un grand nombre d'arrêts des autres
Cours et de celle de cassation, conformes à celui
de Bruxelles, nous ne citerons que celui de la
Cour de cassation, du 1er. août 1810, rendu
entre le sieur de Moger et la demoiselle Mus-
nier; dont voici les motifs : « Attendu que, dans

» les matières qui sont de la compétence des tri-
» bunaux de commerce, la loi permet la preuve
» par témoins, et qu'aux termes de l'article 1353
» du Code civil, les présomptions qui ne sont
» pas établies par la loi sont abandonnées aux
» lumières et à la prudence du magistrat, dans
» les causes où la loi admet la preuve testimo-
» niale; d'où il suit que la Cour de Paris a pu,
» sans contrevenir à aucune loi, se déterminer,
» dans l'espèce, par des présomptions puisées
» dans l'instruction faite sur la plainte en faux,
» qui avait été rendue pour raison de l'écrit même
» que la demanderesse soutenait être une lettre-
» de-change. » (*Voy. Sirey*, tom. 13, 1re. partie, p. 453.)

433. Le but de la lettre-de-change étant,
comme nous l'avons dit, de procurer au commerce une voie commode et prompte de faire
parvenir des fonds d'une place de commerce à
une autre, l'abus de ce procédé serait évident,
si la traite était tirée d'un village sur un autre,
ou sur une ville très-voisine. M. Pardessus,
pag. 205, a prévu ce cas, et reconnu combien
il serait raisonnable d'en conclure la simulation;
mais il s'est arrêté dans la conséquence, en faisant observer que le législateur ne s'est servi
que du mot *lieu*, et n'a pas employé de termes
plus restrictifs, tels que ceux de *place* ou de *ville
de commerce*; d'où il conclu que ce mot général

de *lieu* avait été choisi pour ne pas autoriser une semblable critique.

Il s'en serait probablement tenu à sa première idée, s'il s'était aperçu que le législateur, dans l'article 632, s'était servi précisément de ce mot *place*, pour déterminer la compétence des tribunaux de commerce : ils ne peuvent connaître des contestations entre toutes personnes, que lorsqu'il s'agit de *lettres-de-change* ou *remise d'argent de place en place*; ce qui prouve que le mot *lieu* n'est, dans l'article 110, que comme l'équivalent de *place*, les deux articles où ces mots sont employés indifféremment, ayant entr'eux une parfaite corrélation.

Ainsi une personnne qui n'est pas dans le commerce, et qui est traduite devant tribunal spécial, pour y être condamnée par corps au paiement d'une prétendue lettre-de-change, est bien fondée à demander son déclinatoire, s'il n'y a pas eu remise d'argent de place en place. Tout le monde sait que ce mot *place* est restrictif, et que, dans le style commercial, il ne désigne que des villes de commerce. En un mot, dans ce cas, comme dans tous les autres où une simulation frauduleuse est articulée ; les juges peuvent se décider par les présomptions que produisent les circonstances ; c'est un point de fait soumis à leur conscience ; et quand elle leur fait voir la simulation, ils doivent d'autant mieux écouter ce cri de la vérité, que la dette n'en subsiste pas moins, et qu'il ne s'agit que de priver le créancier du droit d'asservir la liberté de son débiteur.

434. La question à l'égard des tiers porteurs présente plus de difficultés. Au premier coup-d'œil, l'article 636 s'exprime d'une manière si générale en réduisant, à l'effet de simple pro-messe, la traite dans laquelle les qualités essentielles à sa validité sont supposées, qu'on est disposé à penser que l'esprit et la lettre de la disposition ont été de frapper de l'inefficacité qu'elle prononce, l'écrit, quel qu'en soit le porteur ; et la Cour de Bruxelles, par cette considération, a réformé, le 7 octobre 1811, des jugements de première instance, qui avaient décidé que le moyen de supposition n'était pas opposable au tiers-porteur, à moins qu'il n'y eût participé.

Néanmoins, par suite des principes généraux que nous avons souvent rappelés, et particulièrement au n°. 59, nous n'hésitons pas à reconnaître que le tiers-porteur de bonne foi ne doit pas souffrir de la simulation, surtout lorsque, comme dans l'espèce, le débiteur qui la lui oppose en est l'auteur, et se prévaut de son propre fait ; vouloir ainsi poursuivre la fraude jusques sur les personnes qui en sont innocentes, et en faveur d'un des coupables, c'est l'alimenter et non la punir : aussi la Cour de Bruxelles elle-même a-t-elle jugé dans un sens tout opposé à son premier arrêt, le 20 août 1812.

Celle de Montpellier a également maintenu les droits des tiers, par arrêt du 7 décembre 1817 ; et le pourvoi contre cette décision a été rejeté par la Cour de cassation, le 18 mars 1819. (*Voy. Sirey* 1820 , *première partie, pag.* 69.)

Tous ces motifs favorables aux tiers s'éva-nouissent, si l'on peut prouver qu'ils ont connu la simulation, lorsque la traite leur a été négo-ciée : un arrêt de la Cour de Colmar en fournit un exemple. Rott, faisant un prêt à Wolf, écrivit lui-même deux lettres-de-change pour 1900 fr., qu'il rédigea au nom d'Halm faisant traite sur Wolf qui accepta. L'ayant ensuite fait endosser à son profit par Halm, à l'échéance il obtint, contre Wolf, un jugement par défaut. Mais, en appel, interrogé sur faits et articles, il fut con-traint de reconnaître son écriture, ce qui mit sa fraude à découvert; et le jugement fut annulé par arrêt du 15 juin 1813.

435. Lors du rétablissement de la contrainte par corps, qui, pendant quinze ans, avait été abolie, diverses questions importantes furent agitées sur l'efficacité des jugements qui la pro-noncent. Plusieurs Cours, redoutant qu'on ne trouvât dans les voies judiciaires des moyens in-directs de soumettre à la contrainte par corps des débiteurs malheureux, en fraude de la loi, se rendirent difficiles sur l'exécution de certains jugements.

Le 29 pluviôse an x, la Cour de Caën décida qu'un jugement par défaut, auquel il n'avait pas été formé d'opposition dans le délai prescrit, n'avait pas pu autoriser la contrainte par corps qu'il prononçait contre une femme non marchande. Ses motifs ont été qu'un semblable jugement doit être regardé comme une soumission volontaire dont la loi prononce la nullité. (*V. le Journal du Palais, premier sémestre an* x, *pag.* 569.)

Le 29 janvier 1809, la Cour de Toulouse a annullé un emprisonnement fait en vertu d'un jugement arbitral, se fondant sur ce que la liberté personnelle ne pouvait pas être abandonnée à des arbitres. (*Voy. le Journal du Palais, tom.* 32, *p.* 235.)

Le 3 décembre 1810, un jugement en dernier ressort, qui prononçait la contrainte par corps, fut attaqué, en ce chef, quoiqu'il s'agît d'une somme inférieure à 1000 fr., et la Cour de Turin admit l'appel, sur le fondement que la liberté est un bien inappréciable que les tribunaux ne peuvent jamais juger souverainement. (*Voy. le Journal du Palais, collection an* 12, *pag.* 524.)

La Cour de Lyon a rendu, le 23 août 1811, un arrêt absolument semblable. (*Voy. Sirey, t.* 12. 2ᵐᵉ. *partie, p.* 30.)

Tous ces arrêts seraient des guides dangereux,

et nous ne les avons signalés que pour en prévenir les juges qu'entraînerait ainsi un sentiment
très-louable en faveur de la liberté des personnes, oubliant un principe d'ordre public plus
essentiel encore à maintenir, celui de l'irrévocabilité de *la chose jugée*. Quelques griefs que
puisse faire éprouver un jugement, la personne
lésée ne peut en obtenir la réformation que par
les voies légales : par l'opposition à l'ordonnance
d'*exequatur*, si c'est un jugement arbitral ; par
celles de l'opposition, de l'appel, de la requête
civile ou de la cassation pour les jugements des
tribunaux et des Cours. Quand la loi ouvre toutes
ses voies pour avoir justice de l'erreur, si elles
sont négligées, la chose jugée est réputée la
vérité.

436. La Cour de Toulouse, en méconnaissant
ce principe, commettait une seconde erreur sur
le pouvoir des arbitres.

L'article 1004 du Code de procédure a déterminé les matières que les parties intéressées ne peuvent pas soumettre à des arbitres, et ne comprend
pas la contrainte par corps, qui, par cela seul,
est restée dans la classe générale des contestations susceptibles d'arbitrage. Aussi l'arrêt de
cette Cour a-t-il été cassé par les deux motifs que
nous venons de développer : pouvoir des arbitres de prononcer la contrainte par corps, et
impuissance des tribunaux d'énerver, de quelque

manière que ce soit, les jugements contre lesquels les parties ne se sont pas pourvues dans les
délais et par les formes que la loi a déterminées.
Cette dernière proposition a également été reconnue, pour la contrainte par corps, par les
Cours de Paris, Nîmes et Bruxelles. Leurs arrêts
sont des 25 octobre 1811, 26 novembre suivant,
11 septembre 1812, et 20 mai 1813. (*Voy. les
Recueils.*)

437. On a aussi agité, sous l'empire de la loi
du 5 germinal an VI, la question de savoir si celui qui s'est constitué volontairement gardien de
ses meubles saisis, se trouvait valablement soumis à
la contrainte par corps prononcée, contre les gar-
diens par l'article 3 de cette loi, question qui peut
renaître aujourd'hui, l'article 2060 du Code civil
contenant la même disposition. Voici l'espèce.

Lanette, marchand de meubles, tenait à loyer
de la dame Rosetti, une maison à Paris, moyennant 4,000 fr. par an. En l'an VI, la dame Rosetti, concevant des inquiétudes, s'opposa à ce
qu'il enlevât aucun meuble, et, sur cette contestation, il intervint, le 2 thermidor, un jugement qui autorisa Lanette à disposer de ses meubles, à l'exception de ceux désignés dans un
procès-verbal du 27 messidor, dont il se consti-
tuerait gardien judiciaire.

Tous les meubles ayant disparu, sans que les
loyers aient été payés, un second jugement, du

13 messidor an VIII , condamna Lanette , par corps , à représenter ces meubles. Sur son appel , la Cour de Paris infirma ce jugement , par le motif que Lanette n'avait pas pu se soumettre volontairement à la contrainte par corps , hors les cas déterminés par la loi.

Par arrêt du 13 brumaire an X , cette décision a été cassée : « Attendu que , dans l'espèce , la » contrainte par corps ne dérivait pas d'une » stipulation volontaire , mais d'une condamna- » tion prononcée par le jugement du 2 thermidor » an VI....., condamnation acquiescée par La- » nette d'après sa soumission au greffe ; d'où il » résulte fausse application de la loi du 5 ger- » minal an VI. » (*Voy. Sirey , tom.* 2 , 2me. *partie*, *p.* 339.)

La circonstance que Lanette ne s'était constitué volontairement gardien que par suite d'un jugement, était déterminante dans l'espèce, et a dispensé la Cour de résoudre la question en thèse générale ; mais on serait dans l'erreur , si l'on pensait que , sans cette circonstances , la soumission de Lanette eût été annulée. Dans la saisie gagerie , le saisi lui-même peut , s'il le demande , en conformité de l'article 821 du Code de procédure , être constitué gardien de ses meubles. Or , dans ce cas , comme dans les baux à ferme et dans toutes les stipulations entraînant la contrainte par corps , il y a toujours , de la part de

celui qui s'oblige, soumission volontaire à cette
contrainte ; elle n'en est pas moins valable, le
consentement à perdre ainsi sa liberté n'étant
nul que lorsqu'il est donné hors des cas où la loi
l'a permis. *Art.* 2063.

438. Le même esprit qui a dicté ces règles sur
la contrainte par corps, a fait écarter des conventions tout ce qui pourrait affecter la liberté
des personnes; ainsi, par l'article 686 du Code
civil, « il est permis aux propriétaires d'établir
» sur leurs propriétés, ou en faveur de leurs pro-
» priétés, telles servitudes que bon leur semble,
» pourvu néanmoins que les services établis ne
» soient imposés ni à la personne, ni en faveur
» de la personne, mais seulement à un fonds et
» pour un fonds, etc. »

Ce principe se retrouve dans l'article 1780,
qui veut qu'on ne puisse engager ses services
qu'à temps, et pour une entreprise déterminée,
surquoi il faut encore observer que, même dans
ce cas, la personne qui s'est obligée de servir
pour un temps, ne peut pas être contrainte à ce
service, si elle s'y refuse ; et qu'on ne peut obtenir contre elle que les dommages et intérêts
proportionnés au tort qu'elle occasionne, conformément à l'article 1142, portant que toute
obligation de faire ou de ne pas faire se résout en
dommages et intérêts.

§. 2.

Droits civils.

439. Après la liberté, le citoyen n'a rien de plus précieux que les droits civils, et la loi les lui conserve avec une égale sollicitude; elle ne souffre même pas qu'il en perde un seul volontairement. C'est pourquoi le Code de procédure, article 1004, défend de soumettre à des arbitres les questions d'Etat, et que le Code civil, article 489 et *suivants*, a réglé les formes sévères qui doivent être suivies, lorsqu'il s'agit, dans l'intérêt d'un individu, soit de l'interdire, parce qu'il est affecté d'aliénation mentale; soit de lui donner un conseil judiciaire, parce qu'il se livre à une prodigalité qui peut le conduire à l'indigence. La justice seule, et en grande connaissance de cause, sur les conclusions indispensables du ministère public, peut suspendre l'exercice des droits dont cet infortuné pourrait abuser contre lui-même, et cette suspension doit être levée, si la cause vient à cesser.

440. A cette règle de droit public se rattache

encore celle écrite dans l'article 1,388, qui ne permet pas même aux époux, dans les conventions civiles de leur mariage, « de déroger ni aux
» droits résultants de la puissance maritale sur la
» personne de la femme et des enfants, ou qui
» appartiennent au mari comme chef, ni aux droits
» conférés au survivant des époux, au titre de la
» *puissance paternelle*, et par le titre *de la mi-*
» *norité, de la tutelle et de l'émancipation.* »

441. De l'inaliénabilité des droits civils, résulte aussi que la procuration, par laquelle une personne charge une autre d'agir pour elle, dans quelque conjoncture que ce soit, est essentiellement révocable : article 2,004 du Code civil. Sans la révoquer même, le mandant peut encore faire, par lui-même, ce qu'il a chargé son mandataire de faire; ce que ce dernier ferait ensuite serait sans effet, sauf cependant l'indemnité due aux tiers qui souffriraient de ce caprice.

Souvent la fraude a tenté d'éluder ces prohibitions, particulièrement à l'égard de la puissance maritale, si difficile à supporter par la femme raisonnable, quand elle et ses enfants sont victimes des abus qu'en fait le mari, et si gênante pour celle dont le mari comprime les désirs extravagants. *Voy.* n°. 403.

§. 3.

Ordre des successions.

SOMMAIRE.

442. Si le législateur a pris autant de soin qu'on vient de le voir, pour conserver à chacun l'exercice de ses droits civils, il n'a pas négligé de les circonscrire dans de justes bornes, et l'une

des plus importantes est celle qui concerne l'ordre des successions. Du droit de propriété découle celui de se dépouiller de ses biens pendant sa vie; on peut aussi se donner des successeurs immédiats pour la portion disponible de ce qu'on laissera en mourant. Mais là s'arrête l'exercice de ce droit important. C'est bien assez, sans doute, qu'une génération fasse la loi à la génération qui la suit, sans commander encore aux subséquentes. L'ancienne législation avait étendu à l'infini les droits du propriétaire à cet égard; ce qui laissait une partie du territoire dans un état d'inaliénabilité incompatible avec les principes de prospérité publique, adoptés dans le siècle dernier. Déjà Louis XV, par son Ordonnance de 1747, avait réduit à trois degrés l'effet des substitutions. Le Code civil a été plus loin : d'une part, l'article 1389 defend de faire, dans les contrats de mariage, « aucune convention ou » renonciation dont l'objet serait de changer » l'ordre légal des successions»; de l'autre, l'article 896 confirme le décret de 1792, abolitif des substitutions fidéi-commissaires. Les articles 1048 et 1049 les rétablissent, à la vérité, mais seulement en faveur des pères et mères à l'égard de leurs enfants, et des oncles et tantes à l'égard de leurs neveux et nièces, sans que l'effet de ces dispositions puisse passer deux degrés.

Il est encore vrai que le système des majorats

créé par le sénatus-consulte du 14 août 1806,
fait revivre celui des substitutions perpétuelles;
mais ils ne peuvent être établis qu'en vertu d'une
autorisation spéciale du Roi, et ne sont pas soumis à la législation commune.

Hors ce cas d'exception, « toute disposition
» par laquelle le donataire, l'héritier institué ou
» le légataire sera chargé de conserver et de
» rendre à un tiers, sera nulle, même à l'égard du
» donataire, de l'héritier institué ou du légataire.»
Article 896.

443. Quand les substitutions étaient permises,
elles étaient accueillies avec faveur ; en conséquence, on suivait les règles du droit romain
sur l'interprétation des dispositions testamentaires, et toute expression manifestant le désir
du testateur de faire parvenir le don, après la
mort du premier appelé, à un second, était réputée obligatoire pour l'institué. Il doit en être
tout autrement aujourd'hui, la loi n'annule que
la disposition qui contient charge de conserver
et de rendre, et il n'y a cette *charge* que quand
le texte est explicitement ou implicitement impératif; lorsqu'au contraire, l'instituant n'a fait
qu'exprimer un désir, on ne peut pas y voir une
substitution. La Cour de Bruxelles l'a ainsi jugé
le 4 avril 1807, sur un testament par lequel la
testatrice avait *prié* son légataire de disposer de
moitié de ses biens, en faveur d'une personne

désignée. Le pourvoi des héritiers contre cet arrêt a été rejeté par la Cour de cassation. (*Voy. le Répertoire de Jurisprudence*, au mot *fidéi-commissaire, section* 8.)

444. La même solution doit être admise, si la disposition est conçue en termes qui, tout en désignant un tiers pour recueillir la chose après le premier institué, donnent à celui-ci la faculté de la consommer, et de n'en rien laisser au second. C'est la substitution que les anciens auteurs appelaient *de eo quod supererit*, et qui, ne contenant pas charge de conserver, n'est pas comprise dans la prohibition.

445. Mais aussi les clauses obliques et équivoques qui, sans exprimer la charge de conserver, produisent le même effet, quelles que régulières qu'elles paraissent, doivent être réputées en fraude de la loi, et entraîner la nullité de la disposition. Ainsi les legs conditionnels sont autorisés par les articles 1040 et 1041 du Code ; cependant, un testateur qui dirait : « Je lègue à ma femme tous mes biens, si nos enfants meurent avant elle », ferait un fidéi-commis aussi évident que s'il avait dit : « J'insti- » tue mes enfants, et à leur mort je leur substi- » tue ma femme. » En effet, les enfants, en leur qualité d'hériers du testateur, seraient tenus, si la disposition était licite, de se conformer à la volonté de leur père, et de ne pas disposer de

biens légués conditionnellement à leur mère ; ils seraient donc grévés au profit de cette dernière. MM. Grenier et Toullier, prévoyant cette ques-tion, l'ont résolue en sens contraire. Le pre-mier, *Traité des Donations*, tom. 1er, *p.* 118, voit dans la disposition une substitution pro-hibée, tandis que le second, *tom.* 5, p. 69, n'y aperçoit qu'un legs conditionnel. M. Rolland de Villargues, dans son *Traité des Substitutions*, *n*°. 67, partage l'opinion de M. Grenier, que nous avons aussi embrassée. Nous balançons d'autant moins, que celle de M. Toullier diffère peu de la première, puisque, suivant lui, les enfants peuvent aliéner les biens légués, et que leur mère ne devra recueillir, le cas de la survie arrivant, que ce dont ils n'auront pas disposé. Dans ce sens, les enfants seraient à peu près dispensés de demander la nullité du legs. Ce-pendant s'ils n'avaient pas disposé de tous les biens, et que leur mère vînt en disputer le reste à leurs héritiers, nous pensons, comme MM. Gre-nier et Rolland de Villarques, qu'elle y serait mal fondée, les termes de la disposition supposée ne permettant pas de douter que, dans l'inten-tion du testateur, les enfants devaient conserver les biens et les rendre à leur mère, s'ils mour-raient avant elle.

446. Il peut arriver que, pour éluder la pro-hibition, l'instituant dispose de ses biens, sans

imposer dans l'acte , aucune charge à l'institué ;
mais qu'il lui fasse souscrire une promesse de
prendre , après avoir recueilli les biens donnés ,
des mesures pour les rendre à sa mort, à un tiers,
très-certainement il résulterait de ces deux actes
une substitution indirecte , mais constante , dont
la nullité entraînerait celle de l'institution même.

447. Cette fraude existerait également, quand
il n'y aurait pas eu d'écrit , et que la promesse
de l'institué n'aurait été que verbale , si cette
promesse était absolue , et aussi obligatoire pour
un homme d'honneur que si elle était écrite.

448. Dans les deux cas que nous venons de
prévoir, la preuve de la fraude pourrait être
faite par les écrits du testateur , et même par
témoins et présomptions. Par exemple, si , peu
de temps après la délivrance du legs, on voyait
le légataire céder, à titre gratuit, la propriété de
la chose léguée à un tiers, en ne s'en réservant
que l'usufruit, on aurait déjà une présomption à
laquelle il faudrait ajouter peu pour avoir une
preuve suffisante. La Cour d'Orléans, en annulant comme substitution prohibée le testament de
la demoiselle de Thiville , par arrêt du 8 avril
1813, s'est exprimée ainsi : «Attendu qu'en frap-
» pant de nullité les substitutions et les disposi-
» tions qui en sont grévées, l'article 896 du Code
» civil a donné aux héritiers légitimes le droit
» de prouver que le légataire, l'héritier ou le

» donataire ont été chargés tacitement d'un fidéi-
» commis ; que cette preuve peut être faite soit
» par l'aveu et la confession de l'institué, soit par
» titres ou par témoins, etc. »

449. Les héritiers de l'instituant qui n'auraient
ni preuve, ni l'espoir d'en obtenir, seraient encore fondés à agir contre l'instituant, en lui
déférant le serment décisoire sur le fait de la
substitution secrète. Dans ce cas, le serment de
l'institué ne doit porter que sur la proposition
*qu'il n'est intervenu entre lui et le donateur au-
cun pacte contraire à la prohibition* : on ne pourrait pas (comme nous l'avons dit n°. 27, sur le
fidéi-commis tacite en faveur d'un incapable),
exiger qu'il affirme n'avoir pas l'intention de
faire la remise.

La différence entre les deux hypothèses est
sensible : quand l'institué, présumant qu'il n'a
été choisi par le testateur que pour faire parvenir
son bienfait à la personne réprouvée, se dispose à
remplir cette intention, il se fait l'instrument
d'une fraude à la loi. Il n'en est pas de même de
l'institué, qui volontairement conserve le don
pour le remettre, à son décès, conformément
aux désirs du donateur ; il suffit qu'il n'y ait pas
été astreint par ce dernier, puisque, comme on
vient de le voir, il peut y être invité dans l'acte
même qui l'institue, pourvu qu'il n'en résulte pas
d'obligation. *Voy.* n°. 443.

450. Qu'un individu puisse régler l'ordre de sa succession, avec la juste mesure que la loi a prescrite, c'est une faculté à laquelle tous les peuples civilisés ont mis beaucoup de prix; mais aussi tous ont voulu qu'il l'exerçât seul, et sans la participation de ceux qui doivent lui succéder. Ces derniers doivent s'abstenir religieusement, soit avec lui, soit entr'eux, de toute convention relative à sa succession. La morale a dicté cette règle au Droit, et le Code l'a recueillie dans les articles 791, 1130 et 1837. « On ne peut renoncer à une » succession non ouverte, ni faire aucune stipu- « lation sur une pareille succession, même avec » le consentement de celui de la succession duquel » il s'agit. » Art. 1130.

Deux motifs également puissants en sont la base : d'une part, traiter de la succession d'un homme vivant, révèle une impatience révoltante, appelée, par les anciens auteurs, *ambitio corvina*; *votum captandæ mortis*; de l'autre, le présomptif héritier, appelé par son parent à accéder à ses dernières volontés sur la distribution de sa fortune, n'aurait pas la liberté suffisante pour conserver les droits qu'un jour, peut-être, la loi lui permettrait d'exercer, et se verrait obligé de souscrire à ce qui lui serait proposé, dans la crainte de s'exposer à des mesures plus fâcheuses encore. De ce double motif de la prohibition, naît une nullité absolue ou relative, suivant la nature des traités.

451. La renonciation a une succession future, la cession, à titre gratuit ou onéreux, de droits successifs non échus, seraient radicalement nulles, et la personne qui aurait fait le transport ou la renonciation n'en serait pas moins, à l'ouverture de la succession, investie des droits qu'elle aurait ainsi intempestivement abdiqués. Le cessionnaire serait réduit à ne réclamer que la restitution des sommes par lui payées, sans dommages et intérêts, lors même que, par le traité, il lui en aurait été promis.

452. La sévérité qu'on doit apporter à appliquer cette prohibition est telle, que, quoique l'égalité entre parents soit le vœu de la nature et le but de la loi civile, si des héritiers présomptifs, du vivant de leurs parents, convenaient entr'eux, par forme d'association ou autrement, de partager également les successions devant leur écheoir, renonçant à se prévaloir de tous les avantages particuliers qui pourraient leur être faits, cette convention d'égalité serait frappée d'une nullité absolue. Elle n'aurait de louable que l'apparence, la paix de famille semblerait l'avoir suggérée; au fond, elle ne serait qu'une basse précaution prise pour dispenser les héritiers présomptifs des égards dûs à leurs proches, et une espèce d'assurance mutuelle contre les punitions auxquelles ils pourraient s'exposer.

Maynard, fol. 101, v°., en rapporte un

exemple. Dans ce siècle de dissentions intes-
tines, que fit éclore l'hérésie de Luther et de
Calvin, les deux fils aînés du sieur Vertemont,
ayant déserté la religion catholique, au grand
regret de leur père, conçurent la crainte que
celui-ci n'avantageât son troisième fils, qui était
resté attaché au culte dans lequel il était né. Ils
l'emmenèrent à Lyon, sous le prétexte d'entreprises commerciales, et là, dirigés par des ministres de leur secte, ils obtinrent de ce jeune
homme sans expérience, son adhésion à un acte
portant que les trois frères mettaient en société
tous leurs biens, et particulièrement ceux qui
pourraient leur écheoir par la suite, à titre de
succession, se promettant respectivement un
partage égal de tous dons et legs.

Après la mort du sieur Vertemont, ce qui
avait été prévu se trouva réalisé : par un testament récent, il en révoquait plusieurs antérieurs, dans lesquels son fils aîné était gratifié,
et, par ce nouvel acte, c'était sur le plus jeune
que ses libéralités s'étaient reportées. Ce dernier
obtint des lettres de rescision contre le traité,
se prévalant de sa minorité et de l'illégalité
des conventions sur les successions non ouvertes. Suivant Maynard, c'est sur ce dernier
motif que le Parlement de Paris se fonda pour
annuler le traité, et ordonner l'exécution du
testament. Ce point de droit n'est plus problé=

matique aujourd'hui, le Code civil, art. 1871, ayant formellement prohibé la mise en société des successions, donations et legs, excepté par contrat de mariage. Art. 1497.

453. Si un père, faisant le partage de ses biens entre ses enfants, en exécution des articles 1075 et suivants, les faisait intervenir dans l'acte, pour en promettre l'exécution, le partage serait valable en soi, nonobstant cette intervention illégale; mais si, à l'ouverture de la succession, quelques-uns des enfants se trouvaient fondés à en demander la nullité, soit pour vice de forme, soit pour lésion, on ne pourrait pas leur opposer qu'ils y ont participé; leur adhésion, dans quelques termes qu'elle fût, n'ayant eu d'autre objet que la succession de leur père, alors vivant, recevrait la juste application des articles 1130 et 1340.

454. Il faut en dire autant des libéralités directes ou indirectes en faveur de ceux que la loi a déclarés incapables d'en recevoir, ou qui excéderaient la quotité disponible. En vain l'auteur de ces libéralités aurait pris la précaution de les faire agréer dans les actes mêmes, ou dans des actes séparés, par son héritier présomptif; celui-ci ne perdrait rien du droit qu'après le décès du donateur il aurait de proposer, contre ces libéralités, les critiques dont elles seraient susceptibles.

Toutes ces propositions, aujourd'hui incontestables, étaient dans l'ancienne jurisprudence une source féconde de controverses. La renonciation aux successions futures était admise par plusieurs Coutumes ; leurs dispositions étaient étendues arbitrairement dans certains cas, et en faveur de certaines personnes, aux Coutumes muettes. Delà, divers auteurs argumentaient pour faire valider plusieurs stipulations sur des successions non ouvertes. Ils étaient réfutés par d'autres, et les arrêts en sens contraire ont long-temps tenu en suspens les questions les plus importantes.

D'Argentré, sur la *Coutume de Bretagne,* article 218, gl. 9, n°. 15, avait enseigné que chacun étant le maître de renoncer à ce que la loi a établi en sa faveur, le consentement de l'héritier à la donation faite par son auteur, élevait contre ses réclamations une barrière inexpugnable. Il citait un arrêt du Parlement de Rouen, conforme à son sentiment, et plusieurs l'avaient adopté. Dumoulin, sur la *Coutume d'Auvergne, chap.* 12, *article* 53, ne voyait, au contraire, dans l'adhésion de l'héritier, qu'une soumission involontaire et contrainte, *ne pejus faceret ;* il citait aussi un arrêt du Parlement de Paris à l'appui de son opinion. Coquille, sur la *Coutume de Nevers, chap.* 33, *art.* 1er, en se rangeant de son avis, ajoute à ses motifs la vraie

raison de Droit « que l'on ne peut traiter sur
» les hérédités non encore échues. »

Enfin Ricard, dans son *Traité des Donations,*
partie première, n°. 771 et suivants, combattit
ex professo la doctrine de d'Argentré, et lui opposa une multitude d'arrêts du Parlement de
Paris, notamment un rendu, en sa présence,
le 1er. juillet 1653, qui n'eut aucun égard
au consentement donné par un frère à l'avantage fait à son préjudice, à sa sœur, par leur
mère commune.

La jurisprudence est restée ainsi fixée jusqu'au Code civil, qui lui a donné force de loi.
Rendons surtout grâces à ses auteurs d'avoir
extirpé la racine des difficultés, en prohibant,
sans exception, par l'article 791, la renonciation
aux successions futures, même par contrat de
mariage, et d'avoir posé le principe invariable
que contient l'article 1340 : « La confirmation
» ou ratification ou exécution volontaire d'une
» donation par les héritiers du donateur, *après*
» *son décès,* emporte leur renonciation à oppo-
» ser soit les vices de forme, soit tout autre ex-
» ception. » Cette disposition ne prohibe qu'implicitement le consentement de l'héritier pendant
la vie du donateur; mais la prohibition n'en est
pas moins formelle ; et si elle n'est qu'implicite,
c'est que l'article 1130 l'avait très-explicitement
prononcée. Par l'un comme par l'autre article, le

Code fait revivre la loi 4, ff. *de reg. jur. Velle non creditur qui obsequitur imperio patris, vel domini* : règle que d'Argentré et ses partisants avaientméconnue.

La Cour de Bruxelles a eu l'occasion de reconnaître cette corrélation du Code civil avec la jurisprudence antérieure sur ce dernier point de droit. Le 17 ventôse an XIII (1805), Catherine Vandeputte fit faire un écrit par lequel elle donnait à ses petits-neveux, après sa mort, l'usufruit d'une maison et ses dépendances, faisant presque toute sa fortune. Ne sachant pas signer, elle fit une croix au bas de cet écrit informe; mais il était dit qu'il était ainsi rédigé, du consentement de Rosine Taelman, sa présomptive héritière, et d'Anthenius, son mari : tous deux l'avaient signé.

Au décès de Catherine Vaudeputte, Anthénius et sa femme contestèrent la validité de cet écrit, qui n'avait ni les formes de la donation, ni celle du testament; mais on leur opposait leur approbation, et cette fin de non recevoir fut admise par le tribunal de Termonde, le 18 brumaire an XIV. En appel, les vrais principes sur cette inconvenante approbation, furent développés et accueillis par arrêt du 9 juin 1807 : « Attendu » qu'aux termes de l'article 1340, si la confirma- » tion ou ratification par les héritiers ou ayant » cause des donateurs, emporte leur renoncia-

» tion aux vices de forme et à leurs autres excep-
» tions , dans le cas où leur approbation a lieu
» après le décès du donateur, il s'ensuit que celle
» qu'ils pourraient donner antérieurement, ne
» les prive pas du droit d'impugner l'acte, lors-
» que la succession est ouverte; que si le consen-
» tement donné aux libéralités d'une personne
» encore vivante pouvait valider l'acte, il en ré-
» sulterait un moyen de violer l'article 790 du
» Code civil, qui prohibe toute renonciation à la
» succession d'une personne vivante, ainsi que
» l'aliénation des droits éventuels qu'on peut avoir
» à cette succession. »

Ce n'est pas seulement à la violation de l'article
790 que s'oppose le texte important de l'article
1340, il protége également toutes les règles sur
la capacité de donner , sur celle de recevoir,
ainsi que sur la forme et la mesure des donations. Si du vivant des donateurs, ils avaient la
faculté de faire approuver leurs caprices sur la
distribution de leurs biens, par leurs héritiers
présomptifs , chaque fois qu'ils se trouveraient
gênés par la loi , ils exigeraient le concours de
ces derniers , à peine d'exhérédation plus complète; et combien ne serait pas révoltante cette
lutte sur la dépouille d'un homme vivant!

455. Les anciens auteurs qui, sur cette question, professaient la plus saine doctrine, et particulièrement Dumoulin, Ricard et Choppin, ad-

mettaient une exception à la règle, dans tous les cas où la donation, faite du consentement de l'héritier, pouvait, par l'événement, lui procurer un avantage; comme si, aujourd'hui, des enfants d'un premier lit consentaient à ce que, par le contrat de mariage de leur père avec une seconde femme, les époux se fissent une donation mutuelle excédant une part d'enfant, dans l'espoir de profiter de la fortune de cette femme, si elle venait à mourir la première. Les jurisconsultes trouvaient, dans l'éventualité de ce pacte, un motif suffisant de le maintenir, même lorsque l'événement avait trompé les héritiers. Choppin, *sur la Coutume de Paris*, liv. 2, tit. 3, n°. 9, rapporte un arrêt conforme à cette opinion.

Ce n'en était pas moins une erreur que n'aurait pas commise Coquille. Comme nous venons de le dire, il avait mieux approfondi la question, et reconnu, « que la vraie raison de droit, de l'in- » validité du consentement de l'héritier, était » que l'on ne peut traiter sur les hérédités non » échues. » Or, dans le pacte qu'on vient de supposer, l'héritier ferait un trafic aléatoire de la fortune de son père, contre celle de la femme que ce dernier épouse.

Au surplus, les articles 790 et 1130, ont prohibé trop généralement de semblables stipulations, pour qu'aucune exception soit tolérable : aujourd'hui une donation de cette espèce serait annulée, quelque fût l'événement.

La femme qu'il aurait favorisée, ne serait pas même fondée à demander la part d'enfant que son mari aurait pu lui donner légitimement. On ne peut pas ainsi substituer une volonté à une autre, le mari n'ayant fait qu'un don mutuel, la présomption serait qu'il n'a pas voulu donner autrement.

456. La législation a cependant admis un traité, dans les éléments duquel on trouve, au premier rang, le *votum captandæ mortis;* c'est le contrat à rente viagère qui participe aussi du jeu de hazard. Le créancier met au jeu ce qu'il donne, le débiteur y met la rente qu'il promet; la mort ensuite, en frappant plutôt ou plus tard le créancier, finit la partie, et détermine le gain ou la perte. Aussi n'est-ce pas sans difficultés que ce contrat a été introduit dans le Code civil; la facilité qu'il donne aux personnes peu fortunées, d'augmenter leur jouissance personnelle aux dépens de leurs héritiers, est l'unique considération qui l'a fait maintenir. Mais on a voulu, au moins, que dans ce jeu, comme dans tous les autres, la partie fût égale; c'est pourquoi si la rente est créée sur la tête d'une personne atteinte d'une maladie à laquelle elle succombe dans les vingt jours du contrat, ce traité est nul, *article* 1975 *du Code civil.*

457. Cette disposition a fait élever une question importante, celle de savoir si, dans un acte

de cette nature, passé sous seings privés, la date
est suffisamment établie par la signature des parties, sans être autrement assurée. Déjà nous
avons examiné cette question, et rapporté un arrêt qui décide qu'elle doit être certifiée, sans
quoi l'article 1975 pourrait être facilement éludé
par la fraude. *Voy. n°. 11, de cette seconde par-*
tie, tom. 2, p. 29.

A cette première autorité, nous pouvons ajouter celles de la Cour de Paris et de la Cour de
cassation. Charles Dumas, dans le courant de
janvier 1821, fut atteint d'une maladie grave
qui l'enleva le 25 mars suivant. Il laissait un
assez grand nombre d'héritiers, parmi lesquels
un frère et deux neveux prétendirent à toute
sa fortune, se fondant, d'abord, sur un acte
sous seings privés du 10 janvier précédent, enregistré seulement le 6 mars, contenant vente
à leur profit par le sieur Dumas de l'universalité de ses biens, moyennant une rente viagère
de 2,000 fr., puis sur un testament daté du
7 mars, dans lequel il déclarait que, désirant
consolider l'acte fait entre lui, son frère et ses
neveux, et ôter à la malveillance le moyen d'empêcher l'exécution de ses volontés, sous quelque
prétexte que ce fût, il entendait qu'ils jouissent
et disposent en pleine propriété de tous ses
biens, sans autres réserves que celles exprimées
dans l'acte. Mais on trouva dans ses papiers un

troisième acte daté aussi du 7 mars, par lequel
le frère et ses neveux s'étaient obligés solidairement à porter à 4,000 francs la rente viagère de
2,000 fr.

Les autres héritiers demandèrent la nullité
de tous ces actes les arguant de fraude et de
captation, et articulant un grand nombre de
faits dont ils offrirent la preuve. Le tribunal de
la Seine déclara nul l'acte du 7 mars, en considérant qu'il ne pouvait valoir ni comme ratification du premer, puisque celui-ci n'y était pas
relaté, ni comme testament, puisqu'il investissait,
à l'instant même les institués de la propriété des
choses données. A l'égard de la vente à rente
viagère, la preuve des faits d'antidate et de fraude
fut admise.

Sur les appels respectifs, la Cour de Paris reconnut, dans les actes et les circonstances, des
motifs suffisants pour annuler, sur-le-champ, et
la vente et l'écrit destiné à la consolider. Son arrêt du 6 décembre 1822, motive ainsi la décision : « Relativement à l'acte sous seing privé,
» du 10 janvier 1821, considérant que, dans le
» cas de l'article 1975 du Code civil, les héritiers
» n'agissent pas du chef du défunt, et que les
» dispositions de l'article 1322, ne peuvent leur
» être opposées; qu'à leur égard, la vente à rente
» viagère des biens de Charles Dumas, ne peut-
» être valable qu'autant qu'il est constant qu'elle

» a été faite hors le temps de la maladie dont le
» vendeur était attaqué, et plus de vingt jours
» avant son décès; qu'il est constant que le ven-
» deur était, au mois de février 1821, atteint de
» la maladie dont il est décédé le 25 mars suivant;
» que des faits et circonstances de la cause, il ré-
» sulte, dès-à présent, que l'acte de vente à rente
» viagère de l'universalité des biens de Dumas,
» enregistré seulement le 6 mars 1821, a été signé
» par lui, moins de vingt jours avant son décès,
» et a été antidaté du 10 janvier précédent, pour
» éluder la disposition de la loi.

» En ce qui touche le testament du 7 mars,
» considérant qu'il est avéré que, le même jour
» 7 mars, les acquéreurs à rente viagère s'enga-
» gèrent, envers Dumas, à porter à 4,000 fr. la
» rente de 2,000 fr., stipulée dans l'acte, sous
» la fausse date du 10 janvier; qu'il résulte du
» fait de cette promesse illusoire, au 7 mars, de
» la teneur même du testament et de tous les au-
» tres faits et circonstances de la cause, des pré-
» somptions graves, précises et concordantes, de
» suggestion et de dol, pour suppléer, par le tes-
» tament, à la vente que le prochain décès du
» donateur pouvait rendre nulle, et couronner la
» fraude par le concours de ces deux actes, sur-
» pris également à la faiblesse du malade. »

Les acquéreurs ainsi déçus, conçurent de nouvelles espérances sur quatre moyens, qui, suivant

leurs conseils, devaient amener la cassation de cet arrêt. Aucun de ces moyens ne put supporter l'analyse de la Cour de cassation, et l'arrêt de rejetest ainsi motivé :

« Sur le premier moyen fondé sur la violation » des articles 1322 et 1328 du Code civil, attendu » que, dans l'espèce particulière de la cause, Pré- » vôst et consorts n'agissaient pas du chef de » Charles Dumas, mais en vertu de l'article 1975 » du Code civil; qu'il résulterait du système des » demandeurs, s'il était admis, que la disposition » de l'article 1975 serait illusoire et sans effet, » puisque la nullité qu'il prononce au cas prévu, » ne pourrait être invoquée par l'héritier ;

» Sur le deuxième moyen, attendu que l'arrêt » constate qu'il résulte des faits et circonstances » de la cause, que l'acte de vente à rente viagère » avait été antidaté, pour éluder la disposition » de la loi ; que cette disposition, telle qu'elle est » motivée, échappe à la censure de la Cour;

Sur le troisième moyen, attendu que l'article 1975 est conçu en termes impératifs et absolus, » et, conséquemment, qu'il n'est pas au pouvoir » des parties de déroger à ses dispositions, et » d'en paralyser les effets par une antidate ;

» Sur le quatrième moyen, fondé sur l'article » 967 attendu que la Cour de Paris s'est déter- » minée à prononcer la nullité du testament, par » le motif qu'il résultait des faits et circonstances

« de la cause des présomptions graves, précises
» et concordantes ; que cet acte était l'œuvre de
» la suggestion et du dol, pour consommer la
» fraude par le concours de ces deux actes ; que
» cette décision, en point de fait, n'entre point
» dans les attributions de la Cour de cassation. »
(*Voy. le Journal du Palais, tom.* 71, *p.* 167.)

458. Une autre question s'est élevée sur le
sens de l'article 1975 : Depuis l'an VI, Crété,
atteint accidentellement de folie, avec de longs
intervalles lucides, avait été, à plusieurs reprises, renfermé et traité. Sa famille avait commencé, puis abandonné une procédure tendante
à son interdiction. Il était en liberté au mois de
janvier 1807, mais indépendamment de l'indisposition à laquelle il était sujet, il lui survint une
infirmité très-grave : c'est dans cet état que, le
18 janvier, il abandonna à un de ses parents un
capital de 2,000 fr. pour une rente viagère de
200 fr. Deux jours après, il vendit, devant un notaire de Gentilly, divers héritages, moyennant
une rente viagère de 246 fr., et le même jour,
les mêmes héritages furent vendus par lui à
une autre personne, devant un notaire de Vitry,
pour une rente viagère de 300 fr.

La mort ayant mis un terme à ses maux dès
le 22 du même mois, ses héritiers demandèrent
la nullité de tous ces contrats, se fondant, tant
sur la démence dont il avait été affecté, que sur
le défaut de survie suffisante.

Le tribunal de la Seine n'eut aucun égard à leur demande, en donnant pour motif qu'il n'avait pas été interdit, et que les actes ne contenaient aucune preuve de démence; que s'il était prouvé qu'il était malade lors des actes, il ne l'était pas que la maladie qu'il avait alors, ait été la cause prochaine et indubitable de sa mort.

La Cour de Paris, au contraire, par arrêt du 13 juillet 1808, trouvant des traces de la démence de Crété, dans le fait que, le même jour, il avait vendu deux fois les mêmes héritages : «Attendu, d'ailleurs, qu'il était dans un état d'in- » firmité notoire, aggravé par des excès conti- » nuels de boisson ; qu'il était mort dans les qua- » tre jours de la passation de ces actes, et qu'on » ne prouvait pas qu'il fût décédé d'une autre » maladie que celle dont il était atteint», fit droit à la demande des héritiers.

Ce serait effectivement se méprendre sur l'esprit de l'article 1976, que d'en rendre l'application aussi difficile qu'elle le serait, si on l'interprétait comme le tribunal de la Seine, en exigeant des héritiers la preuve, non-seulement que leur auteur était malade, mais que c'est cette maladie qui a été la cause *prochaine et indubitable* de sa mort, preuve qui souvent serait impossible. Il nous semble bien plus conforme au but moral de la disposition, de dire, avec la Cour, que, quand il est certain que la personne est morte dans les

vingt jours du contrat, et qu'elle était indispo-
sée déjà lors de l'acte, la présomption est que
cette indisposition était le prélude de la maladie
qui lui a donné la mort, et que c'est à ceux qui
prétendent le contraire, à prouver que la mort
n'a eu pour cause qu'une autre maladie, indépendante de celle dont elle était atteinte lors
du contrat.

459. De la prohibition des pactes sur les successions futures, il résulte encore que personne
ne peut s'interdire la faculté, soit de donner
entrevifs, soit de tester, si ce n'est par les donations de biens présents et à venir qu'autorisent
les articles 1082 et suivants du Code civil. Hors
ces cas de faveur, toute convention ou condition tendante à gêner cette faculté serait illicite.
Si, par exemple, un legs était fait à la condition
que le légataire ne ferait ni don ni legs au préjudice de ses héritiers, une telle condition serait
réputée non écrite ; ce ne serait pas une substitution, puisqu'il ne serait pas interdit au légataire de disposer à titre onéreux; mais elle serait illicite, puisque, d'une part, le testateur dis-
poserait de la succession de son légataire; de
l'autre, parce quelle serait contraire aux droits
civils de ce dernier. *Voy. ci-dessus, n°. 422.*

460. La faveur due aux contrats de mariage ne
serait même plus, aujourd'hui, un motif pour
réputer licite la clause par laquelle les époux

s'interdiraient la faculté de se faire l'un à l'autre des libéralités. L'ancienne jurisprudence autorisait ces conventions, parce que, pendant longtemps, on avait attribué, au contrat de mariage, la vertu de faire loi dans la famille, pour y conserver les biens ; et encore, parce que l'opinion dominante alors était, que cette faculté des époux de s'avantager, pendant leur union, établissait entr'eux une occasion continuelle de séduction ou de manœuvres plus coupables, pour obtenir des libéralités, et des exemples déplorables fortifiaient cette opinion. Depuis un célèbre arrêt de réglement du Parlement de Paris, du 17 mai 1762, on réprouvait généralement le premier motif : on reconnaissait que le contrat de mariage ne doit régler que les intérêts des époux, et non ceux de leurs familles ; mais le second motif subsistait encore, et l'on regardait comme valable la renonciation faite par les époux, dans ce contrat, à la faculté de s'avantager. C'est ce qu'enseigne Pothier, dans son *Traité des Donations entre mari et femme, n°. 27.*

Cette jurisprudence est incompatible avec les dispositions du Code civil ; les époux, par leur contrat de mariage, ne peuvent pas déroger à ses dispositions prohibitives, *article* 1388.

Si cette obligation des époux de s'abstenir de toutes libéralités entre eux, n'est considérée que dans leur intérêt personnel, sans y joindre

celui de leur famille, elle est sans cause et conséquemment prohibée par l'article 1131, qui
met l'obligation sans cause sur le même rang que
celle dont la cause est fausse ou illicite. Elle avait
une juste cause autrefois, dans la crainte que
les époux, conservant la faculté de s'avantager,
l'un d'eux ne parvînt à obtenir, par des voies
criminelles, un don irrévocable; crainte devenue
chimérique depuis que, par l'article 1096, quelque soit la forme des dons entre époux, ils sont
toujours révocables.

D'ailleurs, si la stipulation ne concerne qu'eux,
ils peuvent la révoquer, conformément à l'article
1134, et ils font cette révocation, quand, nonobstant la renonciation, l'un d'eux fait une libéralité à l'autre, et que celui-ci l'accepte.

Voudra-t-on faire entrer en considération l'intérêt de la famille? il sera invinciblement repoussé
par l'arrêt de réglement de 1762, et plus énergiquement encore par l'article 1130 du Code, parce
qu'alors on ferait du contrat de mariage des époux,
un pacte sur leurs successions, en faveur de
leur famille. Telle a été là décision uniforme du
tribunal de Château-Thiéry, de la Cour d'Amiens,
et de celle de cassation dans l'espèce suivante.

Le 5 frimaire an IX, Michaut épousa la fille
Thiercelin, et dans leur contrat de mariage, cette
dernière étant assistée de sa mère et de son frère,
notaire, on inséra une donation mutuelle de

l'usufruit du mobilier, avec renonciation réciproque de la part des épóux, à se faire d'autres
donations. Néanmoins, le 29 brumaire an XII,
la dame Michaut fit un testament, par lequel elle
légua à son mari une moitié de tous ses biens en
propriété, et l'autre moitié en usufruit. Le 27
mai 1806, elle adressa ce testament au père de
son mari, en lui déclarant qu'il avait pour objet
de réparer le vice de son contrat de mariage,
dans lequel son frère, en le rédigeant, avait abusé
de sa bonne foi.

Le 5 octobre suivant, cette femme étant décédée, son mari demanda la délivrance du legs,
mais Thiercelin voulant profiter de sa précaution, lui opposa la clause qu'il avait glissée dans
le contrat de mariage : ce fut en vain, la délivrance du legs fut ordonnée le 21 février 1807,
et sur l'appel le jugement fut confirmé par arrêt
du 1er. juillet suivant. Le premier motif est, «que
» nul n'a le pouvoir de se mettre en état d'inter-
» diction, soit absolue, soit relative, d'où il suit
» que l'exécution de la clause du contrat de ma-
» riage de Michaut et de la fille Thiercelin, est en
» opposition avec le droit public. » Le recours
en cassation du sieur Thiercelin a été rejeté, par
arrêt du 31 juillet 1809.

Ces trois décisions sont rapportées par M. Merlin, dans ses dernières éditions du *répertoire*, au
mot *renonciation*, §. 1, *article* 3, où l'on lit, un

savant réquisitoire en faveur du sentiment consacré par la Cour d'Amiens.

§. 4.

Usure.

ARTICLE I. Notions préliminaires.

[SOMMAIRE.

461. Les hommes étant destinés à vivre en société, sont dans un état continuel de dépendance réciproque; et l'échange qui, sans cesse,
se fait entr'eux de ce qui est dans leur convenn-
nance mutuelle, n'est juste qu'autant que chacun reçoit l'équivalent de ce qu'il donne. Dans
les négociations, dont le signe représentatif est
le seul objet, tout ce qui tend à rompre cet équilibre, est *l'usure*; et en tout temps, en tout lieu,
il s'est trouvé des êtres injustes qui se sont adon-
nés à cet art funeste, consistant à donner peu
pour recevoir beaucoup.

Les changements que la révolution a amenés

dans les opinions et les habitudes, n'ayant pas tourné au profit des mœurs, l'usure s'est enhardie, et la législation s'est affaiblie. Pour fixer les règles qui doivent aujourd'hui diriger en cette matière importante, il est donc indispensable, en parcourant rapidement l'histoire de cette législation, d'en reconnaître les variantes.

462. Jadis les principes religieux, au lieu d'être exilés des lois civiles, en étaient le fondement; alors l'usure, qui est l'opposé de la charité, était en horreur, et souvent punie de peines infamantes et afflictives; le gibet même en a fait plusieurs fois justice.

463. Ce n'est pas seulement chez les nations éclairées par la religion chrétienne que l'usure était ainsi mise au rang des iniquités; elle était également détestée et punie partout où la civilisation avait appris aux hommes les principaux devoirs du citoyen : Platon, Aristote, Plutarque, Cicéron, Pline, etc., l'ont combattue de toute la force de leur éloquence. Caton-l'Ancien faisait observer que, dans les premiers temps de la république, on prononçait contre ce vice la peine du quadruple, tandis que le voleur n'était puni que du double : *Adeò pejorem existimabant fœneratorem quàm furem.* Sur ce qu'on lui demandait, ce que c'était que de faire l'usure, il répondit : Qu'est-ce que c'est que de tuer un homme? Tacite et Tite-Live imputent à l'usure

la plupart des dissentions civiles dont Rome eut à gémir.

464. Les bases de cette théorie primitive étaient: 1°. que l'argent, étant par lui-même stérile, ne pouvait produire d'intérêts que par sa conversion en fonds productifs, ce qui conduisait naturellement à la règle que le prêteur ne pouvait équitablement exiger des intérêts, qu'en abandonnant à toujours son capital; 2°. que le taux de l'intérêt devait constamment être en rapport avec la valeur numéraire du produit annuel des fonds ruraux.

De ces sources principales découlaient une foule de conséquences également claires et justes, répandant leur lumière sur les innombrables difficultés que la cupidité faisait naître, et s'opposant, comme une digue forte, aux artifices de l'usure.

465. Un des premiers succès de ceux qui ont prétendu rendre la France plus heureuse, en détruisant ce que la sagesse et l'expérience avaient établi, a été de renverser cette digue, par le décret du 2 octobre 1789, qui non-seulement permet de stipuler des intérêts, sans aliénation du principal, mais ajoute, *sans entendre innover aux usages du commerce.*

466. Ce décret, en donnant à penser que dans le commerce l'intérêt était arbitraire, laissa l'usure sans frein..... Le mal fut encore augmenté

par la loi du 6 floréal an III, qui déclara *l'argent monnoyé marchandise.* En vain elle fut rapportée le mois suivant : rarement. les abus rétrogradent avec les lois qui les ont produits. D'ailleurs, un an après, le 5 thermidor an IV, une autre loi proclama « qu'à l'avenir chaque citoyen » serait libre de contracter comme bon lui sem- » blerait, et que les obligations qu'il aurait con- » tractées seraient exécutées dans les termes et » valeurs stipulés.»

467. Néanmoins l'opinion assez générale fut d'abord que cette loi, rendue dans le moment où le papier-monnaie était avili, n'avait pour but que de délier les citoyens des entraves sans nombre, dans lesquelles on les avait placés pendant ce système désastreux, et qu'elle était étrangère au taux de l'intérêt. Le Grand-juge partagea cette opinion, dans une lettre qu'il adressa au commissaire du gouvernement de Montreuil-sur-Mer, le 30 frimaire an XI, en lui déclarant que, si l'usure ne faisait plus partie des délits dont le ministère public devait poursuivre la répression, l'action civile en réduction des stipulations excessives d'intérêts, n'en était pas moins fondée.

468. Cette lettre salutaire porta plusieurs Cours à user de la faculté que le chef de la justice croyait leur appartenir encore. Ainsi s'élevèrent, contre les négociations usuraires, la Cour de Besançon, le 24 messidor an IX; celle de Dijon, le 16 nivôse

an XI; celle de Douai, le 12 thermidor an XIII; celle de Caën, le 3 décembre 1806; celle de Limoges, le 10 mars 1808; celle de Paris, le 2 janvier 1809, et celle d'Agen, le 17 août suivant.

469. Une résistance aussi unanime honore la magistrature; mais les maux eussent été sans remède, si une loi prohibitive et pénale n'était venue révoquer la faculté, imprudemment laissée aux citoyens, de régler arbitrairement les intérêts. Les abus qui en sont résultés resteront, pour le salut des générations futures, consignés dans le discours de l'orateur du gouvernement au Corps-Législatif, lors de la présentation du projet de loi adopté le 3 septembre 1807 : « Il » suffit, pour se décider, de jeter les yeux sur » les maux qu'a produits, et que produit encore, » l'arbitraire dans les stipulations. Il est reconnu » que le taux excessif de l'intérêt de l'argent at- » taque la propriété dans ses fondements; qu'il » mine l'agriculture; qu'il empêche le proprié- » taire de faire des améliorations utiles; qu'il » corrompt les véritables sources de l'industrie; » que, par la pernicieuse facilité de procurer » des gains considérables, il détourne les ci- » toyens des professions utiles et modestes; en- » fin, il tend à ruiner des familles entières, et à y » porter le désespoir. »

Le vœu du gouvernement fut rempli; le taux

de l'intérêt fut fixé à cinq pour cent en matière civile, et six pour cent en matière de commerce, sans retenue; mais l'article 5 de la loi porte qu'*il n'est rien innové aux stipulations antérieures*, et par cette disposition, les législateurs, en améliorant l'avenir, ont empiré le passé. De ce moment, toutes les usures, commises avant la loi, ont été consacrées comme des droits acquits; une partie même du bien que les Cours avaient pris sur elles de faire a été perdue.

Plusieurs de ceux qui avaient été contraints à lâcher leur proie, forts de ce texte formel, se sont adressés à la Cour de cassation; et cette Cour qui, elle-même, avait proscrit un anatocisme le 8 frimaire an XII, en réputant l'Ordonnance de 1673 encore en vigueur, s'est vue obligée de changer sa jurisprudence, et de casser quatre des six arrêts que nous avons cités, en attribuant à la loi du 5 thermidor an IV, l'effet d'avoir rapporté les lois anciennes sur l'intérêt. Ses décisions sont des 3 mai 1809, 20 février 1810, 11 avril 1810, et 29 fevrier 1812.

Tel est l'état présent de la législation sur l'usure.

470. Nous allons examiner :

1°. En quoi elle peut aujourd'hui consister;

2°. Quels sont ses effets sur les contrats;

3°. A quelles actions elle peut donner lieu;

4°. Quelles preuves sont admissibles;

5°. Quelles exceptions peuvent être opposées
à l'action.

ARTICLE II. En quoi peut aujourd'hui consister l'usure.

471. La France ayant été livrée pendant dix-
huit ans, et par les lois, à toutes les déprédations de l'usure, elles ont été portées à un tel
excès, qu'aujourd'hui un assez et trop grand
nombre de stipulations, parce que l'usure y est
indirecte et modérée, n'inspirent plus générale-

ment la même indignation qu'elles excitaient auparavant. De cette dépravation de l'opinion, il suit que beaucoup de personnes qui se révoltent au récit des usures scandaleuses dont retentissent les tribunaux, se livrent cependant à des stipulations où l'usure se place indirectement, et ne lèse qu'avec modération. Plusieurs même ne le font que par ignorance.

On reconnaissait, avant la loi du 2 octobre 1789, deux espèces d'usure : l'une consistant seulement à recevoir le moindre intérêt d'un simple prêt, dont le capital n'était pas aliéné, s'appelait *l'usure* ; elle était réprouvée, les lois civiles tendant à maintenir entre les hommes le lien de charité institué par le beau précepte, *mutuum date, nihil indè sperantes ;* l'autre consistant à exiger dans ce cas, comme dans tous les autres, un intérêt excessif, était nommée *usure énorme.*

L'état actuel de nos mœurs, et, il faut en convenir, le prodigieux accroissement de la propriété mobiliaire, qui n'a plus rien de comparable à ce qu'elle était jadis, n'ont pas permis de rappeler la première espèce d'usure ; la loi de 1807 ne proscrit réellement que ce qui était appelé *l'usure énorme*, et tout ce que les jurisconsultes ont enseigné à ce sujet, ne doit s'appliquer aujourd'hui qu'à ce qui serait exigé au-delà de l'intérêt légal. Cette perception excessive étant non-

seulement prohibée, mais punie, il faut en conclure que, quelque soit le caractère apparent
d'un traité, si son effet est de produire une infraction à cette prohibition, c'est à ce caractère
réel qu'il faut s'arrêter. *Ubi agitur de frauda-
tione proximi, vel legis, necesse est formulas
omnes verborum subsidere, solum vero effectum
et veritatem realem attendi.* Dumoulin, *Tract.
coût. usur*, quest. 25, n°. 236.

472. Si une marchandise est vendue à terme,
et qu'il apparaisse, soit par la facture qui, quelquefois, mentionne une remise proportionnée à
l'accélération du paiement, soit par les livres du
marchand, soit de toute autre manière, que le
terme accordé a été un motif d'augmentation du
prix, et que cette augmentation a excédé le taux
légal, il y a usure, et l'action en réduction est
fondée.

473. La loi permet de nantir le prêteur en lui
donnant un gage; mais il y aurait usure, si la
chose mise en gage était susceptible de location,
comme sont les bijoux, les chevaux, etc.; et qu'il
fût accordé au prêteur le droit d'en faire usage,
indépendamment des intérêts. Dans ce cas, le
service qu'il en aurait tiré devrait être estimé et
imputé sur les intérêts.

474. Il en serait de même si, en outre des intérêts, le prêteur exigeait quelques travaux ou services lui procurant un lucre quelconque.

475. Les intérêts doivent toujours être fixés en argent, et jamais en grains, vins, ou autres choses mobiliaires, dont le prix suit les variations qu'éprouvent l'agriculture et le commerce. L'incertitude de ces événements n'est pas à considérer, les prêteurs sauraient trop bien prévoir et calculer, pour que les chances leur fussent jamais préjudiciables; et, sans une prohibition absolue à cet égard, les cultivateurs et les propriétaires ne seraient bientôt que les esclaves des capitalistes. La France en a déjà fait l'épreuve. *Hi reditus*, dit Dumoulin, *quest.* 21, n°. 220, *sunt captiosi et periculosiores debitoribus, quàm reditus pecuniœ, ut superiorum temporum experientia docuit.*

Cependant, dans ces temps anciens dont il parle, l'or de l'Amérique n'étant pas encore connu, la masse de l'argent en circulation était modique, et à peu près toujours la même, ce qui faisait que le prix des denrées, dans les années ordinaires, revenait toujours au même taux. Au XVe. siècle, celui du froment n'était que de dix sols tournois le septier, mesure de Paris; mais, au commencement du seizième, l'Europe s'enrichit des trésors du Nouveau-Monde, et bientôt les capitalistes, prévoyant l'enchérissement graduel qui s'opérerait dans les choses, saisirent toutes les occasions de convertir leur capitaux ne rentes de grains, vins, etc.

Leur prévision ne tarda pas à se réaliser ; les cultivateurs, pris au piége, firent éclater leurs plaintes; ils crièrent à l'usure, qui, par l'événement, se trouva au-dessus de toute proportion. Les jurisconsultes furent partagés de sentiment. Quelques-uns soutenaient que ces rentes étaient licites, ayant été créées suivant la valeur qu'avaient les choses au moment du contrat. Le plus grand nombre prétendait qu'une redevance promise pour un capital en numéraire, ne devait jamais excéder l'intérêt au taux admis.

476. Pendant cet examen du point de Droit, une calamité extraordinaire aida à le résoudre. En novembre 1523, une gelée, inouïe jusques-là, fit périr les semences déjà en terre; tout le royaume éprouva les rigueurs de ce fléau, et les grains s'élevèrent à une cherté extrême.

D'innombrables procès se présentèrent, et le Parlement de Paris, entraîné par un vif sentiment de justice et de pitié, décida, par un arrêt de réglement, que tous les débiteurs de ces rentes pourraient se libérer moyennant vingt sous par septier de froment.

En approfondissant davantage ce sujet important, on reconnut qu'une mesure uniforme n'était pas équitable, et qu'il fallait pour chaque rente, réduire l'arrérage en argent, au taux légal de l'intérêt du capital, primitivement fourni par le créancier. Plusieurs contrats furent

même annulés , parce qu'il résulta de ce procédé
qu'elles avaient été constituées à un taux inique.

Dumoulin et Papon, *liv.* 12, *tit.* 7 , rapportent
plusieurs arrêts du Parlement de Paris qui, suivant les circonstances, ont ainsi annullé, ou con-
verti en argent, des rentes constituées en grains
ou en vins.

477. Cette jurisprudence détermina Charles IX
à en faire une loi pour tout le royaume ; son Édit,
de novembre 1565, ordonne « de réduire à prix
» d'argent et *au denier douze* , toutes rentes
» constituées en blé, de quelque temps et à quel-
» que prix que ce soit , tant pour les arrérages
» dûs, que pour les paiements à faire à l'avenir,
» sans que les créanciers puissent demander
» autre chose , à peine du quadruple, et d'être
» punis suivant la rigueur des Ordonnances faites
» contre les usures et les usuriers. »

478. Telle a été la législation jusqu'aux lois
nouvelles, et la Cour de cassation a eu l'occasion
elle-même de l'appliquer sur des contrats de
1782 et 1785.

En 1782, François Crouzat avait constitué, au
profit de Rigaud, une rente de six rases de froment, moyennant un capital de cent quatre-
vingt francs , et, trois ans après, une pareille
rente pour trois cent francs. Ces deux rentes
avaient été servies jusqu'en 1811. Ce fut alors
que les représentants de Crouzat traduisirent

Rigaud devant le tribunal de Gaillac, et conclurent contre lui à ce qu'elles fussent déclarées usuraires, et qu'il fût condamné à leur restituer trois cent cinquante-deux francs, qu'il se trouvait avoir reçu au-delà de l'intérêt légal.

Un jugement, du 3 avril 1811, réduisit les deux rentes à vingt-trois francs, et rejeta la demande en restitution des arrérages, par le motif que, dans l'ancien parlement de Toulouse, on suivait la maxime : *Usuræ solutæ non repetuntur.* Soumis à la censure de la Cour de cassation, il a été cassé : « Attendu, 1°. qu'il résulte de l'Édit de » novembre 1565, que toute rente constituée en » grains doit être réduite au taux légal, sur la » demande du débiteur ; qu'il n'importe à cet » égard, que cette demande ne soit formée qu'au » moment même de l'action du créancier contre » le débiteur, puisque, d'après la loi romaine » 18 *Cod. de usuris*, qui régissait le territoire » du ci-devant Parlement de Toulouse, l'action » en répétition d'intérêts usuraires était accordée » au débiteur, lors même qu'il ne les avait payés » qu'après le remboursement du capital; Attendu, » 2°. que la maxime énoncée dans ce jugement, » n'est applicable qu'au cas d'intérêts qui ne dé- » rivaient ni de la loi, ni de la stipulation, mais » qui n'étaient pas prohibés, et non point à celui » où, comme dans l'espèce, la loi les déclare usu- » raires; d'où il résulte que ce jugement a, non-

» seulement fait une fausse application de cette
» maxime, mais, en outre, formellement contre-
» venu, tant à l'Édit de 1565, qu'à la loi romaine
» ci-dessus citée, en refusant aux demandeurs
» l'imputation d'arrérages par eux réclamée sur
» les deux capitaux des rentes dont il s'agis-
» sait. » (*Voy. le Journal du Palais, tom*. 36,
pag. 332.)

Les tribunaux n'hésiteront sans doute pas à
appliquer les dispositions de cet Édit, non-seulement aux contrats de cette nature, antérieurs au
décret du 5 thermidor an IV, mais aussi à ceux
postérieurs à la loi de 1807. D'une part, si l'Édit
de 1565 avait été abrogé par le décret du 5 thermidor an IV, ce décret a lui-même été abrogé par
la loi de 1807; de l'autre, les mêmes motifs qui,
avant cet Édit, portaient les Parlements à prévenir
le vœu du monarque, parce qu'exiger des denrées
dont le prix habituellement variable devient, par
leur rareté, momentanément exhorbitant, était
à leurs yeux une violation manifeste des lois sur le
taux de l'intérêt, détermineraient les juges à tirer la même conséquence de la loi de 1807.

Il n'y aurait donc à l'abri de cette conversion
que les contrats passés depuis juillet 1796, jusqu'en septembre 1807, suivant qu'il a été jugé par
la Cour de Caën le 8 décembre 1806, et celle de
cassation le 3 mai 1809. (*Voy. le Journal du Palais*, 2ᵉ. *sémestre* 1809, *pag*. 214.)

L'Édit de 1565 ne parle, il est vrai, que des rentes de blé ; mais il faut étendre sa disposition à toutes celles en denrées, la raison étant absolument la même. Si ce motif ne paraît pas suffisant parce que, pour annuler un acte, il faut une loi spécialement prohibitive, on doit considérer que cet Édit n'est qu'interprétatif des lois sur le taux de l'intérêt, et que ces lois, par cela seul qu'elles règlent l'intérêt, par une partie aliquote du principal, exigent que cet intérêt soit en argent, comme le principal. C'est ce qu'enseignait, dès le XVe. siècle, le jurisconsulte napolitain Alexandri, dans son *Conseil* 180, *in fin.*, *lib.* 7 ; *statutum permittens judæis fœnerari, usque ad rationem tot denariorum pro librâ, non potest nec debet extendi ad alias species fungibiles.* Déjà la question a été ainsi résolue par la Cour de Montpellier, le 14 juillet 1823. (*V. le Journal du Palais*, tom. 39, *p.* 67.)

479. La même décision devrait avoir lieu quand le capital fourni par le créancier l'aurait été en denrées, comme si, pour vingt mesures de grain, il avait obtenu la redevance annuelle d'une mesure. Le capital par lui ainsi donné, n'a été reçu que pour être consommé, et n'est devenu susceptible de produire des intérêts que par sa consommation ; il ne peut donc être regardé que comme représentatif du prix qu'il avait, dans l'instant qu'il a été livré par le créancier au débiteur.

480. Lorsque le capital a été fourni en meubles ou immeubles, et non en deniers, le vendeur, pour ses intérêts, pendant les délais qu'il accorde, ou pour sa rente, s'il vend à ce titre, peut-il stipuler une somme plus forte que celle réglée par la loi, pour un capital en numéraire?

Cette question a été très-controversée. Brodeau est le premier qui, sur l'art. 94 de la *Coutume de Paris*, ait enseigné l'affirmative, en disant qu'en ce cas, l'élévation de l'intérêt fait partie du prix. Le Parlement n'adopta pas son opinion, et, par un arrêt du 29 décembre 1648, il réduisit l'intérêt stipulé dans la vente d'un office.

Duplessis, écrivant depuis cet arrêt, rappela l'opinion de Brodeau, mais en prévenant de la décision qui lui est contraire.

Beroyer et Delaurière, ses annotateurs dans l'édition de 1699, ont voulu faire revivre le sentiment de Brodeau, en se prévalant « de ce que » l'arrêt de 1648 avait été rendu contre les con- » clusions de l'avocat-général Talon, et préten- » dant que les principes du Droit résistaient au » préjugé de cet arrêt; qu'en conséquence, plu- » sieurs estimaient qu'il fallait le restreindre, au » moins, au cas d'un office, et ne pas l'étendre » à celui d'un héritage qui produit des fruits, et » un revenu plus solide que celui d'un office. »

Davot, dans son *Traité du Droit français*, t. 3, p. 121 (de l'édition de Bannelier), partage cette opinion pour les ventes d'immeubles à terme. Il annonce aussi que quelques auteurs ont cru «qu'en ce cas, si on créait une rente, » pour le paiement du prix, il serait permis de ne » pas s'assujétir au denier courant pour les ar- » rérages.» Il cite Brodeau et Lapeirère, et même fort mal-à-propos, Duplessis, qu'il a confondu avec ses annotateurs, puisque Duplessis regardait l'arrêt de 1648, comme terminant la difficulté : «Mais, » ajoute Davot, il faut se défier de cette opinion, » car, quand l'acheteur crée une rente, il est censé » avoir payé le prix, et il faut raisonner comme » si les deniers avaient été comptés, et qu'ils » eussent été remis à l'acquéreur pour en aliéner » le capital. En un mot, dès que c'est une rente » créée, elle est dans la disposition de l'Ordon- » nance.»

Il renvoie lui-même, pour cette dernière manière d'envisager la question, à l'arrêt de 1648, à Basnage, *sur l'art.* 324 *de la Coutume de Normandie*, *et à* Bouvot, *t.* 2, *au mot rente, question* 5.

Nous pouvons ajouter à ces dernières autorités, la loi 13, ff. *de act. empt. Papinianus respondisse se refert, si convenerit, ut ad idem pretio non soluto, venditori duplum præstaretur : in fraudem constitutionum videri adjectum quod usuram legitimam excedit.*

Dumoulin, *quest.* 27, a prévu cette question, et en a donné la même solution.

Enfin Denisart, Rousseaud-Lacombe, et l'auteur du *Répertoire de la Jurisprndence*, au mot *intérêts*, rappellent l'arrêt de 1648, et font de sa décision la règle sur la matière. Dans le dernier de ces recueils, on rend compte d'un second arrêt du 4 février 1716, qui a jugé dans le même sens, aussi pour le prix d'un office ; et, en outre, d'un troisième arrêt du 11 décembre 1638, conséquemment antérieur à celui dont parlent tous les autres auteurs, qui précisément a statué sur le prix d'un immeuble ; cas dont Beroyer et Delaurière ont voulu, au moins, faire l'objet d'une exception.

Un héritage avait été vendu moyennant une rente de cent cinquante francs, rachetable de quinze cent francs, et le bail à rente avait été déclaré valable par le bailliage de Mantes. Le Parlement, au contraire, le déclara vicieux et usuraire, et ordonna que l'excédant de l'intérêt légitime payé par le débiteur, serait imputé sur le sort principal.

La question doit, encore moins aujourd'hui, être problématique, la loi de 1807 disposant, de la manière plus générale, sur le taux de *l'intérêt conventionnel*. D'un texte aussi précis, il résulte que toute convention d'intérêts, quelle qu'en soit la nature, doit être réglée par sa disposition.

Ajoutons enfin que le système contraire se fondait sur une illusion. La stipulation d'intérêts dans un contrat de vente fait partie de la convention, mais elle ne fait pas partie du prix, puisque, le jour même du contrat, l'acheteur peut se libérer en payant le capital, sans y rien ajouter. Elle n'est donc en réalité que la faculté donnée à l'acheteur de conserver ce capital, en supportant la peine convenue pour le retard, et proportionnée au temps de ce retard, ce qui n'est autre chose qu'un intérêt conventionnel.

Ainsi, dans l'espèce jugée par l'arrêt de 1638, la défense la plus spécieuse du créancier a pu consister à dire : En vendant mon héritage, maître d'en fixer le prix, j'ai voulu une rente de 150 fr., j'ai consenti, en même temps, à réduire mon capital à 1500 fr., c'est-à-dire à moitié ; mais cette clause est favorable au débiteur, et n'est pas défendue. La réponse est qu'on apprécie les conventions, non par des subtilités plus ou moins ingénieuses, mais par leurs effets, suivant la règle de Dumoulin. (*Voy.* ci-dessus n°. 472.) Or, en appréciant cette vente par ses effets, son prix ne consiste pas dans la rente, puisque, comme nous venons de le dire, l'acheteur pouvait se rédimer sur-le-champ, en payant les 1500 de capital ; il n'y avait donc que cette somme qui fût assurée au vendeur, elle seule constituait réellement le prix, le surplus était la peine stipulée pour le retard. Or, suivant l'article 1153 du Code civil, la seule peine, pour le retard d'un paiement, consiste dans l'intérêt légal de la somme due.

481. On peut objecter, à l'égard des immeubles, que la rente peut être créée en fruits, puisque tel est l'usage, et qu'aucune loi ne l'a défendu; que, dès-lors, le vendeur peut, pour l'intérêt de son prix formant le capital de la rente, obtenir en fruits une valeur plus considérable que l'intérêt; que, s'il le peut par ce moyen, il doit le pouvoir en fixant la valeur des fruits à une somme plus forte que celle de l'intérêt.

Cette conséquence n'est pas exacte : la rente consistante en fruits, n'a qu'une valeur variable qui ne représente qu'imparfaitement une convention d'intérêts, tandis que, si l'on règle la valeur des fruits en une somme fixe non variable, il n'y a réellement qu'une convention d'intérêts soumise inévitablement à la loi.

Ce que nous disons, en ce moment, de la rente en fruits, provenante de vente d'héritages, peut paraître contradictoire avec ce que nous avons dit précédemment de celle qui serait ainsi créée pour un capital en deniers; mais la contradiction n'est qu'apparente. Dans ce dernier cas, la prestation obtenue par le débiteur ne peut être autre chose qu'un intérêt, puisque les valeurs fournies ne produisent pas de fruits par elles-mêmes, et ne sont utiles que par la consommation qui en est faite; alors il y a convention d'intérêts. Dans

le premier cas, au contraire, la redevance promise est moins une convention d'intérêts, que la
réserve faite au profit du vendeur d'une portion
des fruits de l'héritage par lui vendu, jusqu'au
moment où le prix lui en sera payé. Tant que ce
paiement ne lui est pas fait, il reste, en quelque
sorte, propriétaire de l'héritage qu'il n'a vendu
qu'à la condition d'en recevoir le prix; et, par
l'article 1654 du Code civil, il a le droit de le
reprendre, si la condition n'est pas remplie.

482. Avant les lois nouvelles sur l'intérêt, l'antichrèse n'était pas admise dans les provinces où
le prêt temporaire à intérêt était prohibé, parce
qu'en effet ce contrat n'est pas autre chose qu'un
prêt sur gage, dont le gage est un immeuble.
Aujourd'hui, qu'il est permis de stipuler l'intérêt d'un capital prêté pour un temps limité, le
Code a dû introduire également le contrat d'antichrèse. C'est ce qu'ont fait ses rédacteurs dans
les articles 2085 et suivants. Mais l'article 2089
porte : «Lorsque les parties ont stipulé que les
» fruits se compenseront avec les intérêts, ou
» totalement, ou jusqu'à une certaine concur-
» rence, cette convention s'éxécute comme toute
» autre qui n'est point prohibée par les lois.»

Pour saisir le sens de ce texte un peu obscur,
il faut se reporter à l'article 1907, où il est dit:
« L'intérêt conventionnel peut excéder celui lé-
» gal, toutes les fois que la loi ne le prohibe pas.»

Lors de la composition de ce précieux ouvrage, les auteurs, trop intimidés par les nouvelles doctrines , à la faveur desquelles l'usure exerçait ses pillages sans pudeur ni mystère, ne crurent pas devoir placer la prohibition de ce fléau, au rang des règles invariables de notre législation, comme s'il y avait des conjonctures probables qui puissent le faire tolérer ; mais au moins ils osèrent le signaler, et réserver à de plus hardis législateurs le soin de le réprimer. C'est à ce vœu que se réfèrent les modifications contenues dans les articles 1907 et 2089.

Aujourd'hui donc qu'une barrière est opposée à la cupidité, si, dans une antichrèse , il a été convenu que les fruits appartiendront au créancier, pour lui tenir lieu des intérêts de sa créance, le débiteur est fondé à réclamer une estimation du produit annuel de l'immeuble ; et si ce produit, calculé sur une année moyenne, excède notablement l'intérêt permis , il y a lieu à réduction. Nous disons *notablement*, parce qu'il y a toujours un arbitraire inévitable dans l'estimation d'un revenu aussi incertain que celui des immeubles, et que, lorsqu'il s'agit de porter atteinte à un contrat, on ne doit le faire qu'appuyé sur une certitude.

483. Le transport d'une rente , pour un prix moindre que son capital, présente-t-il une négociation usuraire? l'affirmative n'est pas suscep-

tible de difficultés, s'il y a de la part du cédant *promesse de fournir et faire valoir*, puisque, par cette stipulation, il constitue la rente sur lui-même, et que celle cédée n'est qu'une indication de paiement.

On peut hésiter davantage, quand le transport est fait sans garantie; néanmoins, même dans ce cas, nous estimons qu'il y a usure. Le lucre de l'acheteur et la perte du vendeur, sont de même nature que dans le contrat de constitution à un taux exagéré. Que pour 100 fr. je constitue une rente de 60 fr. sur moi, ou que je donne à la prendre sur mon débiteur, n'est-ce pas, quant à la perte que j'éprouve, et au gain que je procure à l'acheteur, absolument la même chose? L'usure dans la cession est même plus forte que dans la constitution, puisqu'alors elle pèse sur le capital comme sur les intérêts.

Le motif qui fait illusion ordinairement, est que le cessionnaire sans garantie prend la solvabilité du débiteur à ses risques; mais, dans tous les prêts directs, le créancier n'a également qu'un débiteur; ne sait-on pas, d'ailleurs, que la prévoyance est en proportion de la cupidité?

On trouvera peut-être que nous portons trop loin les conséquences de la loi de 1807. Nous répondrons avec Domat : « Il est du devoir des » juges d'appliquer les lois, non-seulement à ce » qui paraît réglé par leurs dispositions expresses,

» mais à tous les cas où l'on peut en faire une
» juste application , et qui se trouvent ou dans
» le sens exprès de la loi, ou dans les conséquen-
» ces qu'on peut en tirer. » *Traité des Lois, chapitre* XII , *art.* 18.

Si l'on nous opposait les négociations de rentes
sur l'Etat, nous dirions qu'elles font partie des
effets publics , qui , de tout temps , ont été mis
dans le commerce par des lois particulières; que
ces effets ne se vendent qu'à la Bourse , par l'en-
tremise d'agens agréés et surveillés par le Gouvernement, avec des formes protectrices, et suivant
un cours connu ; que, conséquemment, ces effets
sont infiniment moins exposés aux exactions, que
les rentes sur particuliers , dont le transport se
fait de gré à gré, entre celui qui manque d'argent
et celui qui en a trop.

Ajoutons que le sentiment contraire rouvrirait
à l'abus une des portes que la loi de 1807 a voulu
fermer. Le capitaliste qui voudrait une rente
usuraire , la ferait constituer au profit d'un tiers,
qui la lui céderait sans garantie.

Ce que nous venons de dire n'est pas applicable
aux rentes vendues en justice ou par son autorité:
dans ce cas les formes observées garantissent
de toute espèce de fraude.

A l'égard des cessions de créance à terme, elles
seront comprises dans ce que nous dirons n° 489,
sur l'escompte.

484. La cession pour un temps déterminé d'un revenu à percevoir, moyennant un prix convenu, est un véritable prêt, le capitaliste devant retrouver, dans les revenus qui lui sont délégués, ses intérêts et son capital. Cette négociation doit incontestablement être soumise aux dispositions de la loi de 1807, si elles les a enfreintes.

Prenons pour exemple les fermages d'un domaine produisant net 2,000 fr. , qui seraient cédés pour dix années, moyennant l'avance d'une somme de 10,000 fr. Si l'on remarque que le prêteur, dès la première année , reçoit 500 fr. pour ses intérêts, et 1,500 fr. sur son capital; que la seconde, ses intérêts étant moindres, il reçoit d'autant plus sur le capital ; qu'il en est de même dans les années suivantes; en sorte qu'en recevant la sixième , il est complétement payé , et reçoit de trop 202 fr. 89 c.; on reconnaîtra combien serait usuraire cette convention, si elle était exécutée jusqu'à la dixième année.

Quand les revenus cédés consisteraient en fruits, l'incertitude de leur valeur annuelle ne ferait pas échapper le prêteur à cette vérification; dans ce cas, comme dans celui de l'antichrèse, avec lequel il a beaucoup d'affinité, l'estimation des fruits, sur une année commune, deviendrait la base de la supputation nécessaire.

485. A peine est-il besoin de signaler, comme inique, cet usage si fréquent , quand l'usure

levait sa tête impunie, de retenir l'intérêt sur le
capital ; au moment même du prêt. Celui qui
voudrait agir ainsi, ne peut pas se dissimuler
que ce qui ne sera pas sorti de ses mains, et que
l'emprunteur aura, tout au plus, aperçu, n'aura
pas été prêté par lui, et que, sur les 3,000 fr.
promis, s'il retient 150 fr., il n'aura prêté que
2,850 fr. dont le debiteur, au bout de l'an, pourra
se libérer en ne lui payant que 2,992 fr. 50 c. Il
doit enfin observer que, dans cette hypothèse,
exiger le paiement intégral des 3,000 fr., ce serait
percevoir une usure de 7 fr. 50 c., et porter l'intérêt à 5 1/4 pour cent environ.

486. Lorsque le prêteur, au lieu de retenir l'intérêt au moment même du prêt, le fait rentrer
dans son coffre par partie durant l'année, par sémestre, trimestre et quelquefois par mois, l'exaction est moindre, mais elle est du même genre.
Une telle accélération de paiement transporte au
prêteur le profit que le débiteur aurait pu tirer
de sommes que la loi suppose en sa possession
pendant l'année entière.

Ces observations peuvent paraître minutieuses,
mais elles sont vraies, et c'est parce qu'elles le
sont, que les capitalistes tiennent à des procédés
qui, par leur répétition, et surtout appliqués à
des sommes importantes, amènent des résultats
lucratifs pour eux, et conséquemment onéreux
pour les emprunteurs.

Un prêt temporaire, fait pour une ou plusieurs années, et surtout une rente constituée, avec des obligations de cette nature, devraient donc être ramenés au paiement annuel. Dans tous les temps, l'intérêt de l'argent a été fixé par an, parce qu'il est le représentatif des fruits de la terre qui ne les donne qu'une fois par année. Dans le commerce, il est vrai, les produits de l'argent se renouvellent plus souvent; mais aussi, depuis plusieurs siècles, l'intérêt commercial est-il plus élevé que celui des négociations civiles.

487. L'anatocisme, qui consiste à capitaliser les intérêts après des périodes convenues, et à leur faire produire des intérêts, était jadis prohibé. Le Code civil, art. 1154, l'a admis, mais avec une restriction importante, pourvu que la période soit au moins d'une année; disposition qui, évidemment, a été suggérée par les motifs que nous venons de développer. Ainsi ces comptes de banque qu'on arrête tous les six ou trois mois, quelquefois tous les mois, et dont le reliquat, comprenant les intérêts de la période précédente, est capitalisé, sont, en cette partie, usuraires et réformables.

Ils le sont même en matière de commerce : le Code est la législation générale, et toutes les exceptions que le commerce pouvait réclamer, y sont expressément indiquées, art. 1341, 2084, etc. Au-delà commence l'abus, et la plainte serait écoutée.

488. La convention qui impose à l'emprunteur l'obligation de payer au domicile du créancier résidant dans un lieu éloigné, aggravant sa dette, peut-elle être réputée illicite ? Quelques auteurs l'ont pensé, notamment Rousseaud de la Combe, au mot *rente*. Plusieurs autres ont enseigné qu'elle était valable, et ce dernier sentiment doit l'emporter. Il n'y a d'usure que dans ce qui tourne au profit du créancier, en outre du produit légal de ses fonds. Il faut qu'il y ait un lucre pour lui, *lucrum exactum* : or, les frais et les dangers du transport des espèces, tout en ajoutant aux obligations de l'emprunteur, ne donnent au créancier rien de plus que ce que la loi lui attribue, et qu'il recevrait en plaçant son argent dans le lieu même qu'il habite. Aussi le Code civil, qui a renfermé l'anatocisme dans des bornes étroites, a-t-il laissé la plus grande latitude à l'indication du lieu où le paiement doit se faire. (Art. 1247.)

489. L'escompte est un lucre que fait un capitaliste sur sa propre dette, ou celle d'autrui, en en faisant le paiement avant le terme stipulé; c'est un véritable intérêt conventionnel, soumis conséquemment aux dispositions de la loi du 3 septembre 1807 : légal et modéré, c'est un des grands ressorts du commerce; excessif, il en est le fléau.

Dans les transactions civiles, il peut également

être utile; plus souvent, il n'y est qu'un moyen d'iniquité. Plusieurs l'emploient sans en connaître la nature : ne sachant pas que, lorsqu'ils paient avant l'échéance, à la faveur d'une réduction de la dette, ils font l'escompte, et par fois l'usure.

Au barreau même, on ne l'aperçoit pas toujours : on en a un exemple frappant en ce moment.* Il existe, devant la Cour royale de Paris, un procès auquel on a cherché à donner un éclat fâcheux, en publiant un Mémoire pour le sieur Masson, maire de Serbonne, contre le sieur Rousset, journalier à Saint-Valérien.

L'auteur de ce Mémoire, écrit avec talent, y fait cependant, avec une rare ingénuité, l'exposé d'une extorsion révoltante. On y lit que, le 9 décembre 1814, le sieur Masson, pour éviter à son fils tous les dangers du service militaire, surtout à cette désastreuse époque, convint avec Rousset qu'il se chargerait d'encourir les hasards pour ce jeune homme, moyennant, entr'autres conditions, une somme de 7,000 fr. portant intérêts à cinq pour cent, et exigible dans le cours de sept années, à compter de deux ans après l'admission de Rousset; que, le 26 juillet 1814, le premier septième ne devant écheoir que dix-huit mois après, Masson se libéra avec la modique somme de 4,000 fr.

* Un calcul, facile à vérifier, fait voir l'énorme

* En 1823.

intérêt que cette somme, ainsi négociée, lui a rapporté. S'il l'eût placée au taux légal, pour le temps pendant lequel sa libération devait s'effectuer, il n'en aurait eu que 889 fr. 99 c. : donnée en échange de sa dette, elle lui a produit 3,676 f., c'est-à-dire, un intérêt de plus de 20 pour cent par an.

A nos yeux, cette opération est une usure formelle. On n'en peut, d'autant moins, douter dans l'espèce, qu'à chaque page du Mémoire on a peint très-naïvement toutes les circonstances dont l'usure sait tirer parti : la misère de Rousset, son penchant à la débauche, son désir continuel de se procurer de l'argent à tout prix; l'état de tentation dans lequel on a su le placer, et jusqu'aux soins, pris par lui et le sieur Masson, de se cacher de la femme de ce malheureux, qui, plus sage que lui, aurait déconcerté l'intrigue.

Cependant, les conseils de Rousset, par une pitié louable, mais irréfléchie, ont entassé procédure sur procédure, plainte en escroquerie, plainte en faux, etc., sans apercevoir la véritable action qu'il convenait de saisir.

L'escompte a toujours été mis au rang des *intérêts conventionnels*. Sous l'empire des anciennes lois, dans tous les cas où il n'était pas permis de stipuler des intérêts, il ne l'était pas davantage de retenir au créancier la moindre somme, pour le prix de l'anticipation de paiement, et dans tous ceux où cette négociation était licite en soi, l'escompte devait se faire au taux légal de l'intérêt ; s'il l'excédait, il y avait usure.

Pothier, dans son Traité de l'usure, a consacré une section entière à l'escompte. (*V. partie 2, section 5.*) Il s'y exprime ainsi : « De même » qu'il n'est pas permis au prêteur d'une somme » d'argent d'exiger rien au-delà de la somme prê- » tée, lorsque ce qu'il reçoit au-delà de la somme » prêtée, n'est autre chose que *lucrum ex mutuo* » *exactum*; de même, celui qui paie d'avance à » un créancier la somme d'argent qui lui est » due, ne peut licitement rien retenir de cette » somme, lorsque ce qu'il retient n'est autre chose » qu'un profit et une récompense de l'avance » qu'il fait : *lucrum ex prœrogatâ solutione exac-* » *tum*. Il y a entière parité de raison...... mais » lorsque le paiement que quelqu'un fait d'a- » vance à un créancier, cause quelque perte à » celui qui fait le paiement, ou le prive de quel- » que gain qu'il eût fait sur la somme qu'il paie » d'avance; celui qui paie d'avance, peut, en ce » cas, retenir licitement sur la somme qu'il paie, » un escompte jusqu'à concurrence de la perte » que lui cause l'anticipatiou de paiement, ou du » gain dont elle le prive. Cet escompte en ce cas » est licite.... En cela l'escompte est semblable à » l'intérêt du prêt, qui n'est illicite et usuraire » que lorsqu'il renferme un profit que le prêteur

» retire du prêt, lorsqu'il est *lucrum ex mutuo*
» *exactum*, et qui, au contraire, est permis lors-
» qu'il ne renferme qu'un juste dédommagement
» de la perte que le prêt cause au prêteur ou du
» gain dont elle le prive, comme nous l'avons vu
» dans la section précédente. »

Pothier ne dit pas que l'escompte licite ne
peut pas excéder le taux légal de l'intérêt, parce
que, dans cet endroit, il n'a en vue que les transactions civiles, et qu'alors, dans ces transactions,
les intérêts compensatoires n'étaient jamais admis
mis dans le fort extérieur, ainsi qu'il l'enseigne
dans la 4ᵉ. section, nᵒ. 124, à laquelle il renvoie.
Mais plus bas, occupé des matières commerciales
et de l'escompte entre marchands, il dit : « L'a-
» cheteur fait diminution au vendeur d'une par-
» tie de la somme pour l'escompte, c'est-à-dire
» pour l'intérêt que la somme aurait produit de-
» puis le paiement que fait l'acheteur jusqu'au
» jour de l'échéance du billet. »

Jousse, sur l'article 1ᵉʳ. dn tit. 6 de l'Ordonnance du commerce de 1673, dit également :
« L'escompte est une espèce d'intérêt ; c'est une
» diminution du prix, à cause de l'anticipation
» du paiement fait avant l'échéance du billet ou
» de la lettre.... Il est bon d'observer que, pour
» que l'escompte soit légitime, il faut que le
» droit d'escompte soit perçu sur le pied où est
» fixé l'intérêt dans le lieu où se fait le marché,

» ou plutôt dans celui du domicile de celui qui le
» stipule à son profit ; c'est-à-dire de cinq pour
» cent si c'est en France, et ainsi des autres
» royaumes. »

Voudrait-on prétendre que le sacrifice que fait
le créancier pour avoir son paiement plutôt, n'est
qu'une remise partielle de la dette ; que ce mode
de libération est compris par le Code parmi les
divers moyens d'éteindre les obligations (articles 1382 et suivants); que la remise totale pouvant être faite légitimement, celle d'une partie
ne peut pas être une infraction aux lois ?

D'abord dans le Code, comme dans les écrits
des jurisconsultes qui ont écrit sur les obligations, la remise de la dette ne s'entend que de
celle totale, par l'effet de laquelle cette dette est
éteinte. Tous n'en parlent qu'à l'occasion de
l'existence du titre dans la main du débiteur, qui
fait présumer cette remise. Lorsqu'elle est ainsi
absolue, elle ne laisse pas de doutes sur la nature
de l'opération. C'est un acte de générosité, on
ne peut que féliciter celui qui a trouvé dans sa
fortune les moyens d'être ainsi désintéressé, et
dans son cœur le sentiment qui l'y a porté ;
puisqu'il ne reçoit rien, il ne peut pas subir le
soupçon.

La remise partielle même serait également
louable et très-licite, si elle avait lieu sur une
créance actuellement exigible : dans ce cas,

comme dans le premier, c'est un contrat de *bien-faisance* qui ne suggère, par lui-même, aucune suspicion.

En est-il de même de la remise partielle sur une créance dont le paiement est anticipé? il intervient alors, et nécessairement, entre le créancier et le débiteur, un contrat *commutatif*, reposant sur la base commune, *do ut des, facio ut facias*. Il faut que les contractants fassent un échange de leurs droits respectifs; que le débiteur fasse le sacrifice des termes dont il pourrait jouir, et qu'il paie, quand, ayant terme, il ne doit rien; il faut que le créancier, par réciprocité, réduise sa créance à la somme qu'il reçoit.

Le contrat d'escompte est donc, dans son essence, un contrat *intéressé et commutatif*. Ce serait même improprement que, dans cette négociation, on appelerait *remise* le sacrifice du créancier. La remise de la dette, en droit, ne s'entend que de la remise gratuite : dans l'escompte, s'il y a d'un côté, remise d'une partie de la dette, de l'autre il y a remise du temps, pendant lequel le créancier aurait été privé de son capital, et quand il y a remise réciproque et conventionnelle, ce n'est plus *remise*, c'est un forfait, c'est une composition.

Or, la composition qui se négocie sur un capital en deniers, et dont toutes les combinaisons n'ont pu être mesurées que sur une période de temps, est une convention d'intérêts, elle ne peut être que cela.

Qu'on ne dise pas que la loi du 3 septembre 1807 n'a pas, par son silence sur l'escompte, rappelé à cet égard l'ancienne jurisprudence. Elle l'a très-catégoriquement rappelée par les expressions générales de son premier article : « L'intérêt conventionnel ne pourra excéder, en » matière civile, cinq pour cent, et en matière de » commerce, six pour cent, le tout sans retenue». Nous avons effectivement prouvé que l'escompte n'est pas autre chose qu'un intérêt convention-nel*. C'est, si l'on veut, une espèce différente de celle qui est la plus ordinaire; mais la loi qui règle le genre, règle toutes les espèces. Les an-ciennes lois ne désignaient pas davantage l'es-compte, quand elles fixaient le taux de l'intérêt, parce qu'une mesure générale embrasse tous les cas particuliers.

Depuis la publication de cette partie de notre Traité, la Cour de cassation a, par deux arrêts des 8 avril et 26 mars 1825, statué sur des ques-tions relatives à l'escompte, et donné, sur cette matière, des développements qui méritent toute l'attention des Magistrats, pour que leur zèle à

---

* On lit, il est vrai, dans l'art. 3, « quand le prêt conventionnel sera prouvé, etc. », d'où l'on voudra, peut-être, conclure que cette nouvelle loi ne s'applique qu'au prêt, et non à l'escompte. L'escompte est un prêt qui, pour être indirect, n'en est pas moins animé, quand il est excessif, de la même immoralité que le prêt direct.

comprimer l'usure, ne soit pas réfroidi par une interprétation trop timide de ces décisions.

La Cour donne à l'escompte un sens beaucoup plus restrictif que celui que nous avions pensé lui appartenir; elle refuse d'y voir un prêt, et ne permet aux tribunaux d'y découvrir l'usure, que quand il leur apparaît *qu'il n'a été qu'un moyen employé pour déguiser des perceptions usuraires, en vertu de prêts conventionnels.* Quelque soit notre respect pour la Cour suprême, nous ne pouvons pas cesser de voir un prêt dans une opération où un individu reçoit de l'argent, avec obligation de le faire rendre par un tiers, ou de le rendre lui-même au terme convenu : ce n'est pas, il est vrai, le prêt ordinaire ; dans celui-ci, il n'y a que deux contractants ; dans le prêt par escompte, il y en a au moins trois, et souvent davantage; et, comme l'a très-bien dit le tribunal d'Alençon, le prêt dans cette forme n'en est que plus solide pour le prêteur. Il nous paraît difficile d'abdiquer une idée produite par la nature même des choses, et nous apprenons par ces arrêts mêmes, que telle a été l'opinion des tribunaux de Dieppe et d'Alençon, ainsi que de la Cour de Rouen. Nous pouvons encore nous fortifier par le suffrage de la Cour de Lyon, dans une cause entre le sieur Barrond et les sieurs Puy Dapples et compagnie. Ces derniers opposaient à la répétition d'inté-

rêts usuraires du sieur Barrond, qu'il ne s'agissait entre eux que d'opérations commerciales,
*d'un crédit en banque, de circulation d'effets et
d'escomptes qui variaient suivant le change;*
qu'ainsi la loi du 3 septembre 1807, ne leur
était pas applicable. Par arrêt du 13 avril 1821,
cette loi fut rigoureusement appliquée ; les intérêts furent réduits à six pour cent, et il fut
ordonné qu'il serait procédé à un nouveau compte.
Ce sentiment des Cours de Lyon et de Rouen,
sur le caractère et les abus de l'escompte, est
sans contredit d'un grand poids : c'est dans ces
villes, après Paris les plus commerçantes du
royaume, que les éléments des opérations commerciales sont les mieux appréciés.

Quoiqu'il en soit sur cette question, qui est
plus de grammaire que de droit, la Cour de cassation, par ses décisions, nous conduit à une
très-juste observation, que nous nous repro-
chons de n'avoir pas présentée dans notre premier ouvrage ; c'est que la différence entre le
prêt simple et le prêt à escompte, en exige une
importante dans le calcul de la retenue faite par
l'escompteur, puisqu'elle comprend, avec l'intérêt, la juste indemnité des frais de commission et
de correspondance proportionnés aux circonstances, qui rendent le recouvrement plus ou moins
facile ; telles que l'éloignement du lieu où l'effet
est payable, l'état de guerre ou de troubles dont

il peut être momentanément agité ; mais quand, par les faits de la cause, il est évident pour les juges, ou que le cours du change a été excédé dans la retenue, ou que l'opération s'est consommée entre personnes de la même contrée, à un taux excédant celui légal, il leur est démontré que l'escompteur a commis l'usure ; et ils peuvent très-conscientieusement dire, comme le veut la Cour de cassation, qu'il n'a employé l'escompte que pour déguiser une perception d'intérêts usuraires.

Par exemple, dans la cause de Després-Eglée, jugée par le tribunal d'Alençon, ce particulier, non commerçant, avait escompté à ses concitoyens des billets, moyennant une retenue au moins de vingt-cinq pour cent, plus souvent de dix-huit, quelquefois de vingt-quatre et même de trente : les juges lui ont justement appliqué la peine de l'usure habituelle ; il n'a manqué à leur jugement que la formule désirée par la Cour, et l'on ne peut pas douter que Després-Eglée n'éprouve irrévocablement le même sort dans le tribunal auquel il a été renvoyé.

Au surplus, rendons hommage à l'esprit qui a dicté ces arrêts. En indiquant par ses motifs aux tribunaux comment ils doivent analyser le point de fait, la Cour a très-clairement déclaré aux usuriers qu'ils n'ont rien à espérer de sa jurisprudence, et déjà elle l'a prouvé par deux autres arrêts du 24 décembre 1825, rejetant le pourvoi contre un arrêt de la Cour royale de Paris, et un jugement du tribunal de Périgueux, dont la rédaction était conforme à sa doctrine. Les efforts de MM. Isambert et Dalloz ont heureusement été vains; car si leur système eût été accueilli, la loi sur l'usure restait sans force, la forme de l'escompte eût été désormais le manteau dont tous les usuriers se seraient couverts pour exercer impunément leur vil trafic.

490. Dans le prêt maritime, appelé *contrat à la grosse*, quand il est sincère, l'intérêt peut s'élever au gré des parties, parce qu'il n'a rien de commun avec le prêt ordinaire; que si le capitaliste peut obtenir un bénéfice considérable, il est, par compensation, exposé à perdre tout ou partie de ses fonds, suivant que le voyage pour lequel il les a prêtés, aura été plus ou moins heureux. Aussi, lors-même que les lois sur l'usure avaient leur sévérité primitive, elles n'ont jamais porté le moindre obstacle à cette convention, qui, avec le contrat d'assurance, rend infiniment moins désastreux les revers inséparables des entreprises sur mer, en les partageant entre les personnes attachées au continent, et celles qui affrontent les fureurs de ce terrible élément.

Mais les abus du contrat à la grosse seraient faciles et pernicieux, si la loi ne l'avait pas enchaîné par de rigoureuses dispositions. Il faut que le prêt n'ait pour cause que les objets désignés dans l'article 311 du Code de commerce, et que le prêteur puisse le prouver. Il ne serait pas écouté à prétendre que l'emprunteur l'a trompé; sans cela les usuriers prendraient hardiment cette voie, en faisant faire aux emprunteurs toutes les déclarations convenables aux succès de leurs injustes négociations.

Telle avait été la conduite du sieur Poly, qui faisait des prêts ruineux à des personnes de tous les états, toujours sous le faux prétexte de commerce maritime. Traduit au tribunal de police correctionnelle d'Ajacio pour usure habituelle, il y a été condamné en 8,000 fr. d'amende; jugement confirmé sur appel, par arrêt de la Cour de Bastia, du 16 août 1827. (*Voy. la Gazette des tribunaux du 3 septembre suivant.*)

Si le prêt était fait sur le *fret* du navire, ou sur le *profit à espérer*, le prêteur ne pourrait pas même exiger les intérêts légaux; une telle stipulation, qui ferait, à l'avance, consommer des bénéfices incertains, ayant été de tout temps réputée très-préjudiciable au commerce : elle était prohibée par l'Ordonnance de la marine de 1681, *liv.* 3, *tit.* 5, *art.* 4, et cette prohibition a été renouvelée par l'article 318 du Code de commerce.

L'article 319 défend également de faire ce prêt sur les loyers de voyage des gens de mer, sans ajouter, comme dans le cas précédent, que le capital seul sera rendu sans intérêt; d'où l'on

peut conclure que, dans ce dernier cas, les
intérêts seraient seulement réductibles au taux
légal.

490. *Bis.* Quelque analogie qu'il y ait, sous une
infinité de rapports, entre la convention d'escompte, et celle qui se fait sur le capital d'une
rente, pour son remboursement entre le créancier et le débiteur de cette rente, la décision
nous paraît devoir être très-différente. Dans
cette seconde hypothèse, aucune période de
temps ne sert de mesure pour la diminution exi-
gée par l'un, et accordée par l'autre : cette diminution est le prix du droit que le débiteur et les
siens avaient de conserver à toujours le capital
aliéné. Ce droit n'est susceptible d'aucune appréciation, comme la libération d'une créance à
terme payée avant l'échéance. Si le débiteur d'une
rente la rachète à vil prix, il fait, sans doute,
une action blâmable, mais il ne fait pas l'usure.
C'est ainsi que celui qui profite de la misère d'un
autre, pour, en achetant sa terre, se procurer
un revenu excédant de beaucoup celui qu'il aurait obtenu de son capital, en le plaçant à intérêt, commet une lésion, et ne fait pas l'usure ;
chaque genre de contrat a ses règles particulières.

ARTICLE III. Effets de l'usure sur les Contrats.

491. Jadis dans tous les cas où la stipulation d'intérêts se trouvait illégitime, ou parce que la nature du contrat ne la permettait pas, ou parce que les conditions alors requises avaient été méconnues, l'usure était une cause de nullité radicale ; il ne restait de la convention qu'une action personnelle du créancier contre le débiteur, en restitution du résidu du capital, déduction faite de tout paiement sur les intérêts : les cautions étaient libérées, les hypothèques étaient affranchies. Cette règle rigoureuse prenait sa source dans la réprobation absolue de ce vice, réprobation dont la religion avait pénétré les lois civiles. *Cum sit nullus in pœnam, ob peccatum contra legem et jus publicum.* Dumoulin, *quest.* 15.

Lorsque les stipulations d'intérêts n'étaient répréhensibles que parce que le taux légal avait été dépassé, on distinguait encore entre celles qui le dépassaient immodérément, et celles où quelque modération avait été gardée. Par exemple, du temps de Dumoulin, l'intérêt étant au *denier douze*, s'il surpassait le *denier dix*, le contrat était totalement annulé : *Quid enim jus-tius,* dit ce jurisconsulte, *quàm qui usquè adeò fœnore improbo se se maculat. ... in perpetuum in eo ipso puniri in quo peccavit, vide licet ut omne lucrum amittat qui tàm avidum lucrum et nimis exhorbitans, contrà omnia jura et mores affectavit?* Si l'intérêt n'excédait pas le denier dix, le contrat n'était pas annulé, il n'était que réductible, et les hypothèques données, comme les cautions fournies, restaient obligées. Dumoulin, *ibid.*

Quelque morale que fût cette théorie, bannie de notre législation en l'an IV, elle n'y a pas été rappelée par la loi de 1807, qui n'a institué qu'une action en restriction d'intérêt. Il ne peut donc plus y avoir, sous ce rapport, de contrat radicalement nul, et le créancier conserve, pour ce que sa créance a de légitime, et les hypothèques et toutes les autres sûretés promises.

492. Le contrat fût-il frauduleux et simulé, si un immeuble a été l'objet de la simulation, il reste affecté comme gage, à ce que le créancier peut justement réclamer du débiteur. Si, par exemple, les contractants voulant ne faire qu'une antichrèse, mais donner au prêteur le droit de conserver l'héritage, faute de paiement de la somme prêtée dans le délai convenu, au mépris de l'article 2088 du Code civil, ont eu recours à la vente avec faculté de réméré, et que la fraude

soit établie, l'acte ne sera nul que comme contrat
de vente ; il vaudra comme antichrèse, et le prêteur conservera le droit que lui donne l'article
2087, de poursuivre l'expropriation de son débiteur.

De même, si l'emprunteur a vendu au prêteur
son héritage, et l'a racheté de lui, moyennant une
redevance en grains ou autrement usuraire, les
usures payées seront imputées sur le principal,
la redevance sera réduite ; mais jusqu'au remboursement, l'héritage simulément vendu sera
hypothéqué à la sûreté de la rente.

Dans toutes les causes de cette nature, les
juges ne peuvent pas acquérir la conviction de la
simulation, sans prendre celle de la véritable
intention des parties. S'ils reconnaissent que le
créancier a trop exigé, ils voient aussi qu'en
voulant le plus il voulait le moins ; et que, si le
débiteur, pressé par un besoin urgent, a consenti aux conditions dures qui lui ont été faites,
il a entendu, au moins, faire tout ce que la loi
permettait de faire. Lors donc que, dans une de
ces hypothèses, le débiteur ou ses cautions, ou
ses créanciers, sollicitent l'affranchissement total
des sûretés fournies, tout en demandant justice
d'une déloyauté, ils en commettent une autre,
et ne craignent pas de proposer à la justice d'y
participer. Il faut revenir à la règle générale, que,
quand un acte ne vaut pas comme il est, il vaut

comme il aurait pu être : *Tùm si non valet quod ago, ut ago, valet ut valere potest.* Dumoulin, *ibid.*

Il est effectivement de principe général que les conventions, liens nécessaires entre les hommes, restent obligatoires dans tout ce que la loi ne défend pas, et qu'elles ne doivent tomber dans le néant, qu'autant qu'elles ne peuvent pas avoir un sens qui les conserve. C'est par suite de ce principe que s'est établie récemment la jurisprudence qui maintient les donations simulées, quand elles sont faites à personnes capables de recevoir, et ne dépassent pas la portion disponible, ou qui les y ramène, quand elles la dépassent.

493. Des mêmes prémisses, naît une seconde conséquence qui n'est pas moins importante. La plainte d'usure formée par le débiteur n'autorise pas le créancier à prétendre qu'il n'a prêté son argent qu'à des conditions acceptées, et que, ne l'étant plus, la convention s'évanouissant, son capital doit lui être remis, sans qu'il soit obligé d'attendre les termes donnés pour le paiement.

Indépendamment de ce que, si cette prétention était admise, l'impossibilité dans laquelle se trouveraient la plupart des débiteurs de représenter les valeurs prêtées, avant les époques fixées, rendrait presque toujours illusoire le secours que la loi a voulu leur porter, le traité, nous l'avons dit, est obligatoire dans tout ce qu'il a de licite, la loi de 1807 n'autorise pas à l'annuler; elle ne commande que sa rectification. Le débiteur jouira donc de tous les délais sur lesquels il a dû compter, comme il conservera, à son gré, le capital s'il a été aliéné, la rente sera seulement replacée dans ses justes limites. Dumoulin, *quest.* 11. Arrêts de la Cour de Caen, du 8 décembre 1806, et de celle de cassation, du 3 mai 1809. (*Voy.* le *Journal du Palais*, 2ᵉ. *sém.* 1809, *p.* 214.)

494. Il est cependant un cas où le contrat est absolument nul ; c'est lorsqu'il ne comprend que la partie usuraire du traité, et que le créancier, avec une obligation régulière, s'est assuré, par un acte séparé, le supplément d'intérêts qu'il a exigé, comme on le verra, nᵒ. 514. Il est évident qu'une telle fraude étant mise au jour, le second acte restant sans aucun effet pour son objet principal, il en doit être de même pour ses accessoires ; en sorte que l'action en nullité pourra en être demandée, non-seulement par le débiteur, mais par ses cautions, et même ses créanciers.

ARTICLE IV. Actions en répression.

495. La loi du 3 septembre 1807 a donné à l'usure un caractère particulier ; c'est un fait que, dans tous les cas, elle réprouve, voulant cependant qu'il ne soit punissable comme délit, que lorsque son auteur en a contracté l'habitude.

Jadis aussi on distinguait entre l'usure accidentelle et l'usure habituelle ; mais toutes deux étaient réputées délits ; le fait isolé était un vol qui attirait sur le coupable une peine publique ; la récidive déclarée habitude, appelait des peines beaucoup plus graves. L'Ordonnance de Blois, donnée en 1579, prononçait l'amende honorable, des amendes pécuniaires et le bannissement pour la première fois ; la récidive entraînait confiscation de corps et de biens.

496. Aujourd'hui donc le fait isolé, n'étant que le commencement d'un délit et non le délit, ne peut être réprimé que par la voie civile, d'où naissent deux conséquences importantes : la première, que la personne lésée n'est admise à porter son action que devant le tribunal civil, lors-même qu'elle articulerait que son créancier se

livre habituellement à ce trafic ; la seconde que l'usurier, fût-il poursuivi par le ministère public devant le tribunal correctionnel, aucun de ses débiteurs ne peut y intervenir pour réclamer ses dommages et intérêts.

Dans cette seconde circonstance, en effet, il s'agit moins de réputer constant chacun des faits, que de juger l'ensemble de la conduite et des mœurs du prévenu, et de punir la vicieuse habitude dont il est accusé, s'il en est convaincu.

Aux premières occasions où la nouvelle loi put être appliquée, ce point de procédure fit l'objet d'un doute. Le sieur Ameline traduisit, devant le tribunal correctionnel de Coutances, le sieur Dujardin, l'accusant d'usure dans des lettres de change qu'il lui avait fait souscrire à son profit. Dujardin soutint que le tribunal était incompétent. Son exception, accueillie par les juges de Coutances, fut rejetée par la Cour criminelle de la Manche. Sur le pourvoi, cette décision fut cassée par arrêt du 3 février 1809 ; en voici les motifs : « Attendu que c'est seule-
» ment l'habitude de l'usure que l'article 4 de
» la loi du 3 septembre 1807 range dans la
» classe des délits, par l'attribution qu'elle con-
» fère sur ce fait à la juridiction correctionnelle,
» et par la peine qu'elle y inflige ; que l'habitude
» de l'usure est un fait général et moral qui se
» compose de faits particuliers, dont l'applica-

» tion est soumise sans doute aux tribunaux cor-
» rectionnels, pour en déduire leur conviction
» sur le fait moral d'habitude d'usure, dont les
» faits particuliers sont les éléments ; mais que ces
» faits particuliers, considérés séparément et en
» eux-mêmes, n'ont pas le caractère individuel de
» délit ;

» Que les tribunaux correctionnels, qui ne
» peuvent connaître des réparations civiles que
» lorsqu'ils y statuent accessoirement à un délit,
» sont donc sans attribution pour prononcer sur
» la réparation civile, à laquelle un fait particu-
» lier d'usure peut donner lieu ;

» Que le fait général d'usure, quoique cons-
» tituant un délit, ne peut jamais produire une
» action en réparation civile, parce que ce fait
» est moral et complexe ; qu'il ne peut résulter
» que de l'ensemble de plusieurs faits particu-
» liers ; qu'il ne peut être conséquemment ratta-
» ché à aucun de ces faits séparés, et que néan-
» moins ce n'est que par les faits particuliers
» qu'il peut y avoir eu dommage ou préjudice ;

» Que, dans la poursuite du délit d'habitude
» d'usure, une partie civile qui ne peut agir que
» pour la réparation du dommage par elle souf-
» fert, serait donc sans intérêt ; et par conséquent
» sans qualité ;

» Qu'il suit de là que les tribunaux correction-
» nels ne peuvent, dans aucun cas, être saisis de

» la connaissance de ce délit par la poursuite de
» la partie plaignante; qu'ils ne pourraient même
» pas accueillir son intervention dans une pro-
» cédure régulièrement commencée sur l'action
» du ministère public;

   » Que l'instruction doit être faite, et le juge-
» ment rendu, sur la poursuite de la partie pu-
» blique, agissant d'après le renvoi autorisé par
» l'article 3 de la loi du 3 sepsembre 1807, ou
» d'office sur une dénonciation civique ou sur des
» renseignements personnels;

   » Que la partie lésée par un ou plusieurs faits
» d'usure doit agir, pour la réparation des dom-
» mages par elle soufferts, devant les tribunaux
» civils, conformémément à l'art. 3 de ladite loi.»
(*Voy. le Journal du Palais, collection de* 1809,
p. 235.)

Un second arrêt de la même Cour, du 5 novembre 1813, rapporté dans le *Répertoire universel de Jurisprudence*, au mot *usure*, a rendu
invariable cette règle de procédure.

   497. Lorsqu'indépendammant de l'usure, l'individu qui en a été victime, se plaint d'escroquerie dans la même négociation, le tribunal correctionnel peut alors être saisi par la partie civile;
mais pourvu qu'il le soit principalement du fait
d'escroquerie, et qu'il ne soit question de l'usure
que comme circonstance aggravante dans une
escroquerie, portant d'ailleurs tous les carac-

tères désignés par l'article 405 du Code pénal.

En 1811, Bistoli, qui avait mis des diamants en gage au Mont-de-Piété, traita avec les sieurs Boyve et Pannifex, banquiers, qui, pour retirer ces diamants, lui firent l'avance de 74,772 fr.; il souscrivit à leur profit deux billets payables à quatre mois, montants ensemble à 87,520 fr. 65 c., au moyen de l'usure énorme de 12,748 fr. 65 c.; ils restèrent, en outre, dépositaires des diamants avec procuration spéciale de Bistoli pour les vendre.

L'époque de paiement arrivée, sans que les diamants fussent vendus, les billets furent renouvelés pour quarante jours seulement, et souscrits pour 90,000 fr., en y comprenant 2,479 fr. 35 c. d'intérêts pendant le nouveau délai.

Bistoli ne fut pas plus heureux à l'échéance de ces nouveaux billets, et n'obtint un second renouvellement qu'en remettant aux banquiers des acceptations du prince d'Issembourg, pour 75,000 fr. qu'ils devaient négocier.

Ils ne vendirent pas les diamants, ne négocièrent pas les acceptations, et néanmoins, à force de renouvellements et d'usure, ils se prétendirent, en mars 1812, ses créanciers de 117,923 fr. 75 c. Écrasé par cette dette, il se détermina à les traduire devant le tribunal correctionnel de la Seine, les accusant d'usure et d'escroquerie.

Le 14 mars 1812, ce tribunal crut pouvoir se

saisir de l'action, et condamna les sieurs Boyve et Pannifex en 2,000 d'amende et un mois de prison, en renvoyant cependant les parties devant le tribunal civil, sur les réparations civiles, réclamées par Bistoli. Le tribunal donna pour motifs, en droit, que, « par l'article 4 de la loi du » 3 septembre 1807, le législateur n'a pas entendu » une escroquerie du genre de celle prévue par la » loi du 19 juillet 1791 ; qu'il est évident, au con- » traire, que cette loi suppose un genre d'escro- » querie dont l'usure est le moyen principal ; que » ce genre d'escroquerie ne peut se rencontrer » que dans une opération usuraire, dont l'issue » serait de s'approprier une partie de la fortune » d'autrui, sans que le malheureux débiteur pût » l'empêcher. »

Sous le rapport du fait, les motifs furent pris dans la conduite des prévenus, qui, ayant charge et pouvoir, d'abord, de vendre les diamants, ne l'avaient pas fait ; qui, chargés ensuite de négocier les acceptations du prince d'Issembourg, les avaient gardées ; et, pendant ces délais affectés, avaient fait courir à leur profit des intérêts passant toute mesure, sans justifier d'aucune diligence, pour l'exécution des pouvoirs qui leur avaient été donnés.

Sur l'appel, la Cour de Paris, par arrêt du 25 avril 1812, a réformé ce jugement, en « Con- » sidérant que les tribunaux correctionnels ne

» peuvent, d'après les dispositions de la loi du
» 3 septembre 1807, connaître directement du
» délit d'usure, soit que cette usure ait été exer-
» cée par des voies ordinaires, soit qu'il y eût
» escroquerie de la part du prêteur, la différence,
» dans les deux cas, ne consistant que dans la
» nature de la peine que ces tribunaux peuvent
» infliger; Considérant que les faits d'usure dé-
» noncés par Bistoli, dans la citation qu'il a fait
» signifier à Boyve et Pannifex, le 16 janvier der-
» nier, sont des faits particuliers audit Bistoli,
» qui ne qualifient point le délit d'usure habi-
» tuelle, prévu par l'article 4 de la loi du 3 sep-
» tembre 1807, et dont la poursuite n'appartien-
» drait qu'au ministère public, et que, par
» conséquent, les premiers juges ont fait une
» fausse application dudit article. » (*Voy. le Recueil de M. Sirey, tom.* 12, 2e. *par.,* 316.)

498. Nous croyons apercevoir, dans le jugement du tribunal de la Seine, une seconde erreur
que n'a pas relevée cet arrêt. Elle consiste dans
la supposition que la loi de 1807 a créé, en matière d'usure, un genre d'escroquerie particulier
et différent de celui ordinaire. Ce n'est pas par
des expressions purement énonciatives que les
législateurs attribuent le caractère de délit à des
faits réputés jusques-là indifférents, et quand
la loi du 3 septembre 1807 déclare que : « s'il
» résulte de la procédure qu'il y a eu *escroquerie*

» de la part du prêteur, il sera condamné, outre
» l'amende, à un emprisonnement qui ne pourra
» excéder deux ans», elle se réfère nécessairement,
pour le caractère de l'escroquerie, à la loi du
19 juillet 1791, qui définissait alors l'escroquerie,
et la punissait de la même peine.

Il faut donc, suivant nous, ainsi que nous l'avons déjà dit, pour qu'un tribunal de police correctionnelle puisse être régulièrement saisi de la demande de la partie civile ou de son intervention, que l'usure ne soit dans cette plainte que comme circonstance aggravante, et que les faits principaux soient de la nature de ceux signalés par l'article 405 du Code pénal, sans l'un desquels il n'y a pas d'escroquerie.

Dans l'espèce que nous venons de rapporter, pour que les sieurs Boyve et Pannifex pûssent être accusés de ce délit, il ne suffisait pas qu'on pût leur reprocher qu'ils ne justifiaient pas de diligences pour la vente des diamants de Bistoli, et la négociation des acceptations du prince d'Issembourg, dont il les avait chargés; il fallait qu'on pût articuler, d'une part, que Bistoli ne leur avait confié ses diamants et ces acceptations que par suite de manœuvres frauduleuses par lesquelles on lui avait fait naître l'espérance que les diamants seraient bien vendus, et les acceptations négociées à sa satisfaction, et de l'autre, que des occasions s'étant présentées pour ces opérations, ces banquiers les avaient volontairement perdues.

Il n'y a effectivement escroquerie que lorsque, par un des moyens exprimés dans l'article 405 du Code pénal, tout ou partie de la fortune d'autrui lui a été ravi ; et, parmi ces moyens , figurent *les manœuvres frauduleuses pratiquées pour faire naître l'espérance d'un succès chimérique.*

Très-certainement, si la plainte de Bistoli eût contenu des faits du genre de ceux que nous venons de supposer, elle eût été admise par la Cour royale de Paris, et cette Cour, en prononçant sur l'escroquerie et l'usure en même temps, eût annulé les billets et réduit la créance à ce qu'elle avait de légitime.

Hors ce cas où l'escroquerie est le fait principal, et l'usure seulement une circonstance aggravante, l'action civile et l'action publique sont donc essentiellement distinctes.

Nous allons les examiner séparément.

DIVISION I.

Action publique.

499. L'action publique n'est instituée par la loi, comme on vient de le voir, que contre l'habitude de l'usure. Comment reconnaître qu'il y a habitude ? Combien de faits faut-il réunir pour prouver cette habitude ? C'est ce que la loi, par son silence, a abandonné à la sagesse des magistrats qui doivent, à cet égard, se décider dans chaque affaire, suivant les circonstances.

Tout ce qu'on peut dire à ce sujet, c'est que deux faits ne suffiraient pas, car l'habitude est plus que la récidive; c'est ce que la loi, par cette expression, semble n'avoir voulu atteindre que ceux qui se livreraient à l'usure par métier, et saisissant toutes les occasions propres à satisfaire leur avidité. Il semble donc qu'il faut plusieurs faits pour constituer ce délit.

Cependant, on ne doit pas attendre qu'un homme, entraîné par cette passion, ait ruiné la contrée qu'il habite, pour arrêter ses brigandages par une juste punition ; dès l'instant qu'on

peut reconnaître que chez lui l'habitude est formée, les tribunaux doivent s'empresser de le
rappeler à ses devoirs par un jugement exem-
plaire; et quelle que soit à cet égard leur décision,
ne reposant que sur une question de fait, elle
n'est pas exposée à la censure de la Cour de
cassation.

Quoique l'action, en répression de ce délit, se
prescrive par trois ans, on n'en doit pas moins
réunir les faits anciens aux nouveaux, pour savoir
si de leur réunion il résulte l'habitude punissable;
et lorsque cette habitude, qui seule fait le délit,
s'est perpétuée jusqu'a une époque depuis laquelle
il ne s'est point écoulé trois années, l'usurier ne
peut pas échapper à la peine qu'il a encourue.

Telle a été la décision uniforme du tribunal de
la Seine, de la Cour royale de Paris, et de celle
de cassation dans la cause du sieur Pernier, ancien répétiteur à l'Université de Paris. Suivant
ses propres registres, il avait, en dix années,
porté à 80,000 sa fortune, qui, en 1811, n'était
que de 27,000 fr. L'arrêt de la Cour de cassation
est du 15 juin 1821. (*Voy. le Journal du Palais*, tom. 61, *p.* 258.)

Déjà la même Cour avait consacré ce point de
droit par un premier arrêt du 4 août 1820. (*Voy.
le même journal, ibid.*)

500. Si les faits dont on fait résulter, contre un
individu, la preuve de l'habitude d'usure, ont eu

lieu dans divers arrondissements, ils n'en forment pas moins un délit punissable par le tribunal de l'un de ces arrondissements : mais l'individu ne peut être régulièrement traduit que
devant le tribunal dans le ressort duquel il ré-
side, à moins que, dans les autres, il n'ait commis
assez d'usures, pour que seules elles puissent
constituer et révéler l'habitude.

Ce fait s'est présenté, en 1818, à Carcassonne.
De Bosque, habitant de Limoux, y faisait l'usure,
et étendait son trafic dans les arrondissements de
Narbonne et de Carcassonne. Traduit devant le
juge d'instruction de ce dernier tribunal, il le
soutint incompétent, et demanda son renvoi devant celui de Limoux. Son déclinatoire fut rejeté
par la chambre du conseil, dont la décision a été
confirmée par la Cour de Montpellier, donnant
pour motifs : « Que les faits qui lui étaient impu-
» tés dans les trois arrondissements auraient
» suffi, étant prouvés, pour établir l'usure dans
» les trois arrondissements pris isolément. » Les
mêmes motifs ont déterminé le rejet de son
pourvoi en cassation, prononcé par arrêt du
15 octobre 1818. (*Voy. le Recueil de M. Sirey*,
tom. 19, 1re. *part.*, *p.* 261, ou le *Journal du
Palais*, *tom.* 55, *p.* 199.)

501. La seule peine prononcée par la loi du
3 septembre 1807, est une amende qui ne peut
pas excéder la moitié des capitaux prêtés ; mais

on doit considérer comme parties du délit punissable tous les prêts prouvés, à quelque époque
qu'ils aient été faits; et c'est sur la somme produite par cette réunion que l'amende doit être
réglée. L'arrêt que nous venons de rapporter
n°. 499, s'exprime ainsi : « Ceux d'entre les faits
» particuliers d'exaction d'intérêts usuraires qui
» seraient antérieurs de plus de trois ans aux
» premières poursuites peuvent être réunis aux
» faits postérieurs auxquels ils se rattachent, soit
» pour constituer le délit d'habitude d'usure,
» soit pour évaluer l'amende dont ce délit est
» passible. » Par suite de ce principe, les prêts
» de Pernier, s'étant trouvés de 40,000 fr., l'a-
» mende prononcée a été de 20,000 fr.

502. La loi ayant fixé pour l'amende une mesure que les juges ne peuvent dépasser, il en résulte pour eux l'obligation de fixer la somme des
capitaux prêtés qui justifie la légalité de la condamnation.

Un jugement du tribunal de Coutance, qui,
manquant de cette base, n'offrait qu'une punition
arbitraire, a été cassé par arrêt du 12 novembre
1819. (*Voy. le Recueil de M. Sirey*, tom. 20,
1re. *part.*, *p.* 86.)

DIVISION II.

Action civile.

SOMMAIRE.

503. De la prohibition établie par la loi du 3 septembre 1807, sortent deux actions pour en assurer l'exécution : l'une explicitement écrite dans son texte, en restitution ou imputation sur le principal, des intérêts illégalement perçus ; l'autre, qui en est la conséquence implicite, mais nécessaire, en nullité de tout ou partie du traité frauduleusement conçu pour enfreindre cette prohibition.

504. La première de ces deux actions n'est susceptible d'aucune observation particulière. Dès qu'il est prouvé que le débiteur a payé des intérêts excessifs, tout ce qui a été abusivement exigé de lui est imputé au jour même des paiements, sur le sort principal, dont les intérêts sont, dès ce jour, diminués en proportion, et si, après l'imputation des paiements ainsi faite, le débiteur se trouve avoir acquitté au-delà de ce qu'il devait légitimement, le surplus doit lui être restitué.

Dans ce dernier cas, le créancier doit les intérêts de ce qu'il restitue, à dater des jours où ses extorsions ont eu lieu. La loi de 1807 ne le prononce pas ainsi; mais l'article 1378 du Code civil s'applique indistinctement à toutes les sommes induement reçues et *de mauvaise foi*.

5o5. La seconde action a plus de difficultés à vaincre : elle a pour objet ce que les auteurs ont appelé *l'usure palliée*, c'est-à-dire, dissimulée dans le texte trompeur d'un contrat régulier. Il faut alors démasquer le prêteur, et forcer la barrière dont il a su entourer son exaction.

C'est surtout pour dissimuler l'usure que la fraude emploie tous ses artifices. Parmi ses divers stratagêmes, il en est deux qui lui sont plus familiers et qui vont nous occuper; ce sont les contrats de vente d'immeubles et les libéralités.

SUBDIVISION I.

Ventes d'immeubles.

506. Sous l'empire des anciennes lois, les tribunaux ont souvent eu à réprimer des contrats de vente d'immeubles, dans lesquels on réalisait le pacte *Mohatra*. Un particulier, voulant constituer une rente à un denier plus fort que celui légal, se faisait vendre, par l'emprunteur, un héritage, moyennant la somme prêtée, qui était payée comptant. Dans le même temps, devant un autre notaire, il faisait à ce même emprunteur, soit directement, soit indirectement par une personne interposée, un bail à rente de l'héritage acquis, et dont le vendeur n'était pas un seul instant dépossédé. Dans ce dernier contrat, la rente était portée au taux exigé, et souvent en grains.

La réunion de ces diverses circonstances, simultanéité de la vente et de la revente, intérêts stipulés dans la revente, excédant ceux licites du prix de la vente, continuation de possession de la part du vendeur, et service par lui de la rente, donnaient la preuve suffisante de la simulation des actes. Alors, l'excédant des intérêts payés était imputé sur le principal ; et, pour le surplus, la rente était convertie en simple rente constituée.

Sans doute, si de semblables feintes se renouvelaient, les tribunaux actuels ne seraient pas plus indulgents.

507. Mais le contrat qui semble n'avoir été conçu que pour aider l'usure dans ses perfides spéculations, c'est celui de la vente avec faculté de rachat. Ce n'est pas sans opposition qu'il a été admis dans le Code civil : plusieurs des magistrats alors consultés, ont signalé les abus sans nombre qui en sont inévitables ; ceux qui ont voté son maintien n'ont pas pu disconvenir de ces abus, et ne se sont appuyés que sur ce qu'il fallait laisser aux conventions la plus grande latitude. Son admission n'ayant été, en quelque sorte, qu'une tolérance, les tribunaux ne peuvent pas être trop sévères sur ce pactes insolite, dont presque jamais un homme délicat n'a voulu faire usage.

N'est-il pas évident, en effet, que celui qui

ne vend qu'à cette condition, voudrait ne pas
vendre, et ne le fait que parce qu'étant dans un
pressant besoin d'argent, il n'a pas assez de crédit
pour s'en procurer autrement? Ne l'est-il pas
également que celui qui achète ainsi, met peu d'affection à l'héritage qu'on lui vend, et s'occupe
principalement de tirer parti de l'argent qu'on lui
demande? Dans ce traité, les forces sont trop
inégales pour que tout l'avantage ne reste pas au
capitaliste. Ce dernier obtient toujours un bénéfice considérable pendant le délai qu'il accorde,
et se ménage, en outre, la chance presque certaine qu'à l'expiration du délai, la fortune, constamment adverse au vendeur, le forcera ou
d'acheter chèrement de nouveaux délais, ou d'a-
bandonner le fonds pour le prix modique qu'il
en a reçu.

Ce pacte est donc, par sa nature même, infiniment suspect d'usure. Dumoulin le regardait
comme une voie ouverte pour exercer ce mépri-
sable trafic : *Via aperta ad fraudandum duo-
decimam, et illicitum fœnus exercendum.*
quest. 56, *n°.* 392. Ainsi, pour peu qu'il
se rencontre d'autres circonstances aggravant
cette suspicion, on doit délier celui qui a
subi les dures conditions de ce pacte.

L'article 1156 du Code civil autorise les juges
à *chercher dans les actes quelle a été la commune intention des contractants*, les dispensant

de s'arrêter au sens littéral des termes. Si donc ils acquièrent la conviction qu'une vente, avec faculté de rachat, n'est qu'un prêt d'argent déguisé, ils ont, pour l'annuler, un double devoir à remplir ; l'un qui leur est imposé par l'art. 2088 du Code civil, l'autre que la loi de 1807 leur commande aussi impérieusement.

L'antichrèse, dont déjà nous avons parlé dans l'article 11, est permise par le Code ; on peut désormais assurer un prêt d'argent par la mise en gage d'un immeuble : mais l'article 2088 y met une restriction notable : «Le créancier ne devient pas » propriétaire de l'immeuble, par le seul défaut » de paiement au terme convenu ; toute clause » contraire est nulle : en ce cas, il peut poursui-' » vre l'expropriation de son débiteur par les voies » légales.» Or, quand la vente à réméré est reconnue n'être qu'un prêt déguisé, elle présente la violation manifeste de cette prohibition, puisqu'à l'expiration du délai donné pour l'exercice du réméré, le vendeur est irrévocablement dépouillé.

508. On ne peut pas même se dissimuler qu'à cet égard il y a un défaut de corrélation dans le Code. Puisqu'en admettant l'impignoration des immeubles, on voulait, ce qui est infiniment juste , prohiber toute clause attribuant , de plein droit, au créancier l'immeuble engagé, c'était un motif de plus , et un motif irrésistible, d'abolir la vente

avec faculté de rachat, qui ouvre très-naturelle-
ment et très-légalement un moyen de rendre la
prohibition illusoire. Mais ces deux parties du
Code ayant été traitées séparément, l'une dans
le contrat de vente, l'autre dans celui de nantissement, on ne s'est pas aperçu, sans doute, de
la contradiction qui se trouve entre ce qui est
permis d'un côté, et défendu de l'autre.

Paul prête à Pierre 3,000 fr. sur sa maison, et
veut en percevoir les revenus pendant les trois
années que le prêt doit durer, avec la condition
d'en rester propriétaire, si, dans ce délai, il
n'est pas remboursé : il ne s'agit, pour rendre
cette condition légale, et éluder la prohibition
de l'article 2088, que de qualifier le contrat, de
vente à réméré au lieu d'antichrèse, et de dire
que Pierre vend sa maison, au lieu de dire qu'il
la donne en nantissement.

Infailliblemeut cette antinomie disparaîtra à la
première révision du Code civil. Toutefois si, en
attendant, un grand nombre d'impignorations
illicites doivent échapper à la censure des tribunaux, quand aucune circonstance n'ajoutera au
caractère de la vente qualifiée à réméré, au
moins doit-on s'emparer, pour les annuler, de
tout ce qui pourra fortifier la présomption de
nantissement.

509. L'ancienne jurisprudence peut, en ce cas,
être très-utilement consultée ; et, pour en faire

une sage application, il est essentiel d'observer en quoi la législation actuelle en diffère.

Le prêt d'argent sans aliénation du capital, ne pouvant alors produire d'intérêts licites dans la plupart de nos provinces, toute impignoration y était également défendue, et la vente à réméré admise, mais avec des tempéraments que son caractère équivoque et suspect avait suggérés aux tribunaux, surtout dans le ressort du Parlement de Paris, pour éviter les impignorations indirectes.

1°. Quel que fût le délai conventionnel pour l'exercice de la faculté de rachat, le vendeur y était reçu pendant tout le temps nécessaire pour la prescription de trente ans, à moins que l'acquéreur n'obtînt contre lui un jugement de déchéance passé en force de chose jugée. Par ce jugement, de nouveaux délais étaient accordés, non-seulement en première instance, mais même sur l'appel, et ce n'était qu'après le procès de *purgation*, ainsi que l'appelle Denisart, que le débiteur cessait d'être propriétaire.

2°. S'il apparaissait, par certains indices qu'on appelait *marques d'impignoration*, que le contrat de vente n'était qu'un simulacre, déguisant un prêt à intérêt, il était annulé comme frauduleux.

Les principales de ces marques étaient la relocation au vendeur de l'héritage, la vilité du prix, et l'habitude, de la part du vendeur, de pratiquer

l'usure , *et maximè si sit consuetudo fœne-*
randi.

Suivant la nature des faits , on exigeait ou le
concours de ces trois marques , ou seulement
qu'il s'en trouvât deux : quelquefois la relocation
suffisait seule pour annuler le contrat , surtout si
elle avait été prorogée. Dans tous ces cas, « on
» jugeait, dit Brodeau *sur* Louet , *lettre P*, *som-*
» *maire* XI , *note A* , que l'intention n'avait été ,
» *abinitio*, ni du débiteur de vendre , ni du cré-
» ancier d'acheter, mais bien d'engager.»

Plusieurs motifs doivent déterminer à redou-
bler de sévérité dans l'application de ces règles.

1°. Le contrat à réméré n'a pas seulement été
conservé, il a été rendu plus dangereux pour les
vendeurs , les acquéreurs étant dispensés de la
procédure de purgation , et le délai conventionnel étant déclaré fatal, par l'article 1651 du Code
civil.

2°. Toute impignoration, alors, était défendue,
parce que les lois de l'Etat, d'accord avec celles
de l'Eglise, réputaient usure l'intérêt le plus
léger sans aliénation du prinsipal ; aujourd'hui
l'impignoration est permise : avec elle le capitaliste peut percevoir l'intérêt licite de la somme
prêtée , et il n'y a usure que lorsque le taux légal
est dépassé : il est donc certain que, si on se sert
encore du contrat à réméré pour déguiser une
impignoration, c'est parce que les intérêts sont

excessifs, et que l'usure est celle qu'autrefois on appelait *énorme*.

510. De-là, nous concluons qu'aujourd'hui il y a lieu de maintenir le vendeur dans sa propriété, en annulaut le traité comme contrat de vente, dans deux cas :

1°. Lorsqu'il y a relocation de la chose vendue, quand même la vilité du prix ne serait pas constante ;

2°. Lorsqu'il y a vilité de prix, quoiqu'il n'y ait pas relocation.

511. *Premier cas*. D'abord, dès que le vendeur doit conserver la détention de la chose vendue, pendant le délai, la convention n'est plus dans le sens de celles pour lesquelles la faculté de rachat est permise ; les dispositions du Code civil à leur égard, et particulièrement celle de l'article 1673, supposent une vente formelle, suivie de dépossession.

En second lieu, si, comme il faut en convenir, la faculté de rachat fait présumer que le vendeur ne veut pas vendre, mais emprunter de l'argent, et que l'acquéreur est moins déterminé à acheter, qu'à faire fructifier ses fonds ; cette présomption devient une certitude, quand il n'y a pas dépossession, et que, pendant le délai, les contractants sont absolument dans la position respective d'un prêteur et d'un emprunteur.

Lors même qu'on n'apercevrait pas l'usure, on

peut la supposer opérée par ces moyens indirects et secrets que la fraude ne sait que trop bien mettre en œuvre ; et, d'ailleurs, sans déclarer, dans ce cas, le contrat usuraire, il suffit, pour annuler la vente qu'il contient, qu'il y ait évidemment une antichrèse faite en fraude de l'article 2088.

La relocation est réputée existante par cela seul que le vendenr est resté possesseur de sa chose, lors même qu'il n'apparaîtrait pas de bail, ou que celui représenté serait sous le nom d'un tiers qui l'en aurait laissé jouir. Ces voies ténébreuses signalent la fraude plus qu'elles ne peuvent la protéger.

512. *Second cas.* Quoiqu'il n'y ait pas relocation, s'il y a vilité de prix, et relativemeut à la valeur capitale de la chose vendue, et relativement à son produit, l'usure n'en est pas moins certaine, et appelle la proscription du traité.

Jacques voulant emprunter 6,000 fr., vend à Jean un domaine affermé 600 fr. et l'acquit des contributions, avec la faculté de racheter ce domaine dans cinq ans, en rendant les 6,000 fr., prix donné. Qui refuserait de voir dans ce traité un prêt à dix pour cent, offrant, en outre, la perspective pour le prêteur d'obtenir le double de son capital, si l'emprunteur ne profite pas du délai pour se libérer? Pour tolérer une telle exaction, il faudrait méconnaître et l'article 2088 du Code et la loi de 1807.

Au surplus, les questions que font agiter ces contrats, sont plus de fait que de droit; les juges n'ont de guide que leur conscience, et, quand elle est pénétrée de la conviction qu'il y a fraude, la loi les autorise à la punir.

Nous allons même jusqu'à penser que, dans le doute, ils peuvent se laisser entraîner plutôt à l'annulation qu'à la confirmation. S'il n'y a ni vilité de prix, ni usure, quel tort sérieux peut éprouver l'acquéreur qui, payé de ses intérêts, recouvre son capital et le remboursement de toutes ses avances? Il ne perd que la propriété d'un fonds que, quelques instants plutôt, on pouvait lui reprendre, en exécution de la convention même. On ne peut expliquer sa résistance que par des bénéfices qui, pour n'être pas aperçus, n'en sont pas moins réels, puisqu'il craint d'en être privé.

La plupart des règles que nous venons de puiser dans l'ancienne jurisprudence, ont déjà été remises en vigueur par la Cour de Metz et celle de cassation.

Le 1er. mai 1810, trois particuliers qui, trois ans auparavant, avaient acheté un domaine moyennant 17,000 fr., le vendirent au sieur Bloch pour 10,000 fr. seulement, sous la condition qu'ils pourraient le racheter pendant deux ans, et que, durant ce délai, ils continueraient d'en jouir, en payant les intérêts des 10,000 fr.

Deux des vendeurs cédèrent ensuite les deux tiers qui leur appartenaient pour 13,000 fr., au sieur Resouche, à qui le sieur Bloch, acquéreur, vendit lui-même les droits qu'il avait sur le domaine. Motsch, l'un des trois propriétaires, voulut exercer le rachat pour son tiers ; mais sa demande, n'ayant été formée que le 4 mai 1812, fut rejetée comme tardive par le tribunal de Sarguemines.

Sur l'appel, il soutint le contrat pignoratif et usuraire, se fondant sur la clause de réméré, la relocation, de la chose vendue, et la vilité du prix parfaitement prouvée par la vente faite à Resouche lui-même des deux tiers du domaine.

Ces moyens furent accueillis par arrêt de la Cour de Metz, du 23 juin 1812, et celui de la Cour de cassation, du 18 juin 1814. Les motifs de ce dernier arrêt sont ainsi conçus : « Attendu » que les moyens que Resouche fait résulter de » prétendues violations des articles 1582, 1583, » 1661 et 1662, reposent sur l'unique supposi- » tion que l'acte, du 1er. mai 1810, était un véri- » table contrat de vente, d'après les termes qui y » sont énoncés ; mais que l'arrêt attaqué, ayant » décidé que ce n'était qu'un prêt d'argent, dé- » guisé sous la forme d'un contrat de vente, n'a » pas dû appliquer les règles particulières à cette » espèce de contrat ; que, d'après l'article 1156 » du Code civil, on doit rechercher quelle a été

» la commune intention des parties , plutôt que
» de s'arrêter au sens littéral des termes ; d'où
» résulte que la Cour d'appel a pu , sans contre-
» venir à aucune loi, décider , d'après les cir-
» constances énoncées dans les motifs de son
» arrêt, que l'acte dont il s'agit n'était qu'un prêt
» déguisé , et déclarer en conséquence qu'il n'y
» avait pas lieu à l'exercice de l'action en délais-
» sement formée par le demandeur. » (*Voy. le
Journal du Palais*, tom. 44 , *p.* 301.)

La Cour de cassation vient également de rejeter , le 25 mars 1825 , le pourvoi contre un arrêt
de la Cour de Paris, confirmatif d'un jugement
du tribunal d'Auxerre , dans lequel nous avions
consacré les mêmes principes. En voici l'espèce :

« Devaux, débiteur de la demoiselle Bernard
de 880 fr., lui vendit, en 1815, sa maison et une
pièce de terre, moyennant 2,200 fr. qu'elle s'o-
bligea de payer aux créanciers inscrits. Dans le
même acte , il est réservé à Devaux la faculté de
racheter les objets vendus, pendant trois ans , et
pour le même temps , il lui en est fait bail à loyer,
moyennant 126 fr. pour la première année, et
252 fr. pour les deux autres. Le 12 mars 1818 ,
ce bail fut prorogé pour quatre ans , moyennant
315 fr. par an , pour la maison seulement. A
l'expiration de ce bail, en 1822, Devaux demanda
la nullité de tous ces actes , et faisant voir que les
intérêts usuraires , par lui payés sous le nom de

loyers, étaient tels, qu'en imputant sur les 2,200 fr. que la demoiselle Bernard avait distribués à ses créanciers, l'excédant de ces intérêts sur le taux légal, 450 fr., suffisaient pour le libérer, il offrit cette somme.

C'est, sur cette demande et ces offres, que le tribunal d'Auxerre prononça la nullité du contrat de vente et la libération de Devaux, « Attendu
» que l'un des contractants est admis à se plaindre
» de la simulation du contrat, lorsqu'il en est
» lésé, et que cette simulatiou a eu pour but
» d'enfreindre des dispositions prohibitives d'or-
» dre public; que si le contrat pignoratif a été
» introduit dans notre Droit, par l'article 2085
» du Code civil, ce n'est que sous la condition
» que le créancier ne deviendrait pas proprié-
» taire de l'immeuble engagé, par le seul défaut
» de paiement à l'époque convenue; que toute
» clause contraire est nulle, et que le débiteur
» qui la souscrite est indubitablement recevable
» à se prévaloir de la simulation; que sa demande
» doit surtout être accueillie, lorsqu'à cette si-
» mulation se trouve jointe nne stipulation usu-
» raire; que toute infraction à une loi prohibitive
» constitue son auteur coupable de dol et de
» fraude. »

L'arrêt de la Cour de Paris, qui rejette l'appel de la demoiselle Bernard, a pour motifs : «Que
» des actes produits, et des circonstances de la

» cause, il résulte que les contrats de 1815 et 1818
» n'ont que l'apparence d'une vente à réméré,
» et sont, dans la réalité, de véritables contrats
» pignoratifs, renfermant des stipulatious usu-
» raires. »

Ceux de la Cour de cassation sont : « Qu'aux
» termes de l'article 1353 du Code civil, les pré-
» somptions graves, précises et concordantes
» dont l'appréciation appartient aux juges, peu-
» vent être admises contre les actes, dans les cas
» de fraude et de dol, qui font exception aux
» règles ordinaires ; que l'arrêt attaqué a été
» rendu dans cette espèce, où le prétendu acte
» de vente à réméré et celui de prorogation de
» délai, pour l'exercice de ce réméré, ont été dé-
» clarés n'avoir que l'apparence de la vente, et
» être en réalité des contrats pignoratifs, renfer-
» mant des stipulations usuraires ; qu'en annu-
» lant ces actes, l'arrêt s'est conformé aux prin-
» cipes. »

(*Voy. la Jurisprudence de M. Dalloz*, 1825,
pag. 177.)

513. Le contrat d'échange même peut renfer-
mer une stipulation usuraire dont la découverte
n'est pas impossible. Un arrêt de la Cour de
Colmar, du 25 mars 1825, rapporté dans le
même Recueil, 2ᵉ. *partie*, *p.* 173, en fournit un
exemple.

Un usurier de village, et ce sont les plus avides,

avait imaginé un singulier moyen pour faire sans
danger, s'il était possible, son détestable métier.
Il achetait de petits héritages, et lorsqu'on venait
emprunter son argent, il fallait, ou lui en acheter,
ou lui en prendre en échange pour le prix qu'il
y mettait. Noyant ainsi ses énormes intérêts
dans des évaluations arbitraires, il n'était jamais
créancier pour prêt, et toujours d'un prix de
vente, ou de soulte d'échange. Glorieux de son
invention, et se croyant plus fort que la loi, il se
livra, sans mesure, à sa cupidité; ses prêts se
multiplièrent au point qu'on finit par deviner
son secret.

Traduit devant le tribunal de Strasbourg, il
y fut condamné, le 16 février 1822, pour délit
d'usure habituelle. Le jugement porte que le
taux de ses intérêts s'élevait à 50 et 80 pour cent,
et qu'il contraignait les emprunteurs à acheter
de lui des héritages pour le quadruple de leur
valeur.

Un de ceux qu'il avait aussi immodérément
pressurés, demanda et obtint justice.

Le 6 février 1821, il avait fait avec lui un acte
d'échange dans lequel l'usurier cédait deux pièces
de terre par lui achetées, en 1819, 96 fr., qu'il
supposait contenir trente-deux ares produisant
annuellement 20 fr., quoique sur la matrice du
rôle elles n'eussent de contenance que vingt-deux
ares et un revenu de 8 fr. 50 c. seulement : l'em-

prunteur lui cédait une pièce de terre et pré
pour vingt-quatre ares et un produit de 2 fr. ,
qui, sur la même matrice, était indiquée contenir vingt-six ares quatre-vingt-treize centiares, et
produire 9 fr. Ces fausses évaluations, ne suffisant pas pour rassasier le prêteur, et élever ses
intérêts au taux qu'il voulait , il s'était réservé la
récolte de l'année dans ses deux pièces , sans
laisser à l'emprunteur celle de son héritage ,
l'avait chargé du service d'une rente de 1 f. 40 c.,
et lui avait fait souscrire, *pour Soulte d'échange*,
une obligation de 360 fr.

Toutes ces circonstances ne purent pas déterminer les juges de Wissembourg à annuler une
aussi révoltante convention, mais leur jugement
fut réformé par la Cour de Colmar , qui, relevant
toutes les iniquités de l'opération , et n'y trouvant
qu'une usure déguisée , remit les parties au
même état où elles étaient avant l'acte.

SUBDIVISION II.

Libéralité.

514. Il est, par fois, arrivé que des prêteurs n'ont pas craint, pour faire prospérer leurs rapines, d'emprunter les couleurs des actes de bienfaisance, et d'exiger de leurs victimes, à titre de libéralité, ce qu'ils ne pouvaient pas comprendre dans l'acte obligatoire.

A cette ruse, le Droit oppose la règle générale que toutes libéralités faites par le débiteur à son créancier, soit lors de l'emprunt, soit depuis et avant l'extinction de l'obligation, doivent être réputées *usures palliées*. Il est effectivement si contraire à ce qui se passe ordinairement parmi les hommes, que, d'une part, celui qui doit, au lieu de se libérer, fasse des dons à son créancier, et que, de l'autre, le créancier ait le courage d'accepter ces dons d'un débiteur qui ne peut pas se libérer, qu'on ne fait que remettre les choses dans leur état naturel, en imputant sur la dette tout ce qui a pu être payé sur la libéralité, et l'annulant pour tout ce qui ne l'a pas été ; d'où est né l'adage : *Nemo liberalis nisi liberatus.*

Ainsi l'ont enseigné Dumoulin, Dargentré et tous les auteurs les plus recommandables qui ont écrit depuis, notamment Pothier, dans son *Traité du Prêt*, n°. 99.

« Pour que le présent que le prêteur a reçu de
» l'emprunteur soit réputé lui avoir été fait li-
» brement, et ne soit pas en conséquence infecté
» du vice d'usure, il faut que l'emprunteur ne
» l'ait fait que dans le temps qu'il a rendu la
» somme prêtée, ou après ; s'il l'avait fait aupa-
» ravant, il serait présumé ne l'avoir fait que
» pour que le prêteur ne le pressât pas pour le
» paiement, et, par conséquent, ne l'avoir pas
» fait avec liberté entière ; ce qui suffit pour que
» ce présent, que le prêteur a reçu, soit regardé
» en quelque façon comme exigé, et par consé-
» comme infecté du vice d'usure. »

Si telle était la rigueur du précepte quand il ne s'agissait que d'un prêt gratuit, si cette rigueur lie encore ceux qui restent soumis aux lois de l'Église, avec quelle force les tribunaux ne doivent-ils pas résister à toutes les doctrines contraires, aujourd'hui que la loi civile permet de stipuler des intérêts pour le prêt temporaire ?

515. On vient cependant de les professer hau-
tement, dans un journal judiciaire fort estimé et le
plus répandu, en y donnant place à une consultation subversive de tous les principes sur la matière. Un jugement très-louable y est improuvé,
pour justifier une des plus scandaleuses usures
qui, depuis long-temps, aient été présentées à
la justice. Voici le fait, ainsi que le présente la
consultation, mais dégagé des ornements dont on
l'a entouré, pour rendre moins défavorable la
cause du prêteur.

En 1808, Gentien sollicita de Maze un prêt
de 25,000 fr. Son embarras était tel, qu'indépendamment de l'intérêt légal, il offrit de faire
à Maze une donation de 20,000 fr. payable à sa
mort. Maze, après avoir hésité pendant à peu près
un an, finit par accepter. Le 24 février 1809,
l'obligation notariée et hypothécaire des 25,000 f.
prêtés fut passée, et, onze jours après, le même
notaire reçut la donation.

Le 5 juin 1811, Gentien, mieux conseillé,
vendit la campagne qu'il possédait, paya tous ses
créanciers, et, quoique le prêt, fait pour six ans
pût encore subsister jusqu'en 1815, il en rem-
boursa à Maze la presque totalité.

Le 5 novembre, on traita sur l'exécution
de la donation et sur le paiement de 1,870 fr.
encore dûs. Gentien s'obligea à payer les 1,780
à l'échéance du billet qu'il en avait fait, et,

dans le cours de dix-huit mois, 6,000 fr., pour tenir lieu de la donation à laquelle Maze renonça, mais avec la condition qu'à défaut de paiement, cette donation reprendrait toute sa force.

Gentien mourut, en 1816, sans avoir payé les 6,000 fr., et Maze réclama de ses héritiers les 20,000 fr., montant de la donation. Elle fut annulée par jugement du 16 juin 1821. Les motifs du tribunal d'Orthez sont :

1°. Qu'il était prouvé par la correspondance de Maze et de Gentien, que cette donation n'avait pour cause que le prêt de 25,000 fr. ;

2°. Qu'elle n'était pas un acte de libéralité, puisque Gentien l'avait offerte à qui voudrait lui faire le prêt ;

3°. Que la cause, exprimée dans l'acte, était fausse et illicite, devant produire des intérêts usuraires sujets à restitution, s'ils étaient reçus ;

4°. Que la transaction de 1811 devrait être annulée si elle subsistait encore.

C'est de ce jugement que l'auteur de la consultation n'a pas craint de faire la critique. A ces motifs, éminemment fondés sur les principes du Droit et de la morale, qu'on ne devrait jamais séparer, il oppose, 1°. que l'usure ne consistant que dans l'intérêt exigé, elle ne pouvait pas se rencontrer dans l'espèce, puisque la donation a été *offerte spontanément ;* 2°. que si l'on trouve, dans les 20,000 f. donnés, des intérêts, ils ont le

caractère d'*intérêts compensatoires*, et sont conséquemment licites.

Dans l'une comme dans l'autre proposition, on
s'éloigne également et de la vérité sur les faits,
et de la saine théorie sur le point de Droit.

Maze a hésité une année entière, on en convient:
mais est-ce parce qu'on lui offrait trop, ou parce
qu'on ne lui offrait pas assez? C'est ce qu'il importe de découvrir.

On n'a pas été jusqu'à dire que Maze aurait
fait volontiers le prêt, si Gentien n'y avait pas
mis sa donation pour condition ; et que Gentien
ne voulait recevoir le prêt qu'autant que sa donation serait acceptée. Ce combat de générosité n'a
pas été articulé ; il eut été trop vivement démenti
par les efforts faits depuis, par l'un pour ne pas
exécuter la donation, et par l'autre pour en obtenir le maintien, au moins en partie.

Maze hésitait donc, parce qu'on ne lui offrait
pas assez.

Il a été *supplié*, dit-on, par Gentien : il l'a
été comme celui qui veut 25 pour cent d'intérêts
de ses fonds, qu'on *supplie* de se borner à vingt,
et qui, se rendant aux larmes d'un malheureux
père de famille, parce qu'il ne peut pas en obtenir davantage, vient dire ensuite : j'ai accepté
ce qu'on m'a *supplié* d'agréer, je n'ai pas fait
l'usure! Non, sans doute, personne n'apercevra
le caractère de bienveillance qui doit dicter les

libéralités, dans les sacrifices qu'un homme en détresse consent à faire pour conjurer le mal du moment.

L'auteur va cependant plus loin : il voudrait qu'en pareil cas le donateur fût déclaré non-recevable à revenir contre ce qu'il appelle *son propre fait libre et spontané*, mais surtout que ses héritiers ne fussent pas écoutés, parce que le donateur a dit que sa donation était *spontanée*.

516. On s'abuse étrangement, quand on insiste à regarder comme *libre et spontané* le fait de celui que presse le besoin d'argent, et qui offre tout ce qui peut satisfaire la soif du capitaliste. Ce n'est pas ainsi que raisonnaient nos maîtres dans l'art d'étudier le cœur de l'homme, pour bien apprécier ses actions. Écoutons Dumoulin sur cette prétendue spontanéité de ceux que la nécessité conduit aux pieds des Crésus. *Si spontaneam agricolæ voluntatem probare vellet, non esset admittendus, cum non relevaret, sicut non relevat probare, quòd usura spontè promissa sit ab indigente; egestas enim voluntarium excludit : sicut non prodest voluntatem causari, ubi de metu illato constat.* Quest. 11, n°. 60. Heureusement, la tradition de ces bons principes n'est pas perdue : nos Cours et nos tribunaux savent les rappeler, quand leur application devient nécessaire.

La Cour de cassation, dans un arrêt du 22 dé-

cembre 1813, s'est exprimée ainsi : « La loi, en
» donnant à l'habitude d'usure le caractère de
» délit, a consacré la présomption légale qu'il y
» avait *fraude et dol* dans tout acte, dans toute
» convention de prêt, où il avait été stipulé un
» intérêt excédant celui qu'elle autorise ; elle a
» supposé qu'en consentant à un intérêt usuraire,
» l'emprunteur n'*avait pas agi librement*, et que
» le prêteur, en l'exigeant, avait agi *avec fraude.*»
Voy. ci-après n°. 520.

517. Enfin, on a soutenu que l'emprunteur
pouvait être admis à se plaindre d'une usure *for-
mielle*, mais qu'on ne devait pas l'écouter, quand
il s'agit d'une usure *palliée*. Que deviendrait la
société, si de telles doctrines étaient accueillies ?
Quoi! lorsque la loi défend, il suffit de pallier la
désobéissance pour qu'elle soit impunie ; et la
loi est assez indifférente sur les intérêts des citoyens pour les livrer, pourvu que, par respect
pour elle, on déguise les infractions !

Disons, au contraire, que la loi n'a pas d'autres
intérêts que ceux des citoyens ; que de toutes les
atteintes qui lui sont portées, les plus odieuses
sont celles indirectes, puisque leur auteur ajoute
à sa révolte le mensonge et l'hypocrisie : *simu-
lata æquitas, duplex iniquitas*. Disons encore
que toute prohibition prononce nécessairement
la proscription de tout ce qui tend obliquement
à l'éluder, et que le règne des lois cesserait du
jour où le système contraire serait adopté.

518. La seconde proposition, ayant pour but de légitimer les 20,000 fr., exigés par Maze au-delà des intérêts légaux, et de les faire accueillir comme *compensatoires* des bénéfices que, suivant lui, son capital lui aurait procurés par le *rouage des commissions*, est tout-à-fait destructive de la loi du 3 septembre 1807.

L'auteur s'est cependant appuyé sur le suffrage de Pothier; mais, en cela, il a commis une méprise fort remarquable.

1°. Pothier n'admet les intérêts compensatoires des pertes éprouvées par le prêteur, ou des gains dont il s'est privé, que lorsque le prêt ne produit pas par lui-même d'intérêts légaux; il ne raisonne que dans l'hypothèse du prêt purement gratuit, le seul qu'on connût alors; tandis que, depuis le décret de 1789, les intérêts y sont valablement stipulés, et que Maze n'avait pas oublié d'y soumettre Gentien, indépendamment du don de 20,000 fr.

2°. Ces intérêts compensatoires, qu'en certains cas les canonistes toléraient, ne pouvaient jamais excéder le taux fixé par la loi civile; et, dans l'espèce, ils se trouvaient, pour le tout, en double emploi.

3°. Enfin, Pothier ne traite cette matière délicate que sous le rapport du for intérieur, et il ajoute, n°. 124 : « Tout ce que nous venons de » dire sur les cas auxquels le prêteur peut rece-

» voir quelque chose, *ultra sortem ratione damni*
» *emergentis aut lucri cessantis*, n'a lieu que pour le
» for de la conscience. Dans le for extérieur, un prê-
» teur ne serait pas recevable à demander rien au-
» delà du sort principal, sous le prétexte de la perte
» que lui aurait causé le prêt, ou du profit dont
» il l'aurait privé. La raison est que, s'il y était
» écouté, on ouvrirait la porte aux usures. On
» aurait un moyen de les pallier toutes, en suppo-
» sant faussement, dans tous les prêts à intérêts,
» quelque perte que le prêt aurait causée au prê-
» teur, ou quelque profit dont il l'aurait privé.
» D'ailleurs, les hommes n'étant pas ordinairement
» assez charitables pour prêter leur argent à leurs
» amis, lorsqu'ils en ont besoin eux-mêmes pour
» leur spropres affaires, il y a lieu de présumer,
» que, ce qu'un prêteur allègue sur le préjudice
» prétendu que lui a fait le prêt, n'est allégué
» que pour couvrir l'usure qu'il en retire. »

519. Il est très-probable que l'auteur se serait
dispensé de citer Pothier, s'il eût examiné son
traité jusques-là.

Cette méprise a mis dans sa consultation une
confusion d'idées fort singulière : d'une part, il
s'y efforce d'empirer les conséquences d'une loi
qui, en permettant l'usure ordinaire défendue
par l'Eglise, ne rejette que l'usure énorme; et de
l'autre, il voudrait faire voir la conscience de

Maze telle que les plus sévères casuistes eussent du la trouver pure.

En un mot, la loi de 1807 étant prohibitive d'un intérêt conventionnel, supérieur à celui qu'elle a fixé, il faut donc, comme du temps de Pothier, fermer l'oreille à tous les arguments des capitalistes sur le *rouage de leurs commissions*. Si on les écoutait, il n'y en aurait pas un qui ne prétendît prouver, qu'en ruinant pères et fils de famille, il y mettait encore du sien.

Après ces premiers essais pour Maze, l'auteur, qui a trop de lumières pour ne pas douter de leur succès, insinue à la Cour devant juger l'appel, qu'il conviendrait, au moins, de laisser à Maze les 6,000 fr. promis par l'acte de 1811. Nous renvoyons à traiter cette question dans l'article VI, où nous nous occuperons des exceptions qui peuvent être opposées à l'action d'usure.

ARTICLE V. Preuves admissibles.

520. Lorsque l'usure était, par nos lois, réputée *crime* et punissable de peines afflictives, il
était sans difficulté que la preuve testimoniale,
comme tous les autres genres de preuve, pouvait
servir à convaincre les coupables; c'est un point
historique si constant, qu'il serait superflu de
le justifier par des citations.

La loi de 1807, qui n'est qu'un premier pas
pour retourner aux vrais principes sur cette partie du droit public, n'a qualifié *délit* que l'habitude de l'usure; ensorte que les faits particuliers
et accidentels restent dans l'ordre civil, ou plutôt
dans un état équivoque, dont le caractère n'est
pas facile à saisir; car si plusieurs faits du même
genre forment un délit, il n'est pas possible que
les mêmes faits, pris isolément, soient des actions
innocentes et licites.

Quoi qu'il en soit de cette obscurité de la loi nouvelle, les usuriers ont trouvé des jurisconsultes qui n'ont pas craint de soutenir que, même pour établir l'habitude d'usure, des témoins ne devaient pas être admis. Ces erreurs ont été repoussées énergiquement par les magistrats.

La Cour de cassation, par un premier arrêt du 2 décembre 1813, a proscrit ce dangéreux système, et développé, avec tant de sagacité et de profondeur, les caractères de l'usure appréciés, soit dans les faits isolés, soit dans la répétition qui en constitue l'habitude ; qu'il en résulte la règle générale que, comme dans l'ancienne jurisprudence, la preuve vocale de l'usure est admissible dans tous les cas.

Il s'agissait de savoir, si le ministère public pouvait poursuivre d'office le délit d'habitude d'usure ; et pour soutenir la négative, on prétendait que cette habitude, ne se formant que par des négociations civiles, il fallait, avant d'en faire l'occasion d'une poursuite publique, que ces négociations eussent été soumises aux tribunaux civils ; on soutenait, en même temps, l'inadmissibilité de la preuve testimoniale.

C'est sur ces deux propositions que la Cour prononce : « Que ce délit ne porte pas sur des » faits extrinsèques à des contrats ; qu'il ne sup- » pose pas, comme le délit de violation de dé-

» pôt, la préexistence d'une convention; qu'il se
» forme dans les actes même du prêt; qu'il est
» inséparable du prêt, et se confond avec lui;
» que dès-lors, tout délit étant susceptible de
» toute espèce de preuve, les stipulations d'in-
» térêts usuraires dont peut se composer l'ha-
» bitude d'usure, et qui sont présentées comme
» constituant le délit de cette habitude, doivent
» être soumises à la preuve testimoniale, quoi-
» qu'elles se rattachent à des contrats civils, et
» que les clauses portées dans un contrat puissent
» se trouver en contradiction avec le résultat de
» la preuve testimoniale;

 » Que la loi, en donnant à l'habitude d'usure
» le caractère de délit, a consacré la présomption
» légale qu'il y avait *fraude et dol* dans tout acte,
» dans toute convention de prêt, où il avait été
» stipulé un intérêt excédant celui qu'elle auto-
» rise; qu'elle a supposé, qu'en consentant à
» un intérêt usuraire, l'emprunteur n'avait point
» agi librement, et que le prêteur, en l'exigeant,
» avait agi avec fraude;

 » Que les actes et conventions de prêt avec un
» intérêt usuraire, étant ainsi frappés de la pré-
» somption légale du dol et de la fraude, entrent
» nécessairement dans les dispositions de l'ar-
» ticle 1353 du Code civil; qu'il résulte de cet
» article, que la loi assimile aux preuves testimo-
» niales les présomptions non établies par elle;

» et que c'est par suite de cette assimilation qu'elle
» prohibe les présomptions qu'elle n'a pas éta-
» blies, dans toutes les matières où les preuves,
» testimoniales sont prohibées : qu'ainsi , en ad-
» mettant les présomptions non établies par la
» loi, toutes les fois qu'un acte est attaqué pour
» cause de fraude ou de dol, l'article 1353 est
» censé admettre la preuve testimoniale dans le
» même cas; que, dès-lors, il ne peut y avoir au-
» cun doute que les fraudes d'intérêts usuraires
» qui peuvent avoir été les éléments d'un délit
» d'habitude d'usure, ne puissent, dans la pour-
» suite du délit , être prouvées par témoins. »
(*Voy. le Journal du Palais, tom*. 39, *page* 16.)

Il restait encore aux protecteurs de l'usure
dans les tribunaux, la ressource de se prévaloir
de ce que l'objet direct de ce premier arrêt n'a-
vait été que le délit d'habitude d'usure ; ils prétendirent qu'on ne s'était occupé que de recon-
naitre les moyens donnés au ministère public,
pour poursuivre la punition de ce délit; qu'on
pouvait douter si les motifs développés sur ce
point de droit public , devaient conduire à la
même solution, dans une instance purement civile, et lorsqu'il s'agirait d'opposer des témoins
à une convention écrite.

Les décisions uniformes du tribunal de Bayeux,
de la Cour de Caën et de celle de cassation, dans
une cause très-importante, ont invariablement

fixé la jurisprudence à cet égard, ainsi que sur deux autres questions, qui ne présentent pas un moindre intérêt en matière d'usure.

Le 12 août 1811, le sieur Godefroy avait constitué devant notaires, au profit de Philippe, une rente de 2,000 fr., au capital de 40,000 francs, que l'acte énonçait avoir été numérés en présence des notaires et des témoins.

Après le décès de Philippe, Lemaigre et sa femme, ses héritiers, ayant poursuivi Godefroy, celui-ci soutint n'avoir jamais reçu de Philippe qu'une somme de 4,000 francs, et que le capital de 40,000 francs, exprimé dans l'acte, n'était que le résultat des intérêts exigés à un taux variable, mais toujours excessif, capitalisés à des époques rapprochées, et produisant de nouveaux intérêts, etc. Il articula, et offrit de prouver des faits graves, dans le sens de son accusation.

Les héritiers de Philippe se retranchèrent sur une fin de non-recevoir qu'ils firent résulter, d'une part, de ce que Philippe, étant décédé, on ne pouvait pas être admis à prouver le délit d'habitude d'usure qu'on lui imputait ; de l'autre, de ce que la preuve testimoniale ne pouvait pas être reçue, sans inscription de faux, contre un contrat authentique.

Le 9 mai 1817, le tribunal admit la preuve en ces termes : « Attendu que le fait d'usure a tou-» jours eu le caractère du dol et de la fraude, de

» la violence et de la simulation; que cette doc-
» trine, anciennement professée, a été adoptée
» par la Cour de cassation, le 2 décembre 1813;
» qu'il résulte de l'art. 1353 du Code civil, que
» la preuve testimoniale est recevable contre les
» actes, lorsqu'ils sont attaqués pour cause de
» dol et de fraude;

» Attendu que la numération des espèces, at-
» testée par le notaire dans l'acte, ne met pas obs-
» tacle à l'admission de la preuve, par la raison
» que ce fait, quoique réputé vrai, n'exclut ce-
» pendant pas la possibilité d'une simulation à
» cet égard, à laquelle le notaire aurait été étran-
» ger; d'où suit que cette preuve ne tend nulle-
» ment à porter atteinte au matériel de l'acte;

» Attendu que si Philippe existait, il pourrait
» être rendu plainte contre lui du fait habituel
» d'usure, et que Godefroy pourrait par suite
» obtenir la réduction de la créance dont il s'agit;
» mais que, bien que le décès de Philippe fasse
» cesser l'application de toute disposition pénale,
» cela ne doit point priver celui qui se prétend
» victime d'un fait d'usure, d'employer tous les
» moyens propres à constater le délit d'usure
» habituelle, pour parvenir plus efficacement à
» se faire rendre justice; d'où suit qu'il peut être
» admis à prouver le fait d'usure habituelle;

» Attendu que les autres faits, qui concernent
» particulièrement l'acte du 12 août 1811, ten-

» dent à établir que la constitution qu'il ren-
» ferme d'une rente de 2,000 fr., au capital de
» 40,000 fr., n'est que le résultat d'un prêt de
» 4,000 fr.; fait quatre ans auparavant; ce qui
» caractérise une usure énorme;

» A appointé Godefroy à la preuve des faits
» par lui articulés dans les termes suivants :
» 1°. que, lors du contrat du 12 août 1811, et
» avant, comme depuis, Philippe se livrait à
» l'usure, en prêtant à intérêt aux uns et aux au-
» tres, à raison de trois à quatre pour cent par
» mois; 2°. que, depuis environ quatre à cinq
» ans, avant le contrat, il avait prêté à intérêt
» audit sieur Godefroy la somme de 4,000 fr.;
» pour laquelle il exigeait des intérêts, tantôt à
» trois, tantôt à quatre pour cent par mois, qui
» se cumulaient ainsi avec les intérêts des inté-
» rêts sur ce taux, et qu'enfin ç'a été pour solder
» et éteindre cette créance, que le contrat du
» 12 août 1811 fut fait, sans que le sieur Gode-
» froy ait, alors, ni depuis, emporté de chez le
» sieur Philippe l'argent attesté numéré par ledit
» contrat, sauf la preuve contraire, etc. »

Sur l'appel devant la Cour de Caën, ce jugement a été confirmé par des motifs qui, puisés
aux mêmes sources que ceux des premiers juges,
ne sont pas moins précieux à conserver : « Con-
» sidérant que de semblables circonstances (celles
» relevées dans le jugement) font présumer que

» le contrat dont il s'agit n'est pas sincère, et n'a
» été fait que dans la vue, de la part de Philippe,
« de masquer des intérêts usuraires, et de faire
» fraude à la loi du 3 septembre 1807 ; considé-
» rant que les faits articulés par Godefroy ten-
» dent à établir cette fraude, et que, dès-lors,
» aux termes de l'article 1353 du Code civil, il y
» a lieu d'admettre, non-seulement les présomp-
» tions, mais encore la preuve testimoniale ; con-
» sidérant que cette vérité a été consacrée par
» un arrêt de la Cour de cassation du 2 décem-
» bre 1813, dans lequel cette Cour professe que,
» dans les contrats usuraires, l'emprunteur n'agit
» pas librement, que le prêteur agit avec fraude ;
» et qu'ainsi ces sortes de conventions sont frap-
» pées d'une présomption légale de dol et de
» fraude, et entrent nécessairement dans les dis-
» positions de l'article du Code ci-dessus cité ;

  » Considérant que si, en effet, la preuve de
» l'usure ne pouvait s'établir, et par les présomp-
» tions, et par la preuve testimoniale, autant vau-
» drait, en ce cas, rayer l'art. 3 de la loi du 3 sep-
» tembre 1807, qui dispose, que, s'il est prouvé
» qu'il y ait eu usure, le prêteur sera tenu de res-
» tituer l'excédant de l'intérêt légal, ou d'en faire
» la réduction sur le capital ; en effet, si cette
» preuve ne pouvait être faite que par des actes
» par écrit, le législateur n'aurait-il pas bien
» compris qu'il eût été impossible de se procurer

» une preuve de cette nature? Car, quel est l'u-
» surier qui ne prend pas toutes les précautions
» convenables pour ne laisser aucune trace écrite
» de l'abus auquel il se livre? On ne peut donc
» pas supposer que le législateur, en voulant ar-
» rêter cet abus, ait, en même temps, voulu inter-
» dire l'usage des seuls moyens propres à le dé-
» voiler. D'un autre côté, si le ministère public
» peut prouver par témoins l'habitude de l'usure,
» comment se ferait-il qu'on rejetât la même
» preuve, quand il s'agirait de constater chacun
» des faits qui constituent cette habitude? La
» preuve testimoniale, en pareil cas, était ad-
» missible dans notre ancienne jurisprudence;
» si la loi de 1807 ne l'admettait pas elle-même,
» ou, si elle servait de prétexte pour la rejeter,
» loin que cette loi fût propre à intimider les
» usuriers, elle deviendrait, au contraire, leur
» égide; et après les maux incalculables que
» la dévorante usure a faits à la société, il est
» impossible de croire que la loi destinée à y
» mettre un terme, puisse, au contraire, en fa-
» voriser les progrès, et en assurer l'impunité;
» Considérant que ce n'est pas ici le cas d'ap-
» pliquer cette maxime, *que celui qui a participé*
» *à une fraude ne peut s'en faire un titre:* car
» l'emprunteur ne participe à la fraude que
» passivement, et le prêteur en est le seul auteur.
» Comment pourrait-on appeler son complice

» celui qui ne figure dans une pareille conven-
» tion, que comme contraint par sa malheu-
» reuse position à en devenir victime? La cause
» se présente donc avec de telles circonstances,
» que ce serait blesser la justice, la raison et la
» loi, que de dire qu'en pareil cas la preuve tes-
» timoniale n'est pas admissible :

» Considérant que, si la preuve testimoniale
» peut être admise, selon les circonstances, en
» matière d'usure, ce n'est pas une raison pour
» admettre indistinctement tous les faits allégués
» par une partie, et qu'il faut, au contraire, exa-
» miner si ces faits, en eux-mêmes, sont admissi-
» bles et concluants. Or, lorsque l'engagement
» se trouve formé par un contrat authentique,
» on ne peut, sans prendre la voie de l'inscrip-
» tion de faux, proposer des faits de preuve qui
» tendraient à établir le contraire de ce qui se
» trouve formellement exprimé comme vrai par
» ce contrat. Mais lorsque ces faits peuvent être
» vrais, sans que ceux exprimés dans le contrat
» soient faux, il n'est pas douteux que la preuve
» peut en être admise, sans avoir recours à l'ins-
» cription de faux, si d'ailleurs ces faits de preuve
» sont concluants. »

Devant la Cour de Cassation, les héritiers
Philippe fondaient principalement leur pourvoi
sur ce que l'acte portant expressément que les
40,000 fr. *avaient été numérés en or, en présence*

du notaire et des témoins, l'article 1319 du Code
civil proscrivait toute preuve par témoins, jusqu'à l'inscription de faux, contre cet acte authentique. Ce moyen était en effet le plus sérieux.

La Cour de cassation n'a pas été moins sévère
que les premiers magistrats, et voici ses motifs :
« Attendu que, d'après les lois, l'usure peut être
» établie par la preuve vocale; que par conséquent
» l'arrêt attaqué ne se trouve point avoir contre-
» venu à l'article 1341 du Code civil;

» Attendu que tous les faits dont la preuve a
» été admise, sont pertinents, et ne contrarient
» en rien le fait de numération d'espèces attesté
» dans l'acte du notaire, qui a pu rester étranger
» à la simulation des choses qui se passaient de-
» vant lui;

« Attendu que le décès de Philippe, qualifié
» d'usurier habituel, rendait bien le tribunal de
» police correctionnelle incompétent; mais que
» l'action qui résultait de l'usure reprochée n'en
» subsistait pas moins, et a pu être légitimement
» poursuivie devant les tribunaux ordinaires, et
» les preuves légalement ordonnées par témoins,
« ainsi qu'il résulte de l'esprit de la loi du 3 sep-
» tembre 1807. »

On peut ajouter que le texte est conforme à
son esprit, « lorsqu'il sera prouvé, porte l'art. 3,
» que l'intérêt conventionnel, etc. » Ainsi la loi
admet la preuve, sans aucune restriction dans

les moyens de la faire ; or, les exceptions ne se supposent pas, et toute faculté accordée sans limites doit être exercée dans toute la latitude qui lui est propre.

521. Le point difficile dans cette sorte de cause, est de reconnaître quels sont les faits dont la preuve par témoins est admissible. Pour qu'ils soient concluants, et conséquemment admis en preuve, il faut qu'il puisse en résulter la certitude d'une convention usuraire. Ainsi, le débiteur d'une obligation de 10,000 fr. offrirait inutilement de prouver qu'il a payé annuellement 1,000 fr. au lieu de 500 fr. seulement pour intérêts, s'il n'offrait pas, en même temps, de prouver que ces paiements étaient *pour le service des intérêts*. Autoriser la preuve des paiements sans celle de leur destination, ce serait commettre une infraction à la prohibition de la preuve vocale contre celle littérale. Cette prohibition est la règle générale, à laquelle il y a exception pour le cas de *dol et de fraude* : pour jouir de la faveur de l'exception, il faut donc prouver la circonstance à laquelle elle est attachée.

522. Il importe encore d'observer que, si les faits articulés, quoique probatifs d'usure, se trouvaient en opposition avec ceux constatés par l'acte, la preuve ne pourrait en être obtenue que par la voie de l'inscription de faux ; c'est un des principes rappelés par l'arrêt que nous venons de

rapporter ; les faits articulés y sont déclarés pertinents, parce qu'ils ne sont pas contraires à ceux constatés par l'acte du notaire.

Si le sieur Godefroy eût offert de prouver que la numération d'espèces énoncée dans l'acte pour avoir été faite en présence du notaire et des témoins, ne l'avait pas été, il eût été assujéti à l'inscription de faux ; mais, sans nier cette numération, il offrait de prouver qu'il n'avait pas emporté les espèces ; ce qui était conciliable : on ne pouvait pas lui refuser la preuve.

523. De l'admissibilité de la preuve testimoniale lorsqu'il s'agit de combattre l'usure, il faut conclure, comme on l'a fait dans les décisions qu'on vient de lire, et par suite de l'article 1353 du Code civil, que les présomptions sont encore des armes légales qu'on peut employer contre elle.

524. Indépendamment de celles communes à tous les genres de fraude, il en est plusieurs qui signalent assez ordinairement l'usure :

1°. L'habitude du créancier de se livrer à ce vil trafic, rend déjà très-suspectes les conventions faites avec lui. C'est cette circonstance que les anciens regardent comme la plus démonstrative ; à toutes les indications d'usure qu'ils font apercevoir, ils ajoutent, presque toujours, *et maximè si sit consuetudo fœnerandi.*

2°. Le silence sur les intérêts dans les actes obli-

gatoires , fait facilement présumer qu'il en a été
exigé d'illicites. Dans l'état où sont nos mœurs et
nos habitudes, il est si rare qu'un prêt soit purement gratuit , surtout quand il est fait avec les
précautions d'acte authentique et d'hypothèque,
que, si la somme est dite payable, à l'échéance de
l'obligation , sans intérêt, on peut naturellement
soupçonner que le prêteur n'a été aussi généreux
que parce que déjà ces intérêts, retenus d'avance,
étaient dans sa bourse. Les auteurs du Code civil
ont reconnu cette suspicion légitime, puisque ,
même pour les temps où le taux de l'intérêt
conventionnel ne sera pas fixé par la loi , ils ont
voulu , article 1907, que la quotité de ceux con-
venus fût exprimée dans la convention , espérant
par là obtenir de la pudeur des capitalistes une
modération dont ils pourraient n'être pas capables en secret : disposition dont la Cour de cassation a fait l'application par un arrêt du 29 janvier 1812, en déclarant réductibles des intérêts
stipulés avant la loi du 3 septembre 1807. (*Voy.*
le Journal du Palais, t. 33 , p. 176.)

3°. Les prorogations d'obligations à terme et
les renouvellemets de billets , sans qu'il apparaisse des conditions de ces atermoiments réité-
rés, conduisent à la même conséquence.

4°. Il en est de même, quand il est constant
que des intérêts, non réglés par écrit, ont été
payés sans quittance.

5°. On ne peut se défendre de la même opinion, lorsqu'un créancier, au lieu de se faire payer de premières obligations échues, s'en fait souscrire de nouvelles successivement, et vient ensuite réclamer le paiement de ces créances accumulées.

525. L'admissibilité des présomptions pour établir l'usure, a une conséquence infiniment importante, et qui devrait arrêter quiconque est tenté d'améliorer sa fortune par cet odieux moyen.

Lors même que les présomptions acquises contre le créancier ne réuniraient pas tous les caractères nécessaires pour en faire une preuve complète, si cependant elles donnaient déjà de justes raisons de croire fondées les plaintes du débiteur, les juges pourraient terminer le différend par le serment de ce dernier. Ce commencement de preuve de l'usure par les présomptions, place les magistrats dans le cas que prévoit l'article 1367 du Code civil. Que le débiteur ait fait de l'usure l'objet d'une action ou d'une exception, sa prétention, *sans être pleinement justifiée, n'est pas dénuée de preuves*; ce qui suffit pour que le juge puisse lui déférer le serment d'office, puisque, dans ce cas, la loi lui donne le droit de le déférer, suivant l'impulsion de sa conscience, *à l'une des parties.*

S'il s'élevait des doutes sur cette juste interprétation des articles 1366 et 1367 du Code civil,

nous les dissiperions par le suffrage de MM. Toullier et Delvincourt. (*Voy*. leurs *Cours de Droit
civil*), et particulièrement par l'arrêt du 2 mai
1810, que rapporte M. Merlin, dans la 4e. édition
du *Répertoire de Jurisprudeuce*, au mot *serment*,
§ 2, *art.* 2, *n°.* 5. Cet arrêt casse un jugement
du tribunal de Marseille qui, par suite de présomptions, avait admis le serment du demandeur,
dans une cause qui n'était pas susceptible de la
preuve par témoins ; les motifs qui l'ont fait ré-
prouver sont : « Que les présomptions qui ne sont
» pas fondées sur la loi ne peuvent être appré-
» ciées par les juges, que dans le cas seul où la
» preuve testimoniale du fait contesté se trouve-
» rait admissible ; que c'est dans ce seul cas
» aussi que le serment supplétif peut être dé-
» féré. »

Supposons donc qu'un usurier d'habitude, déclaré tel et puni par jugement, demande l'exécution d'une obligation de 10,000 fr. , stipulée
payable à plusieurs années de sa date sans intérêts;
si ces deux circonstances ne donnent pas la conviction que des intérêts , au taux habituel de
l'usurier , ont été perçus, au moins il est difficile
de ne pas en concevoir une vive persuasion. Dans
une cause de cette nature , le serment supplétif
devient nécessaire ; le déférer à l'usurier, ce serait ordonner un parjure; le débiteur, si rien ne
s'élève contre ses mœurs , est donc celui qui,

par son serment, donnera plus de sécurité à la justice.

La règle générale, sur cet important pouvoir des magistrats, est que ce qui doit les déterminer, est la qualité des parties et les circonstances de la cause : *inspectis personarum et causæ circumstantiis*. Dans l'espèce que nous venons de supposer, elles sont toutes contre le créancier et en faveur du débiteur.

Depuis la première publication de cette partie du Traité, cette espèce s'est réalisée devant la Cour de Riom, et y a été jugée dans le sens que nous avions adopté.

Une veuve Chaussy était, depuis plusieurs années, dans les filets de Moska, usurier de profession, et qui, déclaré tel par arrêt, avait été condamné à la peine que méritait sa coupable habitude. Il voulut faire exécuter, contre cette veuve, les énormes obligations qu'il lui avait fait souscrire. Elle lui offrit 6,000 fr., soutenant que tout ce qu'il osait demander de plus n'était qu'une odieuse accumulation d'usures. Devant le tribunal de première instance, la forme l'emporta, et les actes de Moska prévalurent.

Ces faibles avantages n'en imposèrent point à la Cour de Riom : c'est à la recherche et à l'appréciation des causes de la créance qu'elle mit tous ses soins; et, le 26 février 1827, elle rendit, sous la présidence de M. Grenier (l'auteur des

Traités des Donations et des Hypothèques),
un arrêt que nous n'hésitons pas à présenter
comme un des plus précieux monuments de jurisprudence, en matière de fraude et d'usure.

« Attendu que, d'après les documents qu'a
» fait ressortir la plaidoierie de la cause, à la-
» quelle les parties ont été présentes, on ne peut
» douter que Moska n'ait eu en son pouvoir cinq
» billets ou effets à lui souscrits par la veuve
» Chaussy, lesquels billets ont dû être en blanc,
» n'ont dû porter que la simple mention des
» sommes qui en étaient l'objet, sans expression
» d'aucune cause, sans date, sans énonciation
» des termes de paiement, si ce n'est au coin de
» chacun des effets, hors du corps d'iceux, les-
» quelles énonciations ont dû être écrites de la
» main de Moska, ou au moins de toute autre
» main que celle de la veuve Chaussy;

» Attendu que ces formes sont trop extraor-
» dinaires, pour ne pas faire concevoir des soup-
» çons sur la sincérité des engagements;

« Attendu que les sommes énoncées dans ces
» effets, ont néanmoins composé, en tout ou en
» partie, le montant des deux obligations, dont
» Moska réclame le paiement;

« Attendu que les engagements de la veuve
» Chaussy ont été multipliés, successifs, et rap-
» prochés les uns des autres; que cette multi-
» plicité, cette succession de temps et ces rap-

» prochements , jettent des soupçons sur la
» sincérité des obligations en question, surtout
» dès qu'aucune des obligations ne contient la
» mention de la numération des espèces , si ce
» n'est une somme de 15 francs;

» Attendu qu'il n'y a pas de conformité entre
» les sommes énoncées dans les obligations, et
» celles qui, d'après les notes et déclarations,
» auraient seulement été prêtées à la veuve
» Chaussy;

» Attendu, d'ailleurs, qu'il résulte de l'arrêt
» de la Cour du 2 février 1825, que Moska a
» été reconnu pour s'être rendu coupable d'usure
» envers un grand nombre de particuliers; qu'il
» a été déclaré en avoir l'habitude, depuis un
» grand nombre d'années, et que, comme tel,
» la Cour lui a infligé une peine conformément
» aux lois portant répression des délits d'u-
» sure;

» Attendu que toutes ces circonstances font
» naître les présomptions les plus fortes, que les
» obligations, dont il s'agit, sont infectées de
» dol, de fraude et d'usure;

» Attendu qu'en pareil cas, l'affirmation du
» débiteur, réunie à toutes ces présomptions,
» forme, avec ces présomptions mêmes, un
» complément de preuve du dol, de la fraude
» et de l'usure.

» Par ces motifs, la Cour... émendant, dé-

» clare valables.. les offres de la veuve Chaussy.., » la déclare libérée... à la charge, et non autre- « ment, d'affirmer, pardevant la Cour, qu'elle » ne doit autre chose que les 6,000 fr. énoncés » en son acte d'offres, etc. »

526. Un arrêt de la Cour de Paris, du 26 mai 1810, qu'on trouve dans le *Journal du Palais*, 2ᵉ. *semestre* 1810, p. 215, pourrait paraître opposé à ce qui vient d'être dit, surtout par l'intitulé que l'arrêtiste lui a donné. Mais, en examinant le point de fait, avec plus d'attention qu'on ne l'a fait dans ce recueil, on verra que la décision devait être ce qu'elle a été.

Le sieur Lebel poursuivait contre les sieur et dame Paillard, l'exécution de trois obligations notariées, l'une de 20,000 fr., du 11 ventôse· an XIII (1805); la seconde, du 18 octobre 1806, de 14,812 fr., et la troisième, du 31 octobre 1807, de 7,150 fr. Les débiteurs prétendaient n'avoir reçu, dans l'origine, que 11,100 fr., et que tout le surplus ne se composait que d'intérêts excessifs. Ils représentaient une feuille de papier sur laquelle une foule de notes, de chiffres et de calculs écrits, suivant eux, de la main du sieur Lebel, faisaient voir qu'ils n'avaient effectivement reçu que 11,100 fr., mais que les intérêts comptés à 18 pour cent, puis réunis au capital, et progressivement portant avec lui le même intérêt, avaient élevé leur dette à 41,962 fr.

Le sieur Lebel n'avouait ni ne déniait la feuille représentée, et les calculs correspondants à ses obligations ; il ne s'expliquait pas davantage sur le fait de l'écriture qu'on disait être la sienne. Se bornant a dire qu'une feuille informe non signée ne pouvait pas être opposée à des titres réguliers, il soutenait ses débiteurs non-recevables dans leur opposition à ses poursuites.

Le 15 janvier 1810, le tribunal de Vitry-sur-Marne ordonna l'exécution de l'obligation de 20,000 fr., du 11 ventôse an XIII, attendu que rien ne justifiait qu'elle ne fût pas légitime. Mais, frappé de la corrélation existante entre les calculs du bordereau et les deux autres obligations souscrites par les sieur et dame Paillard, et de ce qu'il en résultait que les intérêts avaient été comptés, non à 5 pour cent, comme la première obligation le portait, mais à 18 pour cent, avec les intérêts des intérêts et sur le même taux, il ordonna que, dans la huitaine, le sieur Lebel serait tenu de déclarer si l'écrit ou bordereau présenté était, ou non, de sa main, pour, en cas de dénégation, l'écrit être vérifié ; en cas d'aveu ou de silence, les parties entrer en compte devant l'un des juges.

C'est sur l'appel de ce jugement, que la Cour de Paris a rendu l'arrêt portant : « Attendu que Lebel » est porteur de titres en bonne forme, qui ne » peuvent pas être détruits par des allégations,

» ou par un papier informe dont le rapport avec
» les actes n'est pas établi , décharge Lebel des
» condamnations , etc. »

Il est très-probable que les vrais motifs qui ont
déterminé cet arrêt ont échappé à son rédacteur.
En effet , l'art. 5 de la loi du 3 septembre 1807 ,
veut qu'il ne soit rien « innové aux stipulations
» d'intérêts par contrats ou autres actes faits jus-
» qu'au jour de sa publication. » Or, la première
obligation des sieur et dame Paillard était de
1805 , la seconde était de 1806 , et la troisième
du 31 octobre 1807, trente-huit jours seulement
après le 23 septembre , époque de la publication
de la loi. Ce dernier acte seul pouvait donc être
examiné , et il résultait du bordereau représenté,
que la presque totalité des valeurs composant les
7,150 f. portés en cet acte , se composaient d'intérêts échus avant la loi, et par suite de conventions alors permises. Les plaintes des sieur et
dame Paillard n'étaient donc pas fondées ; il n'y
avait pas eu , à leur égard , fraude à la loi , puisque le statut prohibitif n'existait pas encore.

Mais si une espèce semblable était aujourd'hui
soumise aux tribunaux , et particulièrement à
la même Cour , tout porte à penser que la décision en serait beaucoup moins favorable au créancier.

Par cela seul que Lebel ne niait pas que le bordereau fût de sa main , il était évident qu'en effet

il avait été écrit par lui ; avec quelle énergie un homme incapable d'usure ne repousserait-il pas une pièce qui, servant à l'en accuser, serait apocryphe ? En tout cas, un interrogatoire sur faits et articles aurait facilement éclairci ce point de fait.

Le bordereau étant de Lebel, et ne recevant par lui aucune explication qui le rendît étranger à la cause, il en résultait, par la corrélation des sommes et des opérations arithmétiques qu'il contenait en grand nombre, la preuve par écrit et la démonstration mathématique de l'usure. Sans contredit, lorsqu'il s'agit de briser des actes réguliers à la forme, le doute est salutaire ; mais il ne faut pas qu'il aille jusqu'au scepticisme ; et quand la conscience des juges ne peut plus le concevoir, quand un heureux hasard, dans les causes ordinairement enveloppées de ténèbres, fait apercevoir la vérité, quel magistrat voudrait l'éloigner ?

Nous n'hésitons pas à penser qu'un pareil fait, aujourd'hui, serait suivi de la condamnation du créancier, en complétant la preuve par le serment du débiteur ; ou qu'au moins, si le créancier obtenait le maintien de ses titres, ce serait à la charge d'en affirmer la sincérité.

ARTICLE VI. Exceptions.

Les diverses exceptions dont sont susceptibles
toutes les actions, peuvent aussi être opposées à
celles qui concernent l'usure, mais avec des modifications, et sous des conditions que la faveur
due à ces actions a rendues nécessaires. Nous
allons parcourir les principales, qui sont :

1º. La chose jugée ;

2º. Les actes confirmatifs ;

3º. La prescription.

DIVISION. I.

Chose jugée,

SOMMAIRE.

527. Dans l'ancienne jurisprudence, surtout
avant l'ordonnance de 1667, et quand on pouvait
revenir contre un jugement même souverain par
propositions d'erreur, la chose jugée ne pouvait,
presque jamais, être admise contre l'action ou
l'exception d'usure. Les docteurs, tout étant
très-discords sur les cas dans lesquels elle était
recevable, les avaient multipliés à l'infini : mais

leurs subtilités scholastiques ne peuvent plus se concilier avec la simplicité et l'exactitude de notre procédure ; et toute la théorie, à ce sujet, se réduit aujourd'hui à une seule règle.

528. Parmi les jugements qui interviennent sur un acte usuraire , il faut distinguer ceux qui forment le titre de la créance, de ceux qui ne sont que l'exécution d'un titre préexistant.

529. Quand le jugement a pour objet de faire un titre au créancier, si le débiteur veut contester la légitimité de la créance, pour usure ou pour toute autre cause, il doit le faire avant le jugement , sans quoi, la condamnation étant prononcée contre lui, fût-elle par défaut, si les voies d'opposition et d'appel lui échappaient, il serait non recevable à exciper de l'usure : c'est dans ce cas que s'applique invariablement la règle *Res judicata pro veritate habetur.*

Ainsi l'usure contenue dans un billet ne peut plus donner lieu à aucune tentative pour en avoir réparation, si, sur le billet, le confectionnaire a été condamné à en payer le montant. Il n'est plus débiteur d'un billet, il l'est d'une condamnation judiciaire, qu'il peut, s'il en est encore temps , faire réformer par tous les moyens institués, pour rectifier les erreurs des juges, mais qui est hors de toute atteinte par action principale ou exception, si le jugement n'est plus attaquable.

530. Lorsqu'au contraire le créancier a un titre,

et que son exécution donne lieu à une instance
dans laquelle la légitimité de la créance n'est pas
mise en question, comme si les meubles du débiteur ont été saisis, et qu'il y ait eu, sur le mérite
de la saisie, une instance, le jugement rendu à ce
sujet est sans force, si postérieurement le débiteur demande la nullité du titre, ou la réduction
de la créance. On ne peut pas lui opposer, comme
chose jugée, la légitimité de cette créance, puisqu'elle n'a pas été soumise au tribunal. La demande nouvelle a une cause toute différente de
celle du premier jugement; et, suivant l'art. 1351
du Code civil, une des conditions, pour que l'autorité de la chose jugée soit reconnue, est que la
demande soit fondée sur la même cause que celle
précédemment jugée. Dumoulin , *quest.* 15,
n°. 185, rapporte un arrêt conforme à ce principe.

Les marguilliers des SS. Innocents de Paris
avaient, en constituant une rente au profit de la
fabrique, imposé au débiteur l'obligation de ne
pas la rembourser avant quatre ans, condition
alors prohibée comme contraire à la faculté de se
libérer, et réputée usuraire. La maison servant
d'hypothèque spéciale à cette rente fut mise en
saisie réelle : tous les créanciers opposants y furent
admis suivant l'ordre de leurs titres, et, dans cet
état, la maison fut vendue. Onze ans après, dans
l'instance de distribution du prix, un des créan-

ciers, primé par la créance de la fabrique, s'aper-
çut de la clause usuraire, et demanda la nullité
du contrat ; on lui opposa, en vain, le premier
arrêt qui avait réglé l'ordre dans lequel viendraient
les créanciers, la nullité fut prononcée nonobstant
le premier arrêt, *in quo*, dit Dumoulin, *de usurâ
non fuerat disputatum*. Cette décision est également rapportée par *Papon*, *liv.* XII, *tit.* VII,
art. 19. Elle est du 7 mars 1513.

531. La même règle serait applicable au jugement tenant lieu de titre nouvel d'une rente, lors
duquel la question d'usure n'aurait pas été agitée.
Le titre nouvel, même prononcé en justice, soit
d'expédient, soit contradictoirement, est régi,
comme les autres, par la règle générale contenue
dans l'article 1337 du Code civil, qui veut que
l'acte récognitif se réfère au titre primordial, et
que ce qui se trouve de différent n'ait aucun
effet. Un jugement de cette nature ne décide pas
que la rente est légitime, mais seulement qu'elle
n'est pas prescrite, et qu'elle subsiste telle qu'elle
a été créée.

DIVISION II.

Actes confirmatifs.

532. Le consentement du débiteur dans le contrat constitutif de l'usure, étant réputé, comme nous l'avons precédémment établi, l'effet de l'oppression et du dol, il s'ensuit que tous les actes confirmatifs qu'on a pu obtenir de lui, sont infectés du même vice, s'ils ont eu pour objet de consommer l'usure au lieu d'en réparer les effets. Telle est la règle à laquelle il faut s'attacher. Elle est fondée sur les lumières de la raison, le sentiment unanime des auteurs, et la jurisprudence uniforme des Parlements. Louet et Brodeau, son annotateur, donnent à ce sujet d'amples détails. *Voy. lettre T, som.* VI : elle est d'ailleurs la conséquence directe de l'action en restitution, instituée par la loi de 1807.

Ainsi, les indications de paiement, les délégations, les ventes au créancier lui-même, en un mot tous les actes d'exécution, quels qu'en soient

le nombre et le caractère, s'il est prouvé, en définitive, que la créance était usuraire, n'enlèvent
pas au débiteur le droit d'entrer en compte, et
de recouvrer ce qui, par cette voie réprouvée,
lui a été ravi.

533. Les transactions elles-mêmes, ordinairement si favorables, parce qu'elles tendent à rapprocher ceux que l'intérêt divise, et à éteindre
les haines et les dissensions, suites inévitables
des procès, ne sont pas toujours à l'abri des réclamations.

Pour leur validité, il faut, d'abord, qu'il soit
manifeste qu'on a voulu transiger sur l'usure :
autrement le principe général sur les transactions, conservé par les articles 2048 et 2049 du
Code civil, serait applicable.

Il faut encore qu'il ne s'agisse que d'éteindre
la recherche d'un intérêt payé, et non d'exécuter à l'avenir, en tout ou en partie, une promesse
usuraire. « Quand la transaction, dit Louet, *loc.*
» *cit.*, contient l'exécution des contrats usuraires
» et réprouvés, *futuram usuram continet*, elle
» est fondée sur un fondement vicieux qui ren-
» verse tout, *et malæ fidei possessor est, qui*
» *contra leges et edicta mercatur.* »

534. Ce principe, dont personne ne peut contester la justesse, achève la réfutation de la consultation sur le jugement du tribunal d'Orthèz.
(*Voy. ci-dessus, n°. 516.*)

Les 20,000 fr. promis par la donation de 1809, étaient l'usure la plus palpable, nous l'avons démontré. La composition, à 6,000 fr. payables dix-huit mois après, pour tenir lieu des 20,000 fr. qui ne l'étaient qu'après la mort du débiteur, n'est autre chose que la même usure revêtue d'une autre forme ; elle est donc nulle comme la donation.

Ces actes frauduleux qui suivent un premier traité usuraire, et en sont l'exécution, doivent, plus encore que ce traité, provoquer la sollicitude des magistrats en faveur du débiteur.

Ce dernier, lors du prêt, si la loi était trop dure, pouvait ne pas la subir : mais le prêt fait, les espèces consommées, il est resté enchaîné, et dans une telle dépendance du capitaliste, qu'il n'a plus eu que des ordres à recevoir.

Telle était, à-peu-près, la position de Gentien à l'égard de Maze, lors de l'acte de 1811 ; il lui devait encore le montant d'un billet de 1850 fr. ; la donation de 20,000 fr., paralysait, par son hypothèque, en grande partie, le prix du domaine qu'il avait vendu, et qui devait servir à payer ses dettes. Dans une telle conjoncture, il fallait satisfaire Maze ; et probablement il fit valoir, comme une louable condescendance, son consentement à convertir les 20,000 fr. payables à une époque qui pouvait être fort éloignée, en 6,000 fr. effectifs.

C'est précisément pour sauver les emprunteurs des bontés perfides des prêteurs, que toute
transaction faite lorsque l'usure pèse encore de
tout son poids sur le débiteur, est réputée,
comme le prêt même, l'effet de l'oppression et
de la fraude du créancier.

Nous avions mis au jour cette partie de notre
traité qui concerne l'usure, dès 1823, et nous
avons eu la satisfaction de voir, en 1824, la
Cour de Pau proclamer, avec l'énergie de l'indignation, l'erreur du système que nous avions
essayé de combattre. Par arrêt du 17 janvier
1824, elle a confirmé la décision des juges d'Or-
thès, en faveur des héritiers de Gentien, et nous
nous empressons d'en recueillir les motifs : « Con-
» sidérant au fond, que la loi du 3 septembre
» 1807, fixe l'intérêt à cinq pour cent dans les
» trnnsactions civiles ; que dans l'état actuel de
» nos mœurs et de notre législation, tout ce que
» le prêteur exige ou reçoit de plus et au-delà du
» taux, est réputé et appelé usure ; que pour
» qu'une donation rénumératoire, faite par l'em-
» prunteur au prêteur, ne soit pas entachée du
» vice d'usure, il faut deux conditions ; la pre-
» mière, que le prêt soit gratuit, la seconde, que
» le don soit postérieur au remboursement de
» la somme prêtée, et qu'il faut de plus, que le
» présent, ou l'objet donné soit de peu de va-
» leur ; que, quand ces conditions manquent dans

» un contrat, qui a cependant la forme ou la
» cause apparente d'un acte de bienfaisance, il
» peut etre valablement attaqué et annullé, en
» tout ou en partie, suivant les circonstances,
» comme infecté d'usure palliée, parce qu'alors
» il est légalement et raisonnablement présumé
» que, placé en quelque sorte sous la domination
» de son créancier, vaincu par la nécessité, le
» débiteur, en consentant à souscrire un titre de
» cette nature, n'a pas agi librement et volon-
» tairement : *debitor servus est feneratoris ; eges-*
» *tas excludit voluntarium* ; que les auteurs les
» plus estimés disent, que l'on n'admet la dona-
» tion ou les intéréts compensatoires, pour les
» pertes éprouvées par le prêteur et les gains
» dont il est privé, que lorsque le prêt est entiè-
» rement gratuit; qu'il est à remarquer aussi,
» que ces intérêts n'ont lieu que dans le for de la
» conscience ; car, au for extérieur, un prêteur
» ne serait pas recevable à demander rien au-
» delà de son principal, sous quelque prétexte
» que ce fût; la raison est que, s'il était écouté,
» on ouvrirait la porte aux usures ; que telles
» sont, dans toute leur pureté et leur exactitude,
» les principes sur la matière enseignés par les
» plus doctes juristes ; que chercher à les obs-
» curcir ou à les altérer par des subtilités scho-
» lastiques, ou des distinctions de fantaisie,
» c'est heurter tout à-la-fois la raison, la saine

» morale et les intérêts de la société ; c'est vouloir
» renverser, par des sophismes, la seule barrière
» que le législateur a cru pouvoir opposer, jus-
» qu'à présent, à l'insatiable et criminelle cupi-
» dité de certains hommes ; en un mot, c'est dé-
» truire la loi du 3 septembre 1807. Ces prin-
» cipes posés, il est facile d'en faire l'application
» aux actes des 4 février 1806, et 10 novembre
» 1810, et d'en apprécier le caractère. En ce qui
» concerne le premier : considérant qu'il résulte
» de la correspondance que : menacé d'exécution
» rigoureuse par Maze, dont il était depuis long-
» temps débiteur, Gentien prit la détermination,
» pour assurer son repos, d'emprunter 25,000 fr.
» à cinq pour cent, et de faire, de plus, au prê-
» teur, quel qu'il fût, une donation de 20,000 fr. ;
» qu'il en fit la proposition à Maze, lequel, après
» avoir hésité quelque temps, voulut bien l'ac-
» cepter ; que le contrat du prêt fut passé le 28 jan-
» vier 1809, et celui de la donation le 24 février
» suivant ; que le concours et la vicinité de ces
» deux actes, de même que les circonstances qui
» les ont précédés, accompagnés et suivis, prou-
» vent évidemment que la donation fut la condi-
» tion essentielle du prêt ; qu'il est dès-lors im-
» possible de considérer l'acte qualifié donation,
» comme un pur acte de libéralité et de recon-
» naissance de Gentien, pour des services qui lui
» auraient été rendus, puisqu'il est établi, par

» cette même correspondance, que Gentien était
» disposé à consentir la donation, en faveur de
» la première personne qui voudrait lui prêter
» ladite somme ; que loin qu'il paraisse que Maze
» eût prêté quelque chose à Gentien, uniquement
» pour l'obliger, on voit, au contraire, que les
» prêts étaient toujours intéressés, et qu'anté-
» rieurement à 1807, l'intérêt avait été jusqu'à
» quinze et seize pour cent ; qu'il suit de là que
» la cause assignée à la donation est fausse, et en
» même temps illicite, puisque le montant de la
» donation, réuni aux intérets légaux de l'obliga-
» tion, aurait produit au sieur Maze un bénéfice
» énorme, qui caractérise une des plus scanda-
» leuses usures, qui, depuis long-temps, aient été
» signalées dans les annales de la justice. En ce
» qui touche le second acte, considérant que cet
» accord n'est que la suite et l'émanation du pre-
» mier ; qu'il a la même origine et la même cause ;
» qu'il n'est autre chose que la même usure, seu-
» lement modifiée et revêtue d'une autre forme ;
» que lorsque Gentien consentit à ce nouvel acte,
» il devait encore un billet de 1,850 francs ; que
» sa maison était grevée de l'hypothèque des
» 20,000 fr. de la donation, laquelle reprenait
» toute sa force, aux termes de l'acte dont s'agit,
» faute d'exécution dans les délais donnés, et
» qu'ainsi Gentien était toujours dans la dépen-
» dance et les liens de son avide créancier ; qu'il

» n'était donc pas plus libre alors qu'en 1809 ;
» que parconséquent cet acte, ayant les mêmes
» vices doit subir le même sort. » (*Voy. le Jour-*
nal du Palais, tom. 70, *p.* 430.)

535. Quand la dette usuraire est complètement
payée, la transaction passée depuis sur l'action
en restitution, quelques sacrifices qu'elle impose
à la personne lésée, est valable. Par son paiement intégral, le débiteur a recouvré sa liberté,
et a pu faire à l'usurier la remise de son action,
comme de tout autre droit.

536. Mais, on le répète, c'est cette indépendance acquise par une entière et franche libération, qui rend valable la composition sur l'usure,
ou même la remise totale de l'action ; à titre de
libéralité ; ensorte que, si cette libération n'était
que simulée, si, quand l'usurier donnait quittance définitive de l'obligation illicite, il faisait
souscrire des billets, soit sous son nom, soit sous
celui de personnes interposées, billets encore
dus au moment de la transaction, on ne pourrait
voir, dans cette frauduleuse extinction de l'usure,
qu'une exaction de plus de la part de l'usurier.

Ces règles de morale, autant que de droit,
n'ont pas échappé à Dumoulin. *Etiam formalis
usura, et in pactum deducta non obligat ad
restituendum nec pauperibus erogandum, se-
cutâ spontaneâ remissione usurarum solutarum,
vel liberali solutione animo donandi facta post*

mutui restitutionem : secùs si remissio vel so-
lutio non esset merè liberalis, sed ad emerendum,
gratiâ fœnoris, ad futura mutua, vel alias frau-
dulenta vel impressiva , in quo sufficient con-
jecturæ. Tract. usur. n°. 8.

DIVISION III.

Prescription.

537. L'usure ayant un caractère particulier qui n'a rien de commun avec les autres genres d'iniquités, la prescription, à son égard, doit être soumise à des règles spéciales, qui ont été

un sujet de controverse entre les anciens docteurs.

Plusieurs même, dont les savants écrits sont encore consultés avec fruit, et parmi lesquels se font remarquer Alexandre, Balde et Tiraqueau, voulaient qu'aucune prescription ne pût éteindre le droit de réprimer l'usure, et donnaient ce motif imposant : *tantò gravius quantò diuturnius*. Quelques auteurs modernes ont aussi suivi cette opinion, que Dumoulin a judicieusement combattue. (*Quest.* 17, n°. 190.)

538. S'il est vrai que, comme le remarque ce profond jurisconsulte, il n'y ait pas plus de méchanceté dans l'usure que dans le dol, la violence, le vol, etc., et conséquemment que la prescription lui soit applicable comme à ces délits, et même aux crimes, il l'est également qu'elle a un caractère, et produit des effets qu'il importe d'observer, pour discerner les cas où la prescription peut-être admise, de ceux où elle doit être rejetée.

1°. Tandis que les autres espèces de dol et de larcins se bornent à une soustraction instantanée, commise à l'insu du propriétaire de la chose, l'usure est presque toujours une série de vols, dont la victime elle-même est complice, et qui ne finit que lorsque celle-ci n'a plus rien à perdre.

2°. De cette série de vols qui se prépare dans le contrat usuraire, et se développe dans son exécution, il résulte que l'usure, depuis le traité jusqu'à sa consommation, n'est qu'un dol continu.

3°. Tant que ce dol n'est pas consommé, l'infortuné qui le souffre ne peut pas agir pour se plaindre ; le secours qu'il pourrait obtenir de la justice étant beaucoup moins certain que le mal qu'il redoute d'un usurier irrité.

4°. Ceux qui cherchent à mettre la main sur le bien d'autrui, s'attachent de préférence aux lieux où règnent la prospérité et l'abondance ; mais l'usurier, comme le dieu du mal qu'implorent certaines tribus de l'Inde, dans leurs calamités, ne reçoit de sacrifices que de ceux qui, dans le malheur et la nécessité, viennent se mettre à sa merci.

Dans ces observations, va se trouver la clef de la plupart des questions que nous allons examiner.

539. Une première distinction est à faire entre les usures consommées, et celles encore flagrantes.

A l'égard des premières, incontestablement l'action peut-être prescrite ; mais, suivant la nature des diverses actions, le laps de temps nécessaire est bien différent.

540. Trois ans suffisent contre l'action publique, c'est la règle générale pour tous les délits de nature à être punis correctionnellement, établie par l'article 638 du Code d'instruction criminelle.

Nous ne ferons qu'une seule remarque sur cette règle : c'est que, comme le délit d'usure se continue par la perception de ses gains illicites, celui qui s'en rend coupable ne commence à prescrire, que du jour où il a reçu la dernière somme produite par ses prêts usuraires. Ainsi, la dernière négociation de ce genre que se soit permise Jacob, étant un billet de 1,200 fr., souscrit à son profit par Jean, pour 1,000 fr. seulement qu'il lui a remis ; les trois ans n'ont commencé à courir que du jour où le billet a été payé, et non de celui où il a été confectionné. Jusques-là, le fait d'usure n'était qu'en perspective ; il ne s'est réalisé que lors du paiement.

541. Quant à l'action civile, si elle était connexe avec celle publique, elle subirait la même prescription qu'elle, par suite des articles 637 et 638 du Code d'instruction criminelle ; mais on l'a vu, en matière d'usure, il n'y a aucune corrélation entre les deux actions ; elles ont des objets très-différents : l'une poursuit la vengeance d'une habitude dangereuse à la société, l'autre doit se borner à la réparation du tort éprouvé par un individu. Cette dernière appartient donc essentiellement à la classe des actions purement civiles, et ne peut être effacée que par les prescriptions ordinaires.

542. Il faut encore distinguer entre les *usures palliées* et les *usures manifestes*, ou *formelles*.

On ne peut obtenir justice de *l'usure pal-*

liée, que par l'action en nullité ou rescision
de la convention qui lui donne les couleurs de
la légitimité. L'article 1304 du Code civil contient une disposition trop généralisée pour qu'elle
n'embrasse pas le cas d'usure : « Dans tous les cas,
» porte cet article, où l'action en nullité ou en
» rescision d'une convention, n'est pas limitée à
» un moindre temps par une loi particulière,
» cette action dure dix ans. »

A la vérité, cette disposition n'est pas nouvelle, elle a été puisée dans l'article 46 de l'Ordonnance donnée par Louis XII, en 1510, ainsi
conçu : « Toutes rescisions de contrats, distraits,
» ou d'autres actes quelconques, fondées sur dol,
» fraude, circonvention, crainte, violence ou dé-
» ception d'outre moitié du juste prix, se pres-
» criront dorénavant..... par le laps de dix ans
» continuels, etc. » Si l'on en croit cependant la
plupart des anciens auteurs, la faveur de cette
disposition ne pouvait pas s'étendre jusqu'à l'u-
sure. Dumoulin même semble le dire (*quest.* 17,
n°. 193, *et sur la Coutume de Paris, tit.* 4, *à la
rubrique*), *nonobstante constitutione regiâ....
quæ non habet locum in contractibus usurariis,
sive de fraude et rescisione agatur, ut etiam
dixi in consuetudine Parisiorum, etc.*

Quelqu'imposante que soit, en général, l'autorité de ce jurisconsulte, elle ne doit être d'aucun poids sur la question qui nous occupe, parce

qu'il ne parle ainsi qu'à l'égard des redevances usuraires encore dues au moment de l'action ; et que, dans cette hypothèse, comme nous espérons le faire voir par la suite, aucune prescription n'a pu courir, même contre l'action en nullité du contrat.

On peut aller jusqu'à penser que, s'il eût traité directement la question que nous examinons, il l'aurait décidée par l'application de l'Ordonnance; car, plus loin (*quest.* 19, *n°.* 200), en parlant de l'action en restitution, il éloigne encore cette loi, mais par ce motif : *Quia condicens indebitum non dicitur venire contra pacta et conventa, nec petere illa rescindi, ut dixi, etc.*

Or, pour le moment, nous ne raisonnons que sur le cas où, après que la convention usuraire a été complètement terminée, la personne lésée veut revenir *contra pacta et conventa, et petere illa rescindi.*

Au surplus, qu'elle qu'ait été sur ce point l'ancienne jurisprudence, les tribunaux actuels, plus rigoureusement attachés à la stricte exécution des lois que les Parlements, ne pourraient, pas sans s'exposer à la censure dela Cour de cassation, se dispenser d'appliquer à l'action en nullité pour usure, la disposition de l'article 1304 du Code civil ; et, il faut en convenir, aucun motif plausible ne pourrait justifier leur décision.

543. Mais de quelle époque devra-t-on compter les dix années de prescription? Suivant nous , ce ne doit être que du jour où le débiteur aura, par sa libération entière , reconquis sa liberté.

D'abord l'article 1304, dans sa première partie, porte que l'action en rescision d'une convention dure dix ans, sans fixer littéralement de quel jour partent ces dix ans. Son esprit, il est vrai , est qu'ils partent du jour de la convention ; mais cette interprétation par l'esprit de la loi , doit en tout suivre ce même esprit; or , nous l'avons dit, la convention usuraire ne consiste pas seulement dans le traité qui fonde et prépare l'usure, mais dans l'exécution qui la consomme : à la différence des autres espèces de dol et de fraude , qui se commettent et se consomment dans le traité même.

En second lieu , ce même article ne fait courir les dix ans qu'il accorde, *dans le cas de violence, que du jour où elle a cessé* ; et , par l'article 1112, « Il y a violence lorsqu'elle est de na- » ture à faire impression sur une personne rai- » sonnable, et qu'elle peut lui inspirer la *crainte* » *d'exposer sa personne ou sa fortune à un mal* » *considérable et présent.* »

Or, qui pourrait se refuser à voir le débiteur d'un usurier, dans cet état de *crainte, d'exposer sa fortune à un mal considérable et présent?*

Emprunter de ces hommes cupides, est la dernière ressource de ceux qui courent à l'infortune : comme on ne brave l'amertume des breuvages qu'offre la médecine, que quand on est malade ; si l'on en vient à cette extrémité, c'est parce que, dénué de crédit, on ne peut plus donner de sûretés que par ces voies aussi familières aux usuriers que répugnantes pour les gens honnêtes. Dumoulin a dit, en parlant de ces infortunés, et des conditions dures qu'ils subissent, *egestas excludit voluntarium :* et la Cour de cassation, dans son arrêt du 2 décembre 1813, que nous avons rapporté n°. 521, a signalé aussi énergiquement ces négociations, en disant de l'emprunteur qu'il *n'agit pas librement*, et du prêteur qu'il *agit avec fraude.*

Si telle est la pénible situation de celui qui emprunte à usure, son mal ne peut qu'empirer après un tel remède ; peut-il, dès le lendemain, demander la rescision du contrat ? il ne le pourrait qu'en rendant le prêt, et il n'a plus les espèces ; il s'exposerait à toutes les rigueurs d'un créancier aigri et impitoyable ; où il se jetterait dans les serres d'un autre ; ou enfin, de quelque manière que ce soit, il retomberait dans un état pire que celui dont il a voulu sortir. Il est donc certain que, tant qu'il n'a pas acquitté sa dette, il éprouve la vérité de cette parole de l'Ecriture : *qui mutuum accipit, servus est fœneratoris ;* et dès-lors, que le temps utile pour former son action, ne peut courir que du jour de sa rédemption.

On peut opposer à notre sentiment, un arrêt de la Cour de cassation du 11 prairial an VII, qu'on trouve dans le *Recueil de M. Sirey*, t. 1er., *partie* 1re., *pag.* 215. Mais la question n'avait pas été agitée dans l'instance, et l'eût été inutilement; le contrat attaqué comme usuraire, ne l'était pas, il s'agissait d'une rente viagère qu'on prétendait illégale, pour avoir été portée à un taux excessif. Le tribunal de la Manche, sur l'appel de celui du Calvados, en avait prononcé la réduction. Ce jugement a été cassé, par le motif qu'aucune loi n'a fixé le taux des rentes viagères; l'arrêt contient cet autre motif que la rente avait été servie dix-sept ans, et dès-lors que les dix années de l'action en rescision étaient écoulées. Mais, comme on le voit, le premier motif était si décisif, qu'on pouvait se dispenser d'approfondir le second, et dans la relation de l'arrêt, rien ne donne à penser que la question que nous venons de traiter, ait été même présentée.

Supposant donc qu'un particulier, pour se procurer un capital, ait vendu, avec faculté de réméré, un domaine d'une valeur beaucoup plus considérable; que l'impignoration usuraire puisse en être reconnue aux diverses marques que nous avons indiquées, n°. 511, et particulièrement

parce qu'il aurait continué de jouir de son domaine, en vertu d'un bail à lui fait, directement ou
indirectement, moyennant une redevance excédant l'intérêt légal du capital prêté ; l'action en
rescision de cette convention odieuse lui appar-
tiendrait incontestablement ; mais le point de
départ du délai pour former cette action, serait
déterminé par l'événement.

S'il reprend son domaine, en exerçant la faculté de rachat dans le temps fixé, et qu'il n'ait
qu'à recouvrer les usures par lui payées, comme
il ne peut y parvenir qu'en faisant rescinder la
convention, qui a déguisé ces exactions en tri-
buts légitimes, il devra former sa demande dans
les dix années à partir du jour où, en rendant
le capital qui lui avait été prêté, il n'a plus eu
rien à craindre du prêteur.

S'il ne lui a pas été possible de reprendre son
domaine, s'il s'est laissé déposséder pour n'avoir
pas rendu le prêt en temps utile, l'action en rescision du contrat, pour reconquérir le domaine
et les usures, ne devra être intentée que dans
les dix années de cette dépossession. Ce n'est
que de ce moment, qu'ayant consommé les sacrifices exigés de lui, le prêteur ne pouvant plus
lui faire de mal, a cessé d'être à craindre pour
lui.

La même règle de décision doit être appliquée
à toutes les *usures palliées*, suivant la nature des
actes et des circonstances.

544. Les *usures manifestes*, au contraire, peuvent être réclamées pendant trente ans, parce que le titre qui les énonce, et en vertu duquel le prêteur les a reçues, sert également à l'emprunteur pour les revendiquer. Il n'est pas nécessaire d'anuler l'acte, pour ordonner la restitution de ce qui a été exigé au mépris de la prohibition; l'acte lui-même donnant la preuve de l'infraction, contient l'obligation d'en réparer les conséquences; c'est à ce sujet que convient le passage de Dumoulin que nous avons déjà fait connaître : *qui condicens indebitum, non dicitur venire contra pacta et conventa, nec petere illa rescindi*. Or, les actions en rescision des conventions, étant les seules auxquelles la loi n'a donné qu'un délai de dix ans, celle qui ne tend qu'à la restitution de ce qui a été illégalement payé, sans attaquer le contrat, rentre dans l'ordre général des actions qui, par l'article 2262 du Code civil, ne sont soumises qu'à la prescription de trente années.

Ajoutons que l'article 3 de la loi du 3 septembre 1807, n'a pas institué, en faveur des personnes lésées par l'usure, une action en nullité ou rescision des conventions, sa disposition est aussi simple qu'elle devait l'être, pour repousser, à l'avance, toutes les subtilités : « lorsqu'il sera » prouvé que le prêt conventionnel a été fait à un » taux excédant celui qui est fixé par l'article 1er.,

» le prêteur sera condamné...... à restituer cet
» excédent, s'il l'a reçu, ou à souffrir la réduc-
» tion, etc. »

Ainsi, dès que l'infraction est prouvée, la restitution doit être ordonnée, et l'action pour y
parvenir n'est qu'une action ordinaire.

545. Quant aux usures *flagrantes*, telles que
sont les redevances encore dues, dans la création
desquelles l'usure s'est glissée, nous verrons,
d'abord, comment la prescription influe sur leur
service à l'avenir, puis, comment elle règle les
arrérages déjà payés.

546. *Première Règle.* Par quelque laps de
temps qu'une redevance usuraire dans son principe, ait été perçue, fût-ce pendant des siècles,
lorsque le débiteur réclame, et prouve cette vicieuse origine, aucune prescription ne peut être
opposée à son action, soit qu'elle tende à l'annulation même de la redevance, soit qu'elle n'ait
pour objet que sa réduction au taux légal.

Cette règle n'a rien d'incompatible avec celle
qui fait acquérir, par la possession de trente ans
et un titre apparent, une rente dont la création
n'est pas prouvée, et qui peut n'avoir été reconnue et payée que par erreur. La raison en est facile à saisir. Dans le doute, on présume pour la
bonne foi et l'équité ; mais quand on ne peut pas
douter, quand la vérité apparaît et qu'elle fait
découvrir une injustice telle que l'usure, toutes

les interprétations favorables cèdent la place à la sévérité.

Ce n'est pas seulement à l'usure, mais à toutes les causes vicieuses que cette règle convient. L'article 1337 du Code civil, statue que ce que les actes récognitifs ont de différent du contenu en l'acte primordial, n'a aucun effet. « Néan- » moins, s'il y avait plusieurs reconnaissances con_ » formes, soutenues de la possession, et dont » l'une eût trente ans de date, le créancier pour- » rait être dispensé de représenter le titre pri- » mordial. » Ces mots *pourrait être dispensé* sont remarquables; ils prouvent qu'il est réservé aux juges de contraindre le créancier à cette repré- sentation, ou de l'en dispenser. Au surplus, dans les circonstances les plus favorables, ils ne peu- vent que l'en dispenser; n'est-ce pas assez dire que, si le débiteur représente l'acte primordial, et qu'il en résulte que le titre récognitif est dif- férent, cette différence n'est d'aucun effet, no- nobstant la reconnaissance et la possession de trente ans?

Il est vrai que, dans les choses prescriptibles, la prescription accomplie l'emporte sur la vérité de l'origine; mais il est spécial en matière d'u- sure, que, lorsqu'il s'agit de la continuer, ni l'es- pace du temps, ni la bonne foi des successeurs, ne peuvent opérer la prescription, parce que la loi résiste toujours, et sans cesse, au cours des inté-

rêts illicites, et c'est dans ce cas sur-tout, qu'il
convient de répéter ce mot vulgaire : qu'il vaut
mieux n'avoir pas de titre que d'en avoir un vicieux.

Ce point de droit public qu'ont enseigné tous
les auteurs, et qu'aucun n'a mis en doute, est
développé de la manière la plus lumineuse, par
Dumoulin. *Quest.* 17, n°. 191 : *An verò credi-
tor qui non habet jus validum vel firmum,
possit usucapere contra debitorem, et hîc dis-
tinguendum. Aut agitur de continuendâ usurâ,
videlicet de præscribendo contrà debitorem ejus
ve successorem, super jure vel actione principali,
ut solvere et continuare teneatur in futurum.....
sit conclusio quòd nulla præscriptio currit etiam
plusquam longissimi temporis. Ratio in promptu
est, quia quantò magis illicitum fœnus conti-
nuatur, tantùm peccatum gravius est, et sic
nunquam purgatur, sed magis augetur......
Quando lex continuè prohibet et resistit, ces-
sat usucapio et præscriptio. L. ubi lex. C. De
usur. Notat Baldus in L. Sed et si lege, §. Scire
ff. de petit. hœred.*

On trouve la même doctrine dans Loisel,
liv. IV, *tit.* Ier, *règle* 6ᵉ, Ricard, *sur l'article* 119
de la Coutume de Paris, Davot, *Traité des Rentes,*
art. 35, et Louet, *lettre T, somm,* 6.

Presque tous rapportent les nombreux arrêts
qui en ont fait un principe familier en jurisprudence.

Louet en rapporte deux du Parlement de Paris, de 1573 et 1575 , qui l'ont ainsi jugée, en cassant d'anciennes transactions passées sur des contrats usuraires ; dans l'espèce de celui de 1573, les lettres de rescision n'avaient été obtenues que trente-deux années après la transaction.

Denisart, au mot *intérêt*, en cite du 26 février 1625, et du 22 juillet 1713 ; ce dernier sur une obligation exécutée volontairement pendant quarante ans.

Dans le Dictionnaire de Ferrière, au mot *usure*, on en trouve un cinquième du 7 juillet 1707, qui a entériné des lettres de rescision prises le 17 avril 1706, contre un arrêt de 1647, par lequel, après cinquante-neuf ans , il fut ordonné que les cinquante-quatre années d'intérêts payées seraient imputées sur le principal, et le surplus restitué.

Desjaunaux, *tom.* III, § 96, en fournit un sixième du Parlement de Flandres, du 13 juillet 1706, qui , sur la demande du comte de Rombergue, condamne la baronne de Raversbergue à imputer sur le principal tous les intérêts d'une obligation de 3,200 florins, passée quatre-vingt-cinq ans auparavant; et, avant faire droit sur la demande en restitution de l'excédant, ordonne un préparatoire. Il est vrai que cet arrêt a été modifié par un second arrêt de révision du 3 mai 1709; mais ce nouvel arrêt a confirmé le principe , en admettant seulement la baronne de Raversbergue à prouver que l'obligation passée en Hollande était autorisée par les lois du pays.

M. Merlin, qui rapporte aussi ces deux arrêts dans le *Répertoire de Jurisprudence*, au mot *hypothèque*, sect. 2, § 2, art. 5, fait observer que le second arrêt, comme le premier, juge que l'usure ne se couvre par aucun laps de temps, puisque la baronne de Raversbergue se faisait un moyen de l'espace de temps pendant lequel les intérêts avaient été payés volontairement.

On trouve encore dans le même Répertoire une espèce qui n'est pas moins remarquable. En prairial an VIII, la terre de Vactendonck ayant été acquise par le sieur Vanderlinden, il fut poursuivi hypothécairement par le sieur de Zuydtwich, en vertu d'une obligation passée, cent dix-sept ans auparavant, par le prince de Dietrichstein, d'un capital de 25,000 rixdalers, portant intérêts de six et un quart pour cent, et hypothéquée sur la terre vendue au sieur Vanderlinden. L'exception d'usure opposée par ce dernier, successivement devant le tribunal de Cologne, la Cour de Trèves et celle de cassation, fut écartée, non par la prescription, mais par le motif que le contrat, ayant été passé à Vienne en Autriche, suivant les lois du duché, les intérêts stipulés ne pouvaient être réputés illégitimes.

Sous l'empire du Code civil et de la loi du 3 septembre 1807, doit-on abdiquer ces maximes sa-

lutaires? non, sans doute. Pour s'y déterminer,
il faudrait y trouver des dispositions que ne contenait pas l'ancien Droit, et qui s'opposeraient
virtuellement à ce point d'équité naturelle : on
n'en trouvera aucune.

L'article 1304 du Code civil qui ne donne, dans
tous les cas, que dix années pour former l'action
en rescision d'une convention, ne lui est pas contraire. Aux motifs que nous avons déjà donnés
n°. 542, nous en ajouterons de particuliers à la
question actuelle.

1°. Cet article 1304 n'est que la copie fidèle
des Ordonnances de 1510 et 1535, et, comme
elles, doit sympatiser avec l'ancienne jurisprudence. C'est positivement à ce sujet que Dumoulin a dit : *Non habet locum in contractibus usurariis, sive de simulatione et nullitate, sive de
fraude et rescisione agatur.*

2°. La demande en réduction ou conversion
d'une redevance, ne peut pas être confondue
avec celle en nullité de la convention. Celle-ci
brise et annéantit la convention ; l'autre la confirme, l'exécute, et tend à la consolider en la ré-
gularisant.

3°. Dans toutes les questions sur les prescriptions, il faut soigneusement distinguer celles qui
libèrent le débiteur, de celles qui confèrent un
droit au créancier; c'est de cette dernière espèce
qu'il s'agit en ce moment. Que demanderait, en

effet, le créancier d'une redevance qui, à la preuve qu'elle est usuraire, opposerait la prescription de trente ans ? il voudrait que, parce que ses auteurs et lui sont en possession de cette usure, les tribunaux les maintinssent dans le droit de la continuer. Ne serait-il pas absurde de supposer que la loi, parce qu'on l'aurait long-temps violée, autoriserait à la violer encore. La possession des droits incorporels ne peut les faire acquérir que lorsqu'ils sont légitimes de leur nature. *Ratio quia in juribus incorporalibus, in quibus non est vera sed quasi possessio, quæ plus habet juris quàm facti, quandocumque lex prohibet vel resistit, nulla acquiritur possessio vel quasi.* Dumoulin.

547. 2e. *Règle.* Plus la première est rigoureuse, plus il importe que la preuve de l'usure soit formelle et démonstrative. Ce n'est ni par des conjectures, ni par des présomptions, ni surtout par des copies irrégulièrement collationnées sur d'anciens titres, qu'on est admis à prouver cette origine vicieuse : on ne peut parvenir à ce but qu'avec des actes parfaitement authentiques dans leur forme, et pleinement probans dans leur contenu ; en pareil cas, la règle ordinaire, *in antiquis enuntiativa probant* ne serait d'aucun poids.

Dumoulin, après avoir dit, n°. 191, *etiam si sint ultrà centum vel ducentos annos à longiori tempore constituti , dùmmodo liquidè constet de pretio et qualitate constitutionis,* revient sur cette meme idée, n° 193, et ajoute : *et notanter dixi , si certò probetur, quia non sufficeret ad hoc quœlibet probatio vel præsumptio , aliàs legitima post tantùm temporis.*

548. 3e. *Règle.* Lors même que le contrat de constitution de la rente exprimerait un prix apparent qui la présenterait comme légitime, si par un autre acte , il était prouvé de manière à ne pas laisser de doute , qu'il n'a été fourni qu'un capital inférieur , l'action serait également admissible. Dumoulin, n°. 192.

549. 4e. *Règle.* Les héritiers et successeurs à titre universel ou particulier , sont passibles de cette action, même lorsque, de bonne foi et pendant très-long-temps, ils auraient joui de la rente , en vertu de nouvelles reconnaissances, dans lesquelles la cause illicite n'aurait pas pu être aperçue. *Quia quandoque detegatur verum originale et vitium reditùs , succurrendum est.* Dumoulin *ibid.* Ils invoqueraient eux - mêmes vainement la prescription.

550. 5e. *Règle.* Elle ne peut pas davantage être opposée aux cautions du débiteur, à ses créanciers, aux tiers détenteurs de ses biens, qui tous, comme le débiteur lui-même , peuvent opposer dans tous les temps , l'exception d'usure, parce que ce vice est radical et attaché à la chose même,

qui est la créance. (*Voy.* l'arrêt du 7 mars 1513, ci-dessus rapporté, nᵒ. 529.)

551. Voyons actuellement jusqu'à quel point un débiteur, long-temps pressuré par une rede-vance usuraire, peut avoir justice des intérêts par lui payés.

552. 1ʳᵉ. *Règle.* Si l'action est formée contre celui qui a commis l'usure en créant la rente, il doit en restituer toutes les années, quelqu'en soit le nombre. Il a été constamment en révolte contre la loi ; il n'a pas un seul instant de bonne foi ; ses déprédations, pour s'être multipliées, n'en forment pas moins un seul et même dol, dont aucune partie ne peut-être réputée avoir été remise ; il ne peut donc se prévaloir d'aucune prescription, pas même de celle de trente ans pour les arrérages plus anciens.

Inutilement il argumenterait de ce que, suivant l'article 2262 du Code civil, on ne peut opposer à celui qui a prescrit par trente ans, l'exception déduite de sa mauvaise foi. Ce principe existait également dans l'ancien droit, et cependant n'a-méliorait pas le sort de l'usurier appelé à restitu-tion. Dumoulin, nᵒ. 197.

Il doit en être de l'action civile comme de l'ac-tion publique. On a vu que le délit d'habitude d'usure se compose de tous les faits particuliers, de ceux antérieurs aux trois années qui précèdent l'action, comme de ceux qui ont eu lieu pendant ce délai, sans que la prescription en ait effacé aucun, à quelque époque qu'il faille remonter, parce que tous ces faits ne forment qu'une seule et même offense à punir, au point que l'amende est de la moitié de toutes les sommes prêtées, ainsi qu'il a été uniformément décidé par le tribunal de la Seine, la Cour de Paris et la Cour de cassation dans l'affaire du sieur Pernier. (*Voy.* ci-dessus n°. 499, et le *Journal du Palais, tom.* 61, *p.* 250.)

Par les mêmes motifs, tout ce qui, en exécution d'un contrat illicite, a été perçu, ne forme, à l'égard de la personne lésée, qu'une seule et même usure à restituer, une seule et même spoliation à réparer.

Observez encore que, pour qu'il y ait prescription, il ne suffit pas qu'il y ait eu inaction de la part de celui qui aurait pu se plaindre, il faut aussi que l'auteur des torts ait cessé d'en commettre; sans quoi il a interrompu lui-même la prescription.

553. 2ᵉ. *Règle.* S'il est prouvé que les héritiers ou successeurs de l'auteur de la convention ont connu l'usure, c'est la même déloyauté qui s'est perpétuée : elle amène les mêmes conséquences.

Ils seraient tenus de cette restitution totale et réputés de mauvaise foi, lors même qu'ils prouveraient qu'ils ne connaissaient que le fait réputé usuraire, mais qu'ils étaient dans une erreur de droit sur le caractère de ce fait. Dans tous les cas où la loi défend et punit, l'erreur de droit ne peut excuser. Dumoulin, *ibid*.

554. 3e. *Règle*. S'il n'est pas prouvé que les successeurs aient eu connaissance de l'usure, leur bonne foi est présumée, et la prescription est admise, mais avec ce tempérament : les premiers deniers usuraires reçus, soit par leur auteur, soit par eux-mêmes, sont imputés sur le principal. Si, après cette imputation, et le sort principal épuisé, il reste encore des arrérages à restituer, tous ceux perçus, plus de trente ans avant la demande, sont prescrits, ceux échus depuis et payés sont les seuls qui doivent être restitués. Dumoulin, *ibid*.

555. 4e. *Règle*. Cette restitution des trente dernières années, est dûe même par le successeur qui a reçu de bonne foi la redevance, la croyant légitime, sans qu'il puisse s'aider des articles 549 et 550 du Code civil, qui donnent les fruits perçus au possesseur de bonne foi ; des intérets usuraires ne sont pas des fruits pour tout ce qui excède le taux légal, puisqu'ils n'ont pas de capital, et que celui fourni n'a de fruits que les intérêts permis. Ce sont de véritables capitaux reçus par erreur, dont il devrait les intérêts du jour des paiements, s'il eût été de mauvaise foi, ainsi que nous l'avons dit, et dont, attendu sa bonne foi, il est dispensé par les dispositions des articles 1376 et 1378 du Code civil.

556. Ayant démontré qu'à quelque époque qu'une rente ait été créée, s'il est prouvé qu'elle l'a été à un taux alors illicite, l'action en réduction est encore admissible, nous croyons utile de présenter l'état chronologique de la variation dans le taux légal de l'intérêt, pour servir à l'examen des rentes anciennes encore subsistantes.

Les rentes constituées n'ont été connues que vers le quatorzième siècle; et des doutes s'étant élevés sur leur légitimité, ils furent levés par une bulle du Pape Martin V, en 1423, par suite d'une décision du Concile de Constance, et renouvelée par Calixte III, en 1477; le taux qui y est exprimé est le denier *dix*, c'est-à-dire, le dixième du capital chaque année.

Les historiens attribuent cette élévation de l'intérêt, pendant le quinzième siècle, à la détresse dont la France eut à gémir durant la guerre avec l'Angleterre, depuis Philippe de Valois jusqu'à Charles VIII. C'est, en effet, depuis ce moment que, les guerres devenant moins générales, les citoyens se livrant davantage au commerce et aux arts, la masse de l'argent en circulation se grossissant de celui importé de l'Amérique, le taux de l'intérêt a successivement diminué.

Du temps de Dumoulin, qui écrivait son *Traité des contrats usuraires*, en 1540, il y avait déjà soixante ans que le denier *dix* était réprouvé comme excessif, par l'opinion publique. La plupart des constitutions de rente ne se faisaient qu'au denier *douze*; pour un grand nombre, on se contentait des deniers *treize*, *quatorze* et même *quinze*. Depuis vingt-cinq ans, le Parlement de Paris, déterminé par cette amélioration des mœurs, avait établi une jurisprudence tenant lieu de loi sur les intérêts.

Toute constitution de rente à un taux plus fort que le denier *dix*, était annulée comme usuraire, avec restitution de tous les arrérages.

Celles au denier *dix*, ou au-dessous, jusqu'au denier *douze*, étaient modérées et réduites, par forme de punition de leur exagération, au denier *quinze*.

Celles au denier *douze* étaient maintenues.

Enfin, ce denier devint le taux légal par l'Édit donné par Charles IX, en 1567, sur les rentes constituées en grains, et par un autre Édit spécial de la même année.

Depuis, ce taux a été diversement réglé par Henri IV, Louis XIII, Louis XIV, Louis XV, la loi du 5 thermidor an IV, et celle du 3 septembre 1807.

De tous ces documents historiques, il résulte que l'intérêt a été, antérieurement à 1515, au denier *dix*;

De 1515 à 1601, au denier *douze*;

De juillet 1601 à mars 1634, au denier *seize*;

De mars 1634 à décembre 1665, au denier *dix-huit;*

De décembre 1665, à juin 1724, au denier *vingt.*

De juin 1724, à juin 1725, au denier *trente.*

De juin 1725, à juin 1766, au denier *vingt.*

De juin 1766, à février 1770, au denier *vingt-cinq.*

De février 1770, à juillet 1796, au denier *vingt.*

De juillet 1796, à septembre 1807, *au gré des parties.*

Du 3 septembre 1807, jusqu'à présent, au denier *vingt.*

§. 5.

Jeu.

557. Le jeu, d'abord imaginé par l'homme pour se distraire et se délasser de ses occupations sérieuses, a développé en lui une de ses plus funestes passions. Tacite fait remarquer que, chez les Germains, on a vu des malheureux qui, après avoir perdu au jeu tout ce qu'ils possédaient, y mettaient encore leur liberté. Si nos lois le souffraient, notre siècle ne le céderait pas à ces temps anciens : les extravagances, que

chaque jour voit commettre, ne permettent pas
d'en douter, aussi, de tout temps, des lois ont
été portées pour comprimer cette passion, non-
seulement par des peines, mais encore, et surtout, en refusant toute action pour les créances
illicites qu'elle pourrait produire.

Les peines n'ont point été admises dans notre
législation, si ce n'est à l'égard des maisons clan-
destines donnant à jouer; mais le Code civil fait
revivre, en grande partie, les règles prohibitives
de l'action pour dette de jeu : comme la loi 2,
ff. *de aleatorib*, il distingue dans les jeux, ceux qui
tiennent à l'adresse et à l'exercice du corps, de
ceux où le hasard est le seul arbitre des joueurs.
Article 1966.

A l'égard des premiers, par eux-mêmes, ils
ne sont qu'agréables et salutaires; mais si ceux
qui s'y livrent en changent la destination, et en
font un objet de trafic et de lucre, la réprobation les atteint, et les tribunaux peuvent rejeter
la demande, quand la somme leur paraît excessive.

Il faut observer sur ce texte : 1°. qu'il ne s'agit
pas de réduire la demande jugée excessive, mais
de *la rejeter*. On réduit une demande qui, légitime
de sa nature, ne pêche que par exagération; mais
une réclamation excessive, pour gain fait au jeu
le plus honnête, révèle le mauvais esprit qui a
animé les joueurs, et le résultat fait voir que
l'abus du jeu a commencé avec la partie.

2°. C'est par l'état et les facultés du moins riche des joueurs que l'appréciation de la demande doit être faite, lors-même que la fortune, ayant favorisé le moins riche, ce serait contre lui que l'action serait dirigée.

3°. Quand le demandeur est porteur d'une reconnaissance écrite, dans laquelle la cause est dissimulée, cette précaution, prise par le créancier, doit suffire pour faire proscrire sa créance, puisqu'elle prouve l'opinion qu'il a eu lui-même de la cause qu'il a produite.

558. On a mis en question si, parmi les jeux d'adresse, celui de billard pouvait être compris. Gilbert réclamait de Boultret, 6,100 fr. qu'il lui avait gagné au billard, et dont 2,400 fr. étaient reconnus dans un billet : le surplus avait été promis verbalement. Boultret opposait à la demande la disposition de l'article 1965. Le tribunal de Poitiers ne voyant, dans le jeu de billard, qu'un jeu d'adresse, appliqua à la cause l'exception autorisée par l'article 1966 ; mais, ne s'étant pas suffisamment pénétré de la modification que contient le dernier alinéa, il réduisit seulement la créance aux 2,400 fr. reconnus par écrit, quand il aurait dû la rejeter en entier, puisqu'elle était excessive.

La Cour de Poitiers, au contraire, par arrêt du 4 mai 1810, décida que le billard ne devait pas être mis dans la classe des jeux d'adresse,

et, en exécution de l'article 1965, renvoya Boultret de toutes les demandes de Gilbert. On ne
peut qu'applaudir au dispositif de cet arrêt, mais
le motif nous semble une erreur. Il suffit de voir
jouer au billard, pendant cinq minutes, pour reconnaître, avec les auteurs du Dictionnaire de
l'Académie, que l'exercice du corps et l'adresse y
dominent autant que dans tous les autres jeux
désignés par la loi. Par fois, il est vrai, le hasard
aide ou contrarie l'adresse du joueur ; mais les
jeux d'armes, de course et de paume en sont-ils
exempts? N'est-ce pas à des circonstances fortuites
qu'on est obligé, souvent, d'attribuer les revers
ou les succès de ceux qui se livrent à ces récréa-
tions? Un intérêt modéré et proportionné à la
condition des joueurs peut donc être admis au
billard, et devenir la cause licite d'une action
judiciaire.

559. Quant aux jeux où le joueur livre au hasard ce qu'il possède, dans le fol espoir d'en
obtenir beaucoup plus, comme il n'y a rien que
la raison ne réprouve, aucune action en paiement
de ce qui a été gagné, ne peut être reçue en
justice.

560. La première conséquence à tirer de cette
prohibition, c'est que tous billets ou obligations
dérivant de cette source, sont frappés de la nullité prononcée par l'article 1131, la cause en
étant illicite. Avant le Code, le moindre doute,

à cet égard, n'était pas possible; non-seulement une Déclaration du Roi, du 1er. mars 1781, article 10, avait un texte formel annulant tout écrit pour dette contractée au jeu, mais la jurisprudence des Parlements avait devancé la volonté du souverain; et plusieurs arrêts, rapportés dans nos recueils, attestent leur invariable sévérité sur ce point.

Le Code n'ayant pas spécialement renouvelé cette disposition, et ayant, par l'article 1967, interdit la répétition de ce qui a été volontairement payé pour perte au jeu, on s'est hasardé à soutenir, en 1813, devant la Cour d'Angers, et, en 1822, devant celle de Lyon, que le joueur qui, pour acquitter sa perte, souscrivait une obligation, faisait novation, parce qu'il substituait à une dette de jeu une dette civile et légitime. Cette ridicule argumentation, qui n'a pas même le mérite de la subtilité, a été repoussée, comme elle devait l'être, par des arrêts dont, dans l'article suivant, nous aurons occasion de rendre compte. Pour le moment, nous nous bornerons à rapporter les motifs très-concis donnés par la Cour de cassation, dans son arrêt du 29 décembre 1814, qui rejette le pourvoi contre celui de la Cour d'Angers : «Attendu que » cette Cour a déclaré en fait que les billets liti-» gieux ont eu pour cause le jeu auquel les parties » se sont livrées : ce qui déterminait l'application

» de l'article 1965 du Code civil, et excluait celle
» de l'article 1967, relatif au cas où il y a eu un
» paiement volontairement effectué, et de l'ar-
» ticle 1902, qui contient une règle de droit
» commun, en matière de prêt, règle à laquelle
» ledit article 1965 forme exception. »

561. Cette règle de jurisprudence ne serait,
pour les malheureuses victimes du jeu, qu'une
inutile promesse de secours, si l'on n'y joignait
pas celle générale, tant de fois déjà rappelée dans
ce Traité, qui autorise à attaquer, par tous les
genres de preuve, la simulation frauduleuse des
actes. Dans les divers procès jugés par les anciens comme par les nouveaux tribunaux, à
l'occasion des dettes de jeu, le créancier s'est
toujours présenté avec un écrit dans lequel la
cause de la dette était simulée; mais aussi, chaque
fois que la preuve testimoniale a été nécessaire et
offerte, elle a été accueillie. M. Portalis, en présentant cette partie du Code au Corps-Législatif,
a rappelé la jurisprudence salutaire des Parlements, et a ajouté : « Nous n'avons pas cru de-
» voir abandonner une jurisprudence si favorable
» aux bonnes mœurs, et si nécessaire pour pré-
» venir les désordres d'une passion dont tous les
» législateurs ont cherché à réprimer les excès. »

Les magistrats ont été fidèles à remplir le vœu
du législateur.

Voici l'espèce de l'arrêt de la Cour d'Angers,

dont nous venons de parler : En 1812, Fromentin et Buon jouèrent ensemble pendant quatre jours et trois nuits de suite. Buon perdit sans relâche. Quand sa bourse était épuisée, il empruntait de Fromentin, l'argent qu'il avait perdu, pour le jouer et le perdre encore. Enfin débiteur d'une somme considérable, il en fit des billets; mais bientôt après il les réclama. Fromentin ayant nié que le jeu fût la cause de ces billets, la preuve testimoniale fut ordonnée, et la dénégation de Fromentin confondue ; néanmoins, les juges de première instance ne le condamnèrent à restituer que les billets qu'il n'avait pas mis en circulation. Sur les appels respectifs, la Cour d'Angers, le 25 août 1813, en maintenant les premiers jugements, condamna Fromentin à garantir Buon du paiement de ses autres effets.

La cause jugée par la Cour de Lyon mérite également d'être connue. Le 23 décembre 1819, le sieur Sadan passa, au profit du sieur Pernety, une obligation notariée de 4,200 fr. *pour prêt d'argent*. Poursuivi par voie de commandement, il y forma opposition, et offrit de prouver que la cause véritable était une perte au jeu. Cette preuve ayant été ordonnée par le tribunal de Belley, le sieur Pernety appela du jugement qui fut confirmé le 21 décembre 1822, par ces motifs : «Attendu que la règle générale tracée dans » l'article 1341 reçoit plusieurs exceptions ;

» qu'une de ces exceptions est relative aux dettes
» de jeu, ainsi qu'il résulte de l'article 1965 ; que
» si les termes du Code civil ne sont pas précis
» sur cette exception, comme celles relatives aux
» objets de commerce, le silence ou l'obscurité
» de la loi nouvelle doit s'expliquer par les lois
» anciennes ; qu'il résulte de l'article 10 de la
» Déclaration du 1er. mars 1781, que tous
» contrats, obligations, ventes et tous autres
» actes sont annulés quand ils ont le jeu pour
» cause ; que, s'il en était autrement, l'art. 1965
» serait à peu près sans application, puisque
» toujours les joueurs déguisent, par des actes
» licites, la cause illicite des obligations. »

Ces motifs sont sages et concluants ; mais ils
n'offrent pas, suivant nous, la vraie théorie sur
la question, et nous nous faisons d'autant plus un
devoir de l'exposer, que la Cour de cassation,
saisie du pourvoi contre l'arrêt de la Cour d'Angers que nous venons de rapporter, a trouvé,
dans la circonstance que Buon n'avait pas appelé
du jugement qui avait admis la preuve testimoniale, une occasion de ne pas se prononcer sur
la question d'admissibilité de cette preuve.

La Cour de Lyon supposant, dans les dispositions du Code civil, un silence et une obscurité
qui n'y sont pas, a recourru, pour les expliquer,
à l'article 10 de la Déclaration du Roi du 1er mars
1781, qui, dans sa disposition principale, a été
abrogée par le Code.

Pour connaître la précision et la clarté de la loi nouvelle, à ce sujet, il ne faut pas s'arrêter à ses dispositions spéciales sur le jeu, mais les rapprocher de celles générales sur la cause et la preuve des contrats, auxquelles elles se rapportent aussi exactement que les branches d'un arbre à sa tige.

Le jeu est prohibé comme cause des obligations, puisque l'article 1965 le réprouve comme cause d'une action en justice : une cause ainsi prohibée est déclarée illicite par l'article 1133, et l'obligation pour, cause illicite, est privée de tout-effet par l'article 1131.

De ces principes fondamentaux sortent les conséquences que, si la cause du jeu est exprimée dans l'obligation, celle-ci ne peut avoir aucun effet ; que si elle est voilée par la supposition d'une cause licite, il y a simulation ; que cette simulation est une fraude à la loi prohibitive ; enfin, que l'acte étant attaqué pour fraude à la loi, les présomptions humaines et la preuve vocale sont admises par l'article 1353.

En vain, on essaierait ici d'invoquer la règle qu'un des contractants n'est pas recevable à arguer de simulation l'acte auquel il a concouru, à moins qu'il n'ait un commencement de preuve par écrit : nous croyons avoir déjà démonstrativement établi que cette règle cesse d'être applicable dans tous les cas où il s'agit d'une fraude à la loi, ne pouvant pas préjudicier à des tiers, mais seulement au contractant qui réclame, et qui n'y a participé que pour en être victime. *Voy. ci-dessus chap.* iv, *art.* i^{er}, *p.* 104. (*Voy.* aussi l'arrêt de la Cour de Limoges du 2 juin 1819, que nous rapporterons n°. 564.)

562. Quel que soit le vice des obligations contractées pour dette de jeu, il n'est relatif qu'au joueur qui les obtient; mais, dans la main des tiers de bonne foi, elles ont toute la force que le débiteur a consenti à leur donner : c'est à leur égard qu'il est juste de dire qu'un des contractants ne peut pas opposer la simulation qui est son ouvrage. Si cependant le débiteur offrait, comme dans l'arrêt qui sera rapporté n°. 564, de prouver la connivence du tiers avec l'auteur principal de la fraude, il y serait indubitablement fondé; et s'il faisait la preuve de ce concert, l'acte serait annulé, même dans l'intérêt du porteur. Dans tous les cas, le débiteur serait recevable à déférer à ce tiers le serment sur sa bonne foi, ainsi qu'il a été jugé contre le sieur Malo. par l'arrêt, du 25 septembre 1759, que rapporte Denisart, au mot *jeu.* (*Voy.* aussi l'arrêt du 23 avril 1825, n°. 573 ci-après.)

563. C'est à cette nullité des promesses verbales ou écrites que se borne la sévérité du Code contre le jeu : le premier sénatus-consulte des Romains allait plus loin : il autorisait à répéter

les valeurs payées; Justinien avait même enchéri sur cette loi, voulant que l'action en répétition ne pût être prescrite que par un silence de cinquante ans, et autorisant les villes a revendiquer les sommes que les joueurs ne réclameraient pas. Mais, dans nos mœurs, cette réclamation a toujours paru odieuse : la loi qui l'autoriserait semblerait provoquer à l'improbité le joueur qui s'est fait justice en payant.

Nous avons un grand nombre d'Ordonnances de nos Rois sur les jeux : aucune d'elles ne contient cette disposition. On la voit cependant dans celle de Moulins, mais seulement en faveur des mineurs. La Déclaration du 1er. mars 1781 n'a ajouté aux précédentes lois « que la nullité des » ventes, cessions, transports et tous autres » actes, de quelque nature qu'ils puissent être, » ayant pour cause une dette de jeu, soit qu'ils » aient été faits par des majeurs ou des mineurs.» Elle garde le silence sur les sommes payées.

Le Code civil, article 1967, s'exprime très-positivement : « Dans aucun cas, le perdant ne » peut répéter ce qu'il a volontairement payé, à » moins qu'il n'y ait eu, de la part du gagnant, » dol, supercherie ou escroquerie.» De ce texte formel, il faut conclure que la loi de Louis XVI est abrogée, et que les tribunaux ne peuvent plus, sans violer l'article cité, annuler les actes de vente et tous autres, par lesquels les joueurs se

sont volontairement et définitivement libérés.
Toutes les transactions qui servent au débiteur à
éteindre sa dette , sont des paiements comme
ceux faits en espèces.

Il existe , il est vrai , un arrêt de la Cour de Paris , du 27 novembre 1811 , qui, en confirmant
un jugement du tribunal de Joigny , annule une ·
vente d'immeubles dont la cause était une perte
faite au jeu par le vendeur. Cet arrêt, recueilli par
M. Sirey, *t.* 12, 2ᵉ *part. p.* 60, est cité par M. Delaporte , dans la seconde édition de ses *Pandectes
françaises, tom.* 7, *p.* 9, comme ayant jugé la
question sous l'empire du Code; et le rédacteur
du *Journal du Palais,* en rendant compte de
l'arrêt de cassation dont nous venons de faire
mention , cite, dans le même sens , et M. Delaporte et l'arrêt. Ces citations sont inexactes, et
conduiraient à de fausses conséquences.

La vente qui faisait l'objet du procès avait eu
lieu, cinq années avant le Code, le 12 floréal an VII,
conséquemment à une époque où la Déclaration
de 1781 avait conservé toute sa force ; ainsi la
cause a été jugée comme elle devait l'être. Aux
dispositions du Code qu'invoquait l'appelant,
l'intimé opposait celles de cette Déclaration. Elle
n'est pas citée dans l'arrêt, mais le Code ne l'est
pas davantage , et la Cour s'est bornée , sur cette
partie de la discussion, à adopter les motifs des
premiers juges. Il ne doit donc résulter aucun

préjugé de cet arrêt sur la question qui reste toute entière.

Or, on vient de voir que l'article 1967 déclare irrévocable le paiement volontaire d'une perte au jeu; il ne s'agit plus que d'examiner si la vente d'un immeuble opère l'extinction de la dette, et qui voudrait le contester? Cette négociation entre le débiteur et son créancier est si essentiellement un paiement, qu'elle est appelée en droit *datio in solutum*. En effet, si le premier reste garant de la vente, cette obligation est nouvelle et d'une nature toute différente de celle éteinte. Elle est de la valeur de la chose vendue : *rem habere licere*. Il y a donc novation par la substitution d'une dette à une autre, conformément à l'article 1271, n°. 1er, et ce paiement, ayant été fait volontairement, est compris dans la disposition de l'article 1967.

Au surplus, il importe de le remarquer, si la dette est éteinte, sa cause ne l'est pas, et se retrouve, avec son caractère illicite, dans la nouvelle dette; en sorte que si l'acquéreur est évincé, il n'aura pas plus d'action en justice pour celle-ci, qu'il n'en aurait eu pour l'autre. Ce cas est un des quatre dans lesquels Pothier a fait apercevoir que l'obligation de garantie est inefficace : « Si cet acheteur souffre éviction, il ne doit avoir » aucune action en garantie contre le vendeur. » *L.* 2, §. 1, ff. *quar. rer. act. non,* non pas

» même la répétition du prix. C'est l'avis de Ca-
» ballinus, en son *Traité des Evictions*, v°. 78.
» La raison est que ce serait donner indirectement
» action pour les dettes du jeu ; ce que les lois ci-
» viles défendent. » *Voy.* le *Traité du Contrat
de vente*, n°. 192.

Ainsi, tant que l'acheteur garde la chose vendue à ses risques et pèrils, et n'agit point en
garantie, le vendeur, qui est libéré de sa perte au
jeu, n'est pas plus recevable à revendiquer la
chose vendue, qu'il ne le serait à répéter l'argent
qu'il aurait donné. On voit par l'autorité de Pothier qui écrivait son *Traité du Contrat de vente*,
en 1762, que telle était la jurisprudence avant la
Déclaration de 1781.

564. A l'égard du transport de créance que
ferait un débiteur pour s'acquitter d'une dette
de jeu, il faut distinguer : si le transport est fait
sans aucune garantie, le cessionnaire y ayant expressément renoncé, il en résulte une libération
définitive, et le cédant ne peut pas révoquer l'a-
bandon qu'il a fait.

Si, au contraire, le cédant n'a pas renoncé à
la garantie qui, dans ce cas, est de droit, et mieux
encore si elle a été stipulée, le transport est nul,
et l'action en revendication est fondée.

La différence entre cette hypothèse et celle de
la vente d'immeubles est que, comme nous l'a-
vons dit, dans celle-ci il y a novation, et que,

dans le transport de créance, il n'y en a pas. Le cédant qui le garantit ne fait pas un paiement; il prend seulement un moyen pour y parvenir; le cessionnaire a un débiteur de plus : voilà tout l'effet du transport. Il ne peut être réputé paie-ment que lorsque le cessionnaire a déclaré ex-pressément qu'il entendait décharger le cédant son débiteur : art. 1275.

Cette dernière question a été jugée par la Cour de Limoges, le 9 septembre 1813. Martin avait cédé, avec garantie, à la dame Chabodie, 3250 fr. lui étant dûs par son père, pour demeurer quitte du montant d'une lettre-de-change de 2900 fr. qu'il avait souscrite à son profit, et moyennant 350 fr. qu'elle lui avait donnés. Sur les poursuites de la dame Chabodie contre Martin père, son fils intervint, offrit de rendre les 350 fr., et soutint le transport nul, proposant de prouver que la lettre-de-change n'avait pour cause qu'une dette de jeu avec Chabodie, dont la femme n'était que le prête-nom.

La dame Chabodie lui opposa d'abord que la preuve testimoniale n'était pas admissible; et subsidiairement que la première cause, fût-elle une dette de jeu, était éteinte par la ces-sion.

Le tribunal de La Rochefoucault, séduit par ce moyen, ordonna la continuation des pour-suites. La défense de Martin fut mieux appréciée par la Cour de Limoges, qui, par arrêt du 2 juin 1819, l'admit à la preuve de ces faits, en « Con-» sidérant que la loi n'accorde aucune action pour » dette provenant du jeu ; que, dans l'espèce, » Martin offre de prouver que la cession consen-» tie par lui, sur son père, à la dame Chabodie, » provient originairement d'une dette de jeu en-» vers son mari ; qu'il n'y a pas eu novation par » ladite cession, puisque Martin s'est obligé à » la garantie formelle envers la dame Chabodie ; » que cet acte n'a eu d'autre effet que de donner » à cette dernière deux débiteurs au lieu d'un ; » qu'ainsi, il n'y a pas eu paiement volontaire de » la part de Martin, dans le sens de l'art. 1967 ;

» Considérant que la dame Chabodie était évi-» demment une personne interposée entre Mar-» tin et son mari ; que la preuve vocale est ad-» missible pour établir qu'une obligation provient » de prêts faits au jeu, sans quoi il ne serait pas » possible de découvrir l'origine de telles obliga-» tions, et que la loi qui les annule deviendrait » illusoire. »

Toutefois, nous faisons observer que le trans-port, en pareil cas, n'est pas frappé d'une nul-lité tellement absolue, que si le cessionnaire avait été payé de la créance avant la révocation du cé-dant, celui-ci pût encore revenir contre sa ces-sion et réclamer le montant de la créance ; ayant ainsi gardé le silence depuis sa cession, il serait réputé avoir persévéré dans sa volonté de faire acquitter sa dette par le débiteur délégué, et ce paiement volontaire étant effectué serait compris dans ceux dont la loi veut le maintien.

565. Toutes ces règles, sur l'irrévocabilité des paiements directs ou indirects, cessent de protéger le joueur qui les a reçus, et il est passible de l'action en restitution, si, comme le porte le texte même de l'article 1967, celui qui s'est ainsi libéré vient à découvrir et peut donner la preuve que, dans le jeu, il a été dupe de dol, supercherie ou escroquerie.

566. Le pari est mis, par l'article 1965, sur la même ligne que le jeu, parce qu'en effet ils se confondent souvent, la chose mise en pari devant appartenir à celui que le sort favorisera.

L'ancienne jurisprudence n'avait rien de fixe sur les gageures; en général on tenait pour principe que ce traité aléatoire n'était valable, et ne donnait une action en justice, que quand son objet était honnête; mais l'appréciation de l'objet étant abandonnée à l'arbitraire des juges, il en est résulté quelques décisions fort bizares. Ainsi, un curé et un laboureur comptant les gerbes dont le curé devait percevoir la dîme, le curé en trouva quarante et le laboureur trente seulement. Avant de recompter, ils mirent en pari, le curé toute sa dîme, et le laboureur toute sa récolte : le curé perdit, et fut condamné, en

1668, par le Parlement de Toulouse à perdre toute sa dîme.

Cet arbitraire n'existe plus; le pari n'est licite, comme le jeu, que sous les deux conditions : 1°. qu'il ait pour objet de disposer à l'adresse et à l'exercice du corps, soit par les procédés qui ont cette destination dans l'usage, soit par toute autre récréation imaginée par les parieurs; 2°. que la perte à laquelle ils s'exposent, puisse être facilement supportée par le moins fortuné d'entre eux. On jugerait, aujourd'hui, comme l'a fait le Parlement de Bordeaux, en 1609, en déclarant valable la promesse d'un tonneau de vin, faite à celui qui irait à la nage jusqu'à un endroit convenu : tout pari qui n'aurait pas ce double caractère serait illicite.

En thermidor an XI, dans un diner, G..... plaisanté sur ce qu'il gardait le célibat, paria avec L..... qu'avant deux ans il aurait femme et enfant. Les parieurs firent chacun un billet à ordre de 2,400 fr., qu'ils confièrent à V...., au nom de qui ils étaient faits, et chargé de les remettre, après le terme, à celui qui aurait gagné le pari. A l'expiration des deux années, G.... étant encore garçon, V..... remit les billets à L....., avec un endossement en blanc sur celui de G...; L.... remplit cet endossemont du nom de P...., et, sous ce nom, obtint un jugement par défaut au tribunal de commerce d'Angers, contre G....

Sur l'opposition de ce dernier, le tribunal remarquant que ces mots, *payable au petit panier à Angers*, avaient été ajoutés après la signature, se déclara incompétent. Alors G.... traduisit L..... devant le tribunal de Château-Gontier, et conclut contre lui à la remise de son billet. Le tribunal crut devoir surseoir à juger du mérite du pari, et rejetant la demande de G.... en restitution du billet, le condamna à en payer le montant à P...., qui en était le porteur apparent.

G.... ayant appelé de ce jugement devant la Cour d'Angers, y obtint, le 22 février 1809, un jugement remarquable, par la sagacité avec laquelle toutes les circonstances de cette cause, où la fraude avait multiplié ses supercheries, ont été mises dans leur véritable jour, et ont amené la décision la plus équitable : on peut en voir les détails dans le *Journal du Palais*, 1er. sémestre de 1809, pag. 377. Le motif principal est, « que le sujet dérisoire qui a donné lieu au » pari dont il s'agit, les personnes entre lesquelles » il a été fait, les circonstances dans lesquelles il » a eu lieu, au milieu d'un repas, l'énormité du » pari, eu égard à la profession et à la condition » des parties, tout se réunit pour prouver que le » billet à ordre, consenti par G...., a été l'effet » d'une excessive imprudence, ou de l'absence » de la raison. »

567. La négociation des effets publics est aussi licite en soi que celles des propriétés, lorsqu'elle s'opère sérieusement entre celui qui possède ce qu'il vend, et l'acheteur qui lui en paie le prix. Quelques soient les événements ultérieurs, le contrat, déterminé par le cours du moment, et les facultés présentes des contractants, n'en a pas été moins honnête et moral. A ce traité commutatif s'applique, comme à tous les autres, l'adage *res perit et crescit domino*. C'est cependant de cette négociation et des formes simples, instituées pour la rapidité nécessaire à ses opérations, que la cupidité et la fraude son auxiliaire habituelle, se sont emparées, pour en faire, de tous les paris, le plus dangéreux et le moins facile à réprimer.

On a imaginé de faire de ces effets des ventes simulées, dont le but n'est ni d'en acheter, ni d'en vendre, mais seulement de parier sur le cours qu'ils auront à l'époque fixée par la convention. Dans le style de la bourse, cette simulation est appelée, *marché à terme*. Au jour indiqué, la prétendue vente se résout en calcul, sur la hausse ou la baisse que le cours a subi; et celui à qui la fortune a été favorable, reçoit *la différence*.

568. C'est au temps de la minorité de Louis XV, qu'on assigne généralement la première apparition de ce fléau; du moins c'est alors que les dangers dont il menaçait le crédit public et l'in-

térêt des particuliers, s'étant fait le plus sentir,
on commença à l'attaquer par des mesures ré-
pressives. Un arrêt du Conseil, portant établissement de la bourse de Paris, du 24 septembre
1724, ordonna, article 9, que les négociations
« d'effets à la bourse, ne se feraient que par le
» ministère des agents de change, auxquels les
» particuliers remettraient l'argent ou les effets
» avant l'heure de la bourse, sur leur reconnais-
» sance, portant promesse de leur en rendre
» compte dans le jour.....» Cette mesure était
infaillible pour arrêter le mal, si les agents de
change eussent été infaillibles comme elle; mais
les opérations de la bourse, bornées aux négociations légitimes, ne leur laissaient qu'un che-
min étroit à la fortune; la plupart l'élargirent, en
se prêtant aux abus pour la répression desquels
ils étaient établis et salariés.

Louis XVI, le 7 août 1785, fut obligé de renouveler, par un arrêt de son Conseil, ces mêmes
dispositions, et d'ordonner que leur exécution
fût maintenue avec la plus grande sévérité. Par
l'article 6, il déclare «les agents de change, ga-
» rants et responsables de la réalité des négocia-
» tions, et de la vérité des signatures. Par l'ar-
» ticle 7, il déclare nuls les marchés et compro-
» mis d'effets royaux ou autres, qui se feraient
» à terme, et sans livraison desdits effets, ou sans
» le dépôt réel d'iceux, constaté par un acte dû-
» ment contrôlé. »

.Le 2 octobre de la même année , un second
arrêt du Conseil autorise ceux qui , étant constamment propriétaires d'effets publics qu'ils vou-
draient vendre , ne les auraient pas , pour le moment , à leur disposition , à suppléer au dépôt
de ces effets , par celui chez un notaire, des pièces
probantes de leur propriété.

Un troisième arrêt du Conseil, du 22 septembre 1786 , ajoute à ces dispositions : « qu'il
» ne puisse être fait, à l'avenir, aucun marché
» d'effets royaux ou autres, ayant cours à la bourse,
» pour être livrés à un terme plus éloigné que
» celui de deux mois , à compter du jour de sa
» date ; tous ceux faits à un plus long terme, sont
» déclarés nuls. »

Il faut observer que ce délai n'est donné , ni à
l'acheteur pour payer , ni au vendeur pour se
procurer la propriété des rentes qu'il vend ; que
son unique objet est de prescrire à ce vendeur
le temps suffisant pour recouvrer ses effets , si ,
lors de la vente, il ne les a pas. En un mot , le
but de cet arrêt a été d'empêcher qu'on n'abusât
de celui qui permet de suppléer au dépôt des
effets, par la remise des pièces probantes : on
fixa à deux mois le délai pendant lequel la vente
doit être consommée, et par là, on réputa faite
en fraude de la loi, la convention donnant un
plus long délai.

569. Notre nouvelle législation n'a fait que

fortifier ces réglements salutaires. Un décret, du 8 mai 1791, a maintenu les agents de change dans leurs fonctions, pour les exercer conformément aux anciens réglements. Une loi, du 28 vendémiaire an IV, art. 4, chap. 2, annule, pour le passé comme pour l'avenir, les ventes fictives d'effets publics, et spécialement les *marchés à terme ou à prime, déjà interdits*, porte le texte, *par de précédentes lois.*

Un arrêté du gouvernement du 27 prairial an x, art. 13, déclare que «l'agent de change, de» vant avoir reçu de ses clients les effets qu'il » vend, ou les sommes nécessaires pour payer » ceux qu'il achète, est responsable de la livrai-» son ou du paiement de ce qu'il a vendu, ou » acheté.

Le Code pénal de 1810, art. 419, met au rang des délits punissables d'amende ou de mise en surveillance, toute fraude commise pour opérer la hausse ou la baisse des effets publics. L'une de ces fraudes signalées par l'article 421, est le pari sur la hausse ou la baisse de ces effets, et l'article 422 porte : « Sera réputée pari de ce genre, » toute convention de vendre ou de livrer des » effets publics, qui ne seront pas prouvés par » le vendeur, avoir existé à sa disposition, au « temps de sa livraison. »

Louis XVIII, par son ordonnance du 29 mai 1816, sur les agents de change, et par celle du

12 novembre 1823 , sur le cours des effets pu-
blics, recommande l'exécution de tous les réglements qui leur sont relatifs, et dont les dispositions n'ont pas été formellement abrogées.

Tous ces efforts de la puissance publique n'ont fait que rendre la fraude plus ingénieuse à inventer des formes qui pûssent en imposer au commun des hommes; delà cette espèce de science occulte, dont les secrets ne sont bien connus que des habitués de la bourse, et le langage cabalistique dont seuls ils connaissent le véritable sens. D'un autre côté, les événements politiques ayant forcé les souverains, pour attirer à eux les capitaux du commerce, d'émettre une immense quantité d'obligations, dont la valeur est restée exposée aux fluctuations de ces mêmes événements, le champ de l'agiotage s'est accru en proportion; ses artifices, pour faire alternativement la hausse et la baisse , se sont emparés de tous les événements faux ou vrais des deux mondes, et ne se sont plus exercés que sur des millions.

Le mal eût été sans remède, si l'immoralité qui ose s'enrichir par des moyens illicites, n'avait rencontré celle qui ne rougit pas de se libérer en manquant à sa parole; alors, les tribunaux retentirent des réclamations de ceux dont l'espoir avait été trompé, ce qui donna enfin aux magistrats l'occasion de faire péser les réglements sur des hommes, dont le devoir était de les maintenir, et qui faisaient leur occupation habituelle de les braver. Cependant les premières décisions furent plus favorables que contraires à ces derniers : la lutte qui s'engagea entre les joueurs de la bourse, avait cela de particulier, que le même esprit de cupidité les avait mis au jeu; que l'événement seul avait distribué les rôles, et que les perdants, après avoir violé la loi comme les gagnants, avaient, de plus que ceux-ci, de méconnaître leurs promesses.

570. On ne doit donc pas s'étonner que, dans les premières causes de cette nature, les juges aient été plus indignés de la mauvaise foi des joueurs que de l'avidité des agents de change. C'est ce qui explique les divers arrêts favorables aux marchés à terme, rendus avant l'année 1823 ; c'est aussi pourquoi, dans la cause de Lancel contre Rigout, quoique M. Merlin ait reconnu et démontré que la négociation intervenue entre eux, était un marché à terme réprouvé; quoiqu'il ait réfuté victorieusement la plupart des motifs du jugement du tribunal de la Seine, qui avait déclaré le marché valable, finit par proposer à la Cour de cassation de rejeter le pourvoi de Rigout, parce que ce dernier avait demandé à Lancel un délai, pour exécuter ce marché; qu'il avait signé au profit de Lanfroy, le transport de la rente achetée par lui, d'où il inférait qu'il y avait eu, de sa part, ratification de l'achat; proposition

accueillie par l'arrêt du 23 floréal an ix (1801).
(*Voy. question de droit, au mot, effets publics.*)
Le même préjugé a inspiré l'arrêt de la Cour
de Paris, du 19 décembre 1807, qui, parce que
Coubart avait signé le bordereau d'achat de la
rente qui lui avait été vendue à terme, juge éga-
lement qu'il y avait eu ratification suffisante.
(*Voy. Sirey*, 7, 2, 927.)

C'est encore à la même cause qu'il faut attribuer les arrêts de cette Cour, des 13 fructidor
an xiii (1805) et 19 mai 1810, par lesquels des
joueurs sont condamnés à payer d'énormes diffé-
rences dont ils se trouvaient débiteurs envers
des agents-de-change. (*Voy. le Journal du Palais*, 1er. *sém.* 1806, *p.* 121, *et* 2e. *sém.* 1810,
p. 281.)

571. Enfin, les vrais principes l'emportèrent ;
on reconnut un peu tard que de semblables décisions allant en sens inverse des règlements, donnaient une nouvelle énergie au mal qu'il fallait
comprimer ; que, dans ces causes, on devait
moins s'occuper de l'intérêt des individus entre
lesquels elles naissaient, que de l'ordre public ;
qu'il ne fallait pas les décider par le plus ou le
moins de moralité des joueurs, mais par la nature de la négociation, et que, du moment où il de-
venait certain qu'elle n'était qu'un jeu ou pari
sur la hausse ou la baisse des effets publics,
toute action devait être refusée. Voici l'espèce de la
première cause jugée dans ce sens.

Dans les mois de novembre et décembre 1821, les sieurs Sandrié, Mussard et Augé, agens-de-change, se chargèrent d'acheter, pour le compte du sieur Coutte, 60,000 fr. de rentes sur l'Etat, livrables fin de décembre, ou plutôt à sa volonté. Le 2 janvier 1822, le sieur Coutte n'ayant ni payé, ni pris livraison, les agents-de-change firent vendre par leurs syndics, suivant l'usage, les rentes par eux achetées, et réclamèrent du sieur Coutte la différence immense qui se trouvait entre le prix des achats et celui des rentes. Trois jugements par défaut du tribunal de commerce de Paris prononcèrent contre lui cette condamnation.

Pour soutenir le bien-jugé de ces jugements devant la Cour royale, les agens-de-change invoquaient les principes de droit et d'équité qui donnent au mandataire une action utile contre son mandant, en indemnité de toutes les dépenses par lui faites pour exécuter le mandat. Ils argumentaient aussi de ce qu'ils étaient responsables envers ceux de qui ils avaient acheté les rentes, et en inféraient une subrogation tacite et légale aux droits de ces vendeurs contre l'acheteur.

La plus solide réfutation de ce système est celle que présentent les motifs de l'arrêt du 18 février 1823, qui décharge Coutte de toutes les condamnations prononcées contre lui. Les plus essentiels à connaître sont : « Que par l'article 29 de

» l'arrêt du Conseil de 1724, il est statué que
» les particuliers qui voudront acheter on vendre
» des papiers commerçables, remettront l'argent
» ou les effets à l'agent-de-change, avant l'heure
» de la Bourse, sur leur reconnaissance portant
» promesse de rendre compte dans le jour ; que
» cette disposition fondamentale qui limite la
» responsabilité des agents-de-change dans leur
» intérêt, est en même-temps une disposition
» d'ordre public, pour interdire les négociations
» fictives qui, reposant sur des effets et des moyens
» de paiement imaginaires, dégénéraient en *jeux*
» ou *paris* que toute législation réprouve ; qu'en
» se conformant à la loi de leur création, les
» agents-de-change, comme mandataires, n'ont
» besoin, dans aucun cas, du secours de l'action
» contre leurs commettants ; que, comme officiers
» publics, ils remplissent un devoir en prému-
» nissant les particuliers contre les séductions
» d'un jeu d'autant plus dangereux, qu'il n'exi-
» gerait pas de mise actuelle d'argent; que l'a-
» gent-de-change qui, au mépris de sa propre
» sûreté et des devoirs de sa profession, n'exige
» pas la remise ou le dépôt préalable, pour as-
» surer la réalité du contrat, devient volontaire-
» ment l'instrument d'un jeu ou d'un pari qui,
» ni à raison de la convention principale, ni à
» raison des engagements accessoires, ne peut
» fonder une action judiciaire; que l'agent-de-

» change, alléguant qu'il a payé pour son com-
» mettant dont il se serait reconnu garant, se
» constitue contrevenant à l'article 86 du Code
» de commerce, lequel, par l'article 90, se réfère
» aux réglements subsistants.......; qu'il est deve-
» nu constant....... que les agents-de-change ven-
» deurs n'étaient pas plus nantis des rentes ven-
» dues, que les acheteurs ne l'étaient des sommes
» nécessaires pour en payer le prix; qu'ainsi la
» négociation, dont il s'agit, n'a été qu'un jeu sur
» la hausse et la baisse présumée des rentes, dont
» les agents-de-change ont été sciemment les
» instruments, etc. »

Cet arrêt, et les grands motifs d'ordre public
qui y sont énergiquement developpés, ne suffirent
pas pour enlever aux agents-de-change l'espoir
de faire prédominer l'opinion contraire : la question fut de nouveau agitée par le sieur Perdonnet,
l'un d'eux, qui, le 28 décembre 1822, avait acheté, pour le sieur Forbin-Janson, 150,000 fr. de
rentes payables et livrables à la fin du mois suivant, ou plutôt à sa volonté. Pendant cette courte
période, la baisse avait été si considérable, que
le sieur Forbin-Janson, en perdant trois cents
actions sur le canal de Bourgogne, qu'il avait
données en nantissement, se trouvait encore re-
devable de 281,000 fr. Deux jugements du tribunal de commerce de Paris, des 20 mai et 6 juin
1823, l'ayant condamné, par corps, à payer cette

somme au sieur Perdonnet, il en avait appelé ;
et c'est sur cet appel, que la Cour eut à se prononcer une seconde fois.

On ne négligea rien de tout ce qui pouvait
faire fléchir son opinion ; mais elle fut inébranla-
ble ; et son arrêt du 9 août 1823, conforme au
premier, ajoute aux considérations qu'il exprime :
« Que la stricte exécution des lois et réglements
» en cette matière peut seule mettre un frein à
» cette ardeur immodérée de s'enrichir, qui s'est
» emparée des pères de famille, qui, au lieu de se
» livrer à des professions honnêtes et utiles, se
» précipitent dans des opérations désavouées par
» la morale, et toujours suivies d'une ruine com-
» plète, ou d'une fortune scandaleuse. »

La Cour de cassation ne tarda pas à être saisie. Elle le fut simultanément contre les deux
arrêts, et elle y statua à une même audience, le
11 août 1824. On avait entassé, devant elle, Mé-
moires et Consultations ; des plumes habiles y
avaient été employées ; des noms imposants les
recommandaient. Vains efforts ! la vérité et la
justice triomphèrent. En rejetant les deux pour-
vois elle déclara, comme la Cour royale, « Que
» si les réglements sur la matière avaient été par
» fois méconnus, ils n'avaient jamais dû l'être ;
» qu'ils proscrivent justement des abus dont la
» fortune publique peut être ébranlée ; que tel
» est le *marché à terme* : véritable jeu ou pari à
» la hausse ou à la baisse des effets publics. »

Des nombreux motifs de ses arrêts, par lesquels elle foudroie successivement toutes les subtilités imaginées pour l'éblouir , nous ne releverons que la conséquence qu'elle en applique aux deux procès. « Il résulte de ces faits , des lois ci-dessus » rappelées et de l'article 1965 du Code civil, que » le marché passé entre les parties , et par suite » tous les actes auxquels il a donné lieu , sont illi- » cites et nuls ; qu'il n'est pas plus permis aux » agens-de-change de concourrir aux opérations » de ce genre ; qu'à l'une des parties d'en profiter » au préjudice de l'autre ; que les agents-de- » change ne peuvent pas plus que leurs clients » demander aux tribunaux l'exécution de ces » actes. »

572. Ces décisions sont si opposées aux arrêts des 13 fructidor an XIII et 19 mai 1810, qu'on peut, sans hésiter, en conclure que des fins de non-recevoir, de la nature de celles admises par les arrêts des 23 floréal an IX et 19 décembre 1807, ne le seraient plus , et seraient rejetées comme l'ont été les moyens du fond , malgré l'appui qu'ils trouvaient dans les premiers arrêts.

Par ces fins de non-recevoir , on supposait que les joueurs ayant volontairement exécuté les marchés à terme faits avec eux , il en résultait, de leur part , un acquiescement qui rendait irrévocables leurs obligations. Ainsi, en se reportant au réquisitoire du Procureur-général , lors de l'arrêt du

23 floréal an ix, on y verra avec chagrin ce jurisconsulte, justement célèbre par sa perspicacité,
après avoir lumineusement établi que la renonciation d'une des parties à la nullité résultante de
la prohibition serait nulle, comme la convention
elle-même, réduire cette proposition au seul cas
où la renonciation est faite, *avant que les choses
aient cessé d'être dans les termes d'un marché
prohibé;* et soutenir que, quand le marché a été
exécuté par l'agent-de-change, en achetant les
effets publics, si l'acheteur, par un écrit quelconque, peut être présumé avoir renoncé à la
nullité, cette renonciation est valable. Dans cette
nouvelle thèse, où l'on ne lit plus que des sophismes, il s'arme contre Rigout de ce que, par deux
lettres, il a demandé un délai pour payer les
achats, et le compare à une personne qui, condamnée par un jugement, perd la faculté d'en
appeler, en demandant un délai pour l'exécuter.
Il lui oppose encore la signature par lui donnée,
pour que les rentes achetées sous son nom fûssent
transférées à un autre. Dans un moment, nous
reviendrons sur ces arguments.

Forts de toutes les lois sur la vente des effets
publics que nous avons rapportées, forts des
arrêts récents qui leur ont rendu leur vigueur
primitive, reconnaissons que la prohibition des
marchés à terme a pour mobile, qu'ils ne sont,
dans leur essence, qu'un jeu ou pari sur les effets

publics; que conséquemment toute action, ayant pour objet leur consommation, est interdite par l'article 1965 du Code civil; qu'ainsi pour ces marchés, comme pour le jeu ou le pari, l'action doit être refusée non-seulement quand le demandeur est sans titre, mais encore quand il a une promesse du débiteur de payer, de quelque nature que ce soit; promesse nulle comme le marché lui-même, puisque la cause illicite qui vicie le marché, infecte également tous les actes approbatifs que le débiteur a pu faire; ce qui n'a de terme qu'au moment où, par un paiement effectif, ou par une novation équivalente, la négociation a été consommée. Par cette résolution, nous ne faisons qu'appliquer au marché à terme la règle qui régit invariablement tous les cas où il y a cause illicite, et dont nous avons développé les éléments au sujet de l'usure et du jeu.

Revenant à la thèse de M. Merlin sur Rigout: celui qui dans un tribunal est condamné et demande un délai, acquiesce à une condamnation légale et réputée la vérité; la cause de l'obligation qu'il contracte par cet acquiescement est licite, tandis que Rigout, demandant un délai pour payer une dette de jeu, contractait une obligation dont la cause était illicite, et ne pouvait produire aucune obligation : *art.* 1131.

Il faut en dire autant de sa signature sur le projet du transfert; il ne la donnait que pour se délier de l'achat ; il eut été beaucoup plus juste d'y voir une répudiation de la négociation qu'une approbation. Mais y vît-on, avec M. Merlin, une approbation, ce serait très-certainement encore la promesse de payer une dette de jeu, et une obligation pour cause illicite.

C'est aussi ce qu'on doit observer sur l'arrêt du 19 décembre 1807.

Coubard, en signant le bordereau d'achat de rentes fait pour lui, a été présumé, par la Cour, avoir promis d'en payer le montant ; mais cette promesse était nulle, comme celle du joueur à la roulette qui s'engage à payer tout ce que la passion du jeu lui a fait perdre.

Au surplus, cette doctrine est moins la nôtre que celle adoptée, depuis ces premiers arrêts, par la même Cour, dans les deux procès dont nous venons de parler. Dans l'arrêt de Coutte, du 18 février 1823, elle dit : « Que, dans ces mar- » chés, l'agent-de-change devient volontairement » l'instrument d'un jeu ou d'un pari qui, ni à » raison de la convention principale, ni à raison » des *engagements accessoires*, ne peut fonder » une action judiciaire. » Dans celui de Perdon- net, du 9 août suivant, elle dit encore : « Que ces » marchés sont entièrement nuls, et que *la rati-* » *fication* qui en aurait été postérieurement faite, » ainsi que l'obligation à laquelle elle aurait donné » naissance, n'ayant pour cause que des opéra-

» tions illicites , ne peut servir de base à une
» action judiciaire. »

Ajoutons , enfin , que la Cour de cassation elle-
même rejette aujourd'hui ce système erroné que
le Procureur-général de l'an ix lui avait fait accueillir ; puis qu'on lit, dans son arrêt sur le
pourvoi de Perdonnet : « Que le marché passé
» entre les parties , et par suite tous les actes
» auxquels il a donné lieu , sont illicites et nuls. »

573. La conséquence immédiate de tout ce qui
vient d'être établi , sur les marchés à terme ou à
prime , est que, si dans l'obligation contractée au
profit de l'agent-de-change ou de son client, *pour
différence*, la cause avait été déguisée, la personne,
ainsi soumise indirectement à une dette de jeu de
Bourse, serait fondée à prouver par témoins et présomptions la simulation employée pour la priver
du secours de la loi prohibitive. En un mot , ce jeu
funeste, qui , plus que tous les autres jeux , al-
larme l'Etat , puisqu'il s'exerce sur ses fonds , en
les faisant baisser ou hausser par ses ténébreuses
machinations , doit être au moins asservi à toute
la sévérité dont sont menacés les jeux qui ne font
de mal qu'aux particuliers.

Déjà la Cour de Paris l'a reconnu. Bourdon
avait souscrit au profit de Petel, un billet de
6,370 fr. 25 c. en reste des pertes considérables
qu'il avait faites, sur des marchés à terme, par
l'intermédiaire de cet agent-de-change. Celui-ci,

mariant sa fille à Deslonchamps, avoué à Troyes, comprit dans la dot sa créance sur Bourdon.

Le gendre, pour la dénaturer et la faire juger en dernier ressort par le tribunal de commerce, obtint de Bourdon six billets de 6 à 700 fr. en remplacement du premier. Bourdon en acquitta trois, mais, à l'échéance des trois autres, il ré-résista. Traduit devant le tribunal de commerce de Paris, il demanda la jonction des instances et la nullité des billets, attendu leur cause illicite. Le tribunal ne fit droit ni à l'une ni à l'autre de ses réclamations, parce que Deslongchamps lui parut étranger à la cause illicite, et se persuada qu'il y avait novation.

Bourdon, par trois jugements séparés, mais rendus à la même audience, fut condamné à payer les billets. Sur appel, il obtint justice complète, par arrêt du 23 avril 1825, dont voici les motifs :

« En ce qui touche la fin de non-recevoir, con-
» sidérant que la demande réconventionnelle a eu
» l'effet d'opérer la jonction des diverses deman-
» des sur lesquelles le tribunal de commerce n'a
» statué isolément que par abus ;

« En ce qui touche le fond, considérant que
» des faits et circonstances de la cause, il résulte
» que les créances énoncées dans les diverses de-
» mandes, sont le résultat d'un jeu de Bourse, et
» que Deslonchamps, versé dans les affaires,

III   23.

» épousant la fille Petel connu par ses spécula-
» tions à la Bourse, n'a pu ignorer la cause de la
» créance qui lui était cédée, et qu'il ne peut
» opposer la novation d'un titre vicieux dans son
» origine......; déclare nuls les billets; charge le
» Procureur du Roi d'informer sur l'abus des di-
» visions de condamnation de créances entre les
» mêmes parties, introduit au tribunal de com-
» merce, et dont il a apparu dans la cause, duquel
» il résulterait des jugements en dernier ressort,
» et des frais de greffe frustratoires, etc.

574. On ne peut pas assimiler les receveurs
de loterie aux agents-de-change : aucune loi ne
leur ordonne, comme à ces derniers, de ne faire
leurs opérations qu'au comptant. Ce réglement
serait très-salutaire ; la facilité du receveur à faire
crédit aux joueurs n'est souvent qu'un amorce
perfide qui accélère leur ruine ; mais, enfin, il
n'existe pas : une instruction de l'administration
de la loterie, du 25 brumaire an VI, contenant
cette défense désirable, ne concerne que l'intérêt
des receveurs et celui de l'administration . elle
même : elle n'a pas force de loi.

La demoiselle Bormans se livrait aux combinaisons de la loterie, et *filait des martingales.*
Elle trouvait dans les sieurs Olivier et Touzard,
receveurs à Paris, une complaisance à lui faire
des avances dont elle ne craignit pas d'abuser.
Pour se la conserver, elle se disait propriétaire

d'une maison louée 3,000 fr., dont elle n'était qu'usufruitière, et leur remettait, comme étant de sa main, des billets qu'elle faisait écrire et signer par d'autres. Enfin, elle devait à Olivier 14,800 f. et à Touzard 6,000 fr., lorsqu'ils refusèrent de lui continuer leurs crédits. Aussitôt, elle vendit son usufruit à un sieur Pinçon, qui fit transcrire son contrat. Ses meubles furent enlevés ; elle disparut elle-même.

Sur une plainte en escroquerie des sieurs Olivier et Touzard, le tribunal de la Seine, ne voyant dans ces faits « que des crédits faits pour » mise à la loterie, aux mépris des instructions » données aux receveurs par l'administration, » crédits d'ailleurs qui n'avaient eu lieu que pour » un jeu de hasard, renvoya la demoiselle Bor- » mans de la plainte. »

La Cour de Paris, au contraire, par arrêt du 21 mai 1811, la déclara coupable du délit d'escroquerie, et la condamna, par corps, au paiement des sommes réclamées. Elle se pourvut en cassation, mais en vain : un arrêt, du 10 août suivant, rejeta son pourvoi : « Attendu que l'instruction » de l'administration de la loterie n'est relative » qu'aux obligations que les receveurs ont à rem- » plir, vis-à-vis de l'administration générale, pour » leur régime intérieur ; qu'ainsi elle est étrangère » aux actes qui ont pu avoir lieu entre des rece- » veurs et des particuliers dans l'intérêt de ceux-

» ci ; Attendu que l'article 1965 du Code qui
» n'accorde aucune action pour une dette de
» jeu, n'a entendu parler que de la dette con-
» tractée par un particulier au profit de celui
» avec lequel il a joué au jeu de hasard ; que, dès-
» lors, cet article ne peut pas s'appliquer à des
» promesses souscrites par des actionnaires à des
» receveurs de loterie, pour mises faites dans leurs
» bureaux. » (*Voy*. le *Journal du Palais* ,
tom. 52, *p*. 86.)

§. 6.

Achats de droits litigieux par les personnes désignées
en l'article 1597 du Code civil.

SOMMAIRE.

575. L'article 1597 « défend aux magistrats de
» l'ordre judiciaire , aux greffiers , huissiers ,
» avoués, défenseurs officieux et notaires , de se
» rendre cessionnaires des procès, droits et ac-
» tions litigieux de la compétence du tribunal
» dans lequel ils exercent leurs fonctions, à peine

» de nullité , et des dépens, dommages et in-
» térêts. »

Cette prohibition est conforme aux anciennes
Ordonnances qui ajoutent : *soit en leur nom* ,
soit par des personnes interposées ; disposition
suffisamment sous-entendue dans le Code.

576. Aujourd'hui, comme alors, non-seulement
on serait admis à prouver , par tous les genres
de preuve, la cession secrète du droit litigieux à
une personne prohibée ; mais , si le cessionnaire
était ou le père ou le fils d'un des personnages
compris dans la disposition , cette circonstance
seule pourrait suffire pour en faire l'application,
comme le Grand-Conseil l'a faite par un arrêt du
12 mars 1701. Deux ecclésiastiques, poursuivant
devant le Parlement d'Aix des dévolus qu'ils
exerçaient sur deux bénéfices , transportèrent
leurs droits aux deux fils d'un Président à mortier
de ce Parlement. L'évêque s'en plaignit au Conseil du Roi, qui annula la cession, fit défense au
Président de prendre à l'avenir de semblables
cessions , directement ou indirectement , et le
condamna en 300 fr. de dommages et intérêts
envers l'évêque. (*Voy*. le *Nouveau Denisart* ,
au mot *cession de droits litigieux.*)

577. Un droit n'est réputé litigieux que lorsqu'il y a contestation sur le fond du droit : *article* 1700 *du Code civil ;* mais une créance hypothécaire soumise aux hasards d'une saisie im-

mobiliaire, et conséquemment d'un ordre, quoique non-contestée au fond, devient-elle litigieuse, au point de ne pouvoir pas être valablement cédée aux personnes signalées dans l'article 1597 ?

S'il ne s'agissait que du retrait autorisé par l'article 1699 sur tous les individus qui achètent des procès, on pourrait hésiter, et, comme dans ce cas, il ne s'agit que d'un intérêt particulier, on pourrait, ainsi que l'ont fait plusieurs tribunaux, s'attachant au sens le plus étroit de la disposition, maintenir la cession. Mais la prohibition dont nous nous occupons en ce moment, est au premier degré de l'ordre public, et dès-lors on doit lui donner toute l'extension dont l'esprit de la loi la rend susceptible.

Or, une créance subordonnée au résultat d'une saisie immobilière, et de l'instance d'ordre qui doit ensuite fixer le sort de chacun des créanciers, encourt tous les périls qui font trembler les plaideurs. Presque toujours, dans ces instances, on se dispute les derniers lambeaux de la fortune du débiteur; chaque créancier a tous les autres pour adversaires; on se bat à outrance, et le moindre vice de procédure, la moindre tache dans l'inscription, amènent une défaite sans ressource; on peut donc dire que le fond du droit est contesté, puisqu'il s'agit de régler, pour chaque créancier, le rang de son privilége ou de son hypothèque, et même s'il a l'un ou l'autre.

Espérons que jamais magistrat ne donnera lieu
de juger une question aussi scandaleuse ; et il
fallait que la révolution, étendant ses innovations
spoliatrices jusques dans les temples de la Justice, en ouvrît les portes à tout venant, pour
qu'on vît un défenseur officieux oser faire ce trafic,
et oser plus, en se présentant à ses propres juges
pour le faire valoir.

La dame d'Affry avait été dotée de 640,000 fr.
par le sieur de Garville, son père, dont les biens
se trouvèrent, quelques années après, écrasés
par des dettes immenses. Ces biens étaient si-
tués dans l'arrondissement de Vezoul, et elle ha-
bitait la Suisse, patrie de son mari. Elle fut obligée
d'entrer en correspondance avec un *homme de
loi* de Vezoul, le sieur Prinet. Il s'occupa, d'abord,
de la radiation du nom de *M. de Garville sur
la liste des émigrés*, puis de poursuivre l'expropriation forcée de toutes ses possessions. Peu de
temps avant le jour fixé pour l'adjudication, il
proposa à la dame d'Affry d'acheter par moitié
les biens saisis. Ses conditions furent qu'elle
se rendrait adjudicataire, et ferait ensuite une
déclaration de command au profit de Prinet, pour
moitié ; que sa créance servirait à payer le prix de
l'adjudication ; Prinet, pour contribuer à l'adjudication, en paierait tous les frais et servirait à la dame
d'Affry une rente viagère de 4,250 fr. Ainsi, par
ces légers sacrifices, il se trouvait cessionnaire

de la moitié d'une créance de 640,000 fr., et par
suite propriétaire de la moitié de tous les biens
de M. de Garville, évalués à 25,000 fr. de revenu.

La dame d'Affry subit la loi qui lui était dictée;
et, par le ministère d'un fondé de pouvoir choisi
par Prinet, le traité fut conclu le 19 thermidor
an VIII. Le 3 complémentaire de la même année, l'adjudication ayant été faite au nom de la
dame d'Affry, son fondé de pouvoir fit, au profit
de Prinet, la déclaration de command pour
moitié.

On fit un partage des biens : quelques difficultés s'étant élevées sur son exécution, une transaction la termina. Mais, en l'an XII, la dame
d'Affry, ouvrit les yeux sur la conduite de Prinet,
et sur la fortune considérable qu'en un instant il
avait conquise : elle demanda la nullité de tous les
actes qu'il lui avait surpris, ce qui fut prononcé
le 29 nivôse an XIII, par le tribunal de Vezoul.

Prinet appela de la décision de ses juges, et
ne craignit pas de voir dérouler, devant les magistrats supérieurs, tous les détails de sa coupable
négociation. Il espérait en conserver les fruits, en
prétendant qu'il ne lui avait été cédé que des
droits certains et non litigieux. Ces moyens ne
furent pas mieux accueillis par la Cour de Besançon, et le jugement fut confirmé sans modification. L'arrêt, du 15 thermidor an XIII, rendu

sur les conclusions conformes du Procureur-
général est ainsi motivé :

» Considérant qu'il résulte de la correspon-
» dance du sieur Prinet, des piéces du procès, et
» de l'ensemble des faits, 1°. que, le 19 thermi-
» dor an VIII, l'appelant était l'avocat et l'agent
» de madame d'Affry ; 2°. que le traité dudit jour
» qu'il a surpris à cette dame, renferme une so-
» ciété léonine et frauduleuse ; que le partage
» prématuré et insolite qu'il y a inséré, est en-
» core une preuve du dol et de la fraude par lui
» pratiqués, et que dès-lors cet acte est radicale-
» ment nul ;

» Considérant que la déclaration de command
» passée au greffe, le 3e. complémentaire suivant,
» par le sieur Versigny, au nom de la dame d'Af-
» fry, et au profit du sieur Prinet, n'étant que
» la suite et l'exécution du traité du 9 thermidor,
» est infecté du même vice et de la même nullité ;

» Que, d'ailleurs, cette déclaration serait une
» cession faite à vil prix, au nom d'une cliente
» qui n'en connaissait ni l'objet, ni la valeur, à
» son avocat et son conseil, ce qui la rendrait en-
» core nulle ;

« Que les trois actes des 15, 25 et 26 brumaire
» an IX ne sont également que la suite et l'exécu-
» tion du traité du 19 thermidor, de la cession
» du 3 complémentaire, et qu'ayant été faits
» dans les mêmes circonstances, dans les mêmes
» vues, ils n'en opérèrent pas la ratification ;

» Que la procuration opposée par le sieur Pri-
» net n'est pas représentée, et que la cause qui lui
» est atrribuée, dans la relation de l'enregistre-
« ment, est suspecte et invraisemblable ;

» Que la transaction du 20 brumaire an xi,
» de l'aveu du sieur Prinet, n'a pas porté sur le
» dol et la fraude intervenus dans le traité du
» 19 thermidor ; que, de plus, elle a été faite dans
» un temps où le sieur Prinet n'avait pas cessé
» d'être l'avocat et l'agent de madame d'Affry, et
» lorsqu'il y avait encore lieu à l'appel du juge-
» ment d'adjudication, appel qui a été émis dès-
» lors par madame d'Affry » (*Voy. le Journal
du Palais, collection de* 1806, *pag.* 292.)

578. Non seulement celui qui a ainsi cédé un
droit litigieux, à une des personnes prohibées,
peut, à la faveur de la nullité absolue écrite dans
l'article 1547, recouvrer son droit, comme l'a obtenu la dame d'Affry, mais celui, contre lequel
le droit litigieux a été cédé, peut également demander la nullité des poursuites exercées contre lui. Si
même, ce qui arrive ordinairement dans cette
circonstance, le propriétaire du droit cédé avait
prêté son nom pour les poursuites, la preuve,
même par témoins, de cette fraude serait reçue,
et, en cas de conviction, le cédant et le cessionnaire pourraient être condamnés solidairement
aux justes dommages et intérêts du débiteur, la
solidarité étant de droit entre les coupables de

dol et de fraude, ainsi qu'on l'a vu dans la première partie de ce traité, n°. 44.

On ne peut pas apporter trop de sévérité dans l'application de cette règle : une personne des cathégories indiquées, qui serait assez immorale pour enfreindre la prohibition, serait, à coup sûr, capable d'effrayer le propriétaire du droit litigieux, sur la nature et les suites de ce droit, pour l'acheter à vil prix, et en poursuivre ensuite le recouvrement intégral, avec une inflexible avidité.

§. 7.

Actions rescisoires ou révocatoires et prescriptions.

SOMMAIRE.

579. Actions rescisoires.
580. Action révocatoire des donations.
581. Prescriptions.

579. C'est encore par les actions rescisoires ou révocatoires et les prescriptions, que l'ordre public surveille les intérêts des particuliers. Par les actions rescisoires, si le dol ou la violence ont obtenu d'injustes conventions, si la cupidité a conquis des immeubles à vil prix, la loi admet la personne lésée à faire rescinder le contrat inique qui lui a été surpris, et les clauses de ce contrat qui tendraient à lui enlever ce secours, loin d'être

efficaces, seraient déjà un indice sérieux de l'iniquité reprochée ; l'article 1674 en contient une disposition expresse à l'égard de la validité du prix, et il est hors de doute qu'il en serait de même des autres motifs de restitution.

Si le vendeur d'immeubles articulait que, pour dissimuler sa renonciation à l'action en rescision, l'acheteur a exigé qu'on exprimât dans l'acte un prix supérieur à celui de la vente, il serait incontestablement admissible à en faire la preuve; dans ce cas, comme dans tous ceux de simulation frauduleuse que nous avons déjà parcourus, il y a eu infraction à une disposition prohibitive, et conséquemment fraude à la loi. Or, chaque fois qu'un acte est attaqué pour dol et fraude, nous le répétons encore, la preuve par témoins ou par présomptions, ne peut pas être refusée, *article* 1353; le vendeur peut se plaindre d'une simulation à laquelle il a coopéré, parce qu'elle n'a pas eu pour objet de tromper un tiers, et seulement de lui fermer la porte que la loi lui tenait ouverte pour obtenir justice. *Voy. ci-dessus, Régles générales, n°.* 54.

'580. Les mêmes principes sont applicables à l'action révocatoire établie par l'article 960 du Code civil, en faveur de ceux qui, sans enfants, au moment où ils ont donné une partie de leur fortune, en ont eu depuis : le droit consacré par cette disposition, a sa source dans la loi *si unquam Cod. de rev. don.*, adoptée par notre ancienne jurisprudence, et confirmée par l'Ordonnance de 1731. Elle est d'ordre public, non dans l'intérêt du donateur, mais dans celui de ses enfants, c'est pourquoi il ne peut pas y renoncer ; l'article 965 contient, à cet égard, une prohibition formelle, qu'avait déjà prononcée l'article 40 de l'Ordonnance de 1731, conformément à la jurisprudence antérieure.

Nous avons deux exemples de tentatives faites par la fraude, pour échapper à cette sollicitude de la loi. Le premier est rapporté par Denisart, dans sa cinquième édition, au mot *révocation*, *note A*. Le sieur Tisserand avait fait au sieur Rivière, par le contrat de mariage de celui-ci avec la veuve Tauzin, une donation de 23,000 fr. Quelque temps après, il épousa la fille du premier lit de cette veuve ; mais, avant de la lui donner, on voulut le désarmer de l'action révocatoire, s'il avait des enfants. On lui fit souscrire un acte, par lequel il déclarait que les 23,000 fr., par lui remis à Rivière, à titre de donation, ne provenaient pas de lui, mais d'une personne qui avait voulu rester inconnue, et, qu'en réalité, il n'avait rien donné. Néanmoins, Tisserand, étant devenu père, révoqua la donation, et désavoua l'acte postérieur, comme n'étant que l'œuvre du mensonge. Par arrêt du 10 décembre 1756, la donation fut révoquée.

Le second exemple, est le sujet de l'arrêt de
la Cour de Toulouse, du 9 janvier 1820, déjà
rapporté. *Voy. n°. 55 de cette seconde partie.*

581. La prescription, qui fait que les biens et
les droits sont acquis ou perdus, par le seul effet
du temps pendant lequel ils ont été possédés par
l'un et abandonnés par l'autre, n'est pas de droit
naturel, mais dans l'état de civilisation, elle
était indispensable pour assurer le repos des citoyens, et réparer la perte des titres. Théodose
le Grand, au quatrième siècle, est le premier qui
ait mis des bornes à la perpétuité des actions :
cette heureuse idée, non-seulement reçut, par la
suite, des développements importants, mais elle
fut mise au nombre des règles du bien public.
*Bono publico usucapio introducta est. l. t. de
usurp. et usu cap.*

De ce caractère éminent de la prescription,
tous les docteurs tiraient la conséquence qu'on
ne pouvait pas déroger aux lois qui la concernent, par des conventions particulières; mais
aucun texte de loi ne l'avait directement établie,
et il était réservé aux auteurs du Code civil, de
lui donner la sanction législative, comme ils l'ont
fait dans l'article 2220 : « on ne peut renoncer
» d'avance à la prescription; on peut renon-
» cer à la prescription acquise. »

Ce serait donc en vain que, dans un bail à
ferme ou à rente; que dans un billet ordinaire

ou de commerce ; que dans tout autre traité, et
sous quelque prétexte que se soit, même de longue absence projetée, ou de troubles civils, ou
de guerre étrangère, on ferait renoncer le débiteur à opposer les diverses prescriptions qui,
par la suite, pourraient favoriser sa libération,
il n'en serait pas moins fondé à les invoquer, et
les tribunaux ne pourraient pas lui refuser la
protection qu'elles lui promettent.

CHAPITRE III.

CAUSES ET CONDITIONS CONTRAIRES AUX BON-
NES MOEURS.

SOMMAIRE.

582. Définition.
583. Division du sujet.

582. Ici la loi se tait, ses auteurs, n'ayant pu
prévoir les innombrables circonstances dont les
hommes s'emparent pour satisfaire leurs passions, après avoir signalé celles que nous avons
parcourues jusqu'à présent, ont été contraints,
pour les autres de se borner à la recomman-
dation générale, de réputer illicites toutes les
conditions qui offenseraient les bonnes mœurs,
laissant aux tribunaux le soin de discerner, dans
les variétés infinies que présentent chaque jour

les transactions des citoyens, celles dont la source ou le but serait une turpitude.

Dans le langage du droit, comme dans celui du monde, on entend par bonnes mœurs, *l'accomplissement des devoirs imposés à l'homme par les lois divines et humaines.* Ainsi, dans les libéralités, toute condition qui tend à détourner le donataire de l'un de ces devoirs, est nulle et réputée non écrite : le donataire recueille le don, sans être tenu de remplir la condition, *article* 900 *du Code civil.* Dans les contrats, tout ce qui fait agir, ou tend à faire agir les contractants, ou l'un d'eux, dans un sens contraire à ces devoirs, est le vice le plus radical qui puisse déterminer la nullité de la convention entière.

583. Comme on le voit, l'effet de l'offense aux mœurs, dans les libéralités, est très-différent de celui qu'elle produit dans les conventions, la raison de cette différence est que, dans les libéralités, le donateur faisant seul la loi, son donataire ne doit pas souffrir d'une faute qui n'est pas la sienne, tandis que les conventions, ne se formant que par le concours de tous les contractants dans un même sens, lorsqu'elles contiennent des conditions réprouvées, ou qu'elles ont une cause deshonnête, ils sont tous également coupables.

La différence dans les éléments constitutifs de ces deux espèces d'actes, conduit aussi, fort sou-

vent, à en apprécier très-différemment les causes
et les conditions, telle qui serait licite dans une
libéralité, peut être illicite dans une convention.

Nous traiterons, dans un premier paragraphe,
des conditions contraires aux bonnes mœurs
dans les libéralités;

Dans le second, des causes et conditions de
cette nature dans les conventions.

§. 1ᵉʳ.

Conditions contraires aux bonnes mœurs dans les libéralités.

SOMMAIRE

584. Il semble, au premier aperçu de ce grave sujet, qu'il est infiniment facile de résoudre les questions qu'il peut faire naître, et qu'il ne faut qu'un cœur droit pour distinguer la condition qui blesse les mœurs, de celle qui les respecte. Cela est vrai, quand l'offense aux mœurs doit être l'effet immédiat et certain de la condition ; que le testateur l'a voulu ainsi, et que le légataire ne peut l'exécuter, sans manquer à un de ses devoirs religieux ou civils. On réprouve généralement la condition de faire une action de cette nature : par exemple, de se marier contre le gré de son père, ou d'épouser une personne indigne. Il n'est personne qui ne se pénètre

de l'équité de la disposition de l'article 900,
appliqué à de semblables conditions : le légataire conservera le legs, et sera dispensé
de remplir la condition, parce qu'il est évident que le testateur a voulu le gratifier ; que,
s'il lui a imposé une condition de cette espèce,
il ne l'a fait que pour manifester ses sentiments
injustes, et non pour subordonner sa libéralité à
l'exécution de cette volonté, purement accidentelle, et non déterminante.

585. Avant le Code civil, la donation entre
vifs contenant une telle condition, eût été annulée ; on regardait l'acceptation du donataire
comme exprimant un consentement à satisfaire
le donateur dans ses désirs condamnables, et
une adhésion punissable à ses sentiments. On
pensait encore que le donateur, en choisissant
ce mode de libéralité, avait voulu s'assurer de
l'obéissance de la personne gratifiée, tandis que
le testateur écrit, presque toujours, ses dernières
intentions, à l'insçu de ceux qui doivent recevoir
ses largesses.

Les auteurs du Code en ont jugé autrement ;
ils ont cru devoir relever le donataire de l'obligation implicite qu'il a contractée, en acceptant la
donation, et l'effet de cette déplorable innovation
sera que le donataire aura trompé son bienfaiteur,
lui laissant l'espoir qu'il exécuterait sa volonté,
ou qu'il consommera l'outrage aux mœurs exprimé
dans l'acte, et que la loi voudrait empêcher.

M. Delaporte, dans ses *Pandectes françaises*, a été si scandalisé de cette règle nouvelle, que la regardant comme une antinomie avec l'art. 1172, il invite les tribunaux à tenir les mots *entrevifs* dans l'article 900, pour inadvertance, et à maintenir l'ancienne jurisprudence. MM. Merlin, Grenier et Toullier, se sont résignés à voir la loi comme elle est. Nous imitons leur prudence, en faisant, avec M. Toullier, des vœux pour qu'à la révision du Code on revienne aux règles, qui, depuis l'introduction du droit civil en France, avaient mis, sous ce rapport, les donations sur la même ligne que les conventions ; vœu d'autant moins téméraire, que M. de Malleville, l'un des auteurs du Code, l'a émise lui-même après la publication de cette loi. (*Analyse du Code civil*, *tom.* 2, *pag.* 356.)

586. En attendant, on doit, au moins, restreindre cette innovation, autant que l'esprit qui l'a dictée peut le permettre. Très-certainement, les législateurs n'ont pas entendu favoriser la mauvaise foi : si donc l'acte revêtu des formes de la donation, n'offrait, dans la chose donnée, que le prix d'une action contraire aux bonnes mœurs, un tel acte devrait, suivant la règle générale sur la simulation des traités, être réputé convention, et comme tel, annulé. Prenons pour exemple l'acte par lequel un père donnerait à son fils un domaine, à condition qu'il n'épouserait

pas une fille dont il saurait qu'il a un enfant;
que le fils ensuite donne à son père l'affront
qu'il redoutait, sera-t-il recevable à se prévaloir de l'article 900, pour, après avoir
épousé cette fille, braver son père dans l'humiliation qu'il lui occasionne, et conserver le domaine, en soutenant l'immoralité de la condition, qui s'opposait à ce qu'il réparât sa faute, et
légitimât son enfant? Non, sans doute, trop de
sagesse respire dans le Code, pour qu'on puisse
croire que ses auteurs ont entendu autoriser un
tel scandale. Cet acte n'aurait de la donation
que le nom, ce serait un véritable contrat commutatif, aucun motif de générosité ne l'aurait
dicté; le père ne pouvant obtenir de la piété
filiale l'obéissance de son fils, l'aurait payée,
tandis que la condition, faisant l'objet de l'article 900, ne peut s'entendre que de celle qui
accompagne une libéralité, mais qui n'en est
qu'accessoire, indépendante et non cause dominante.

Une seconde restriction peut encore être
apportée à cette nouvelle règle de droit. *Voy.
ci-après, n°. 615.*

587. Lorsque la condition, par elle-même,
n'offense pas les mœurs; que rien ne rend suspectes les vues du donateur, que cependant elle
donne lieu de craindre qu'elle ne soit, pour le
donataire, une occasion de manquer à ses de-

voirs, est-elle comprise dans la prohibition ?
L'examen de cette question est, d'autant plus,
important, que sa solution rendra plus facile
celles que présentent plusieurs cas particuliers.

Nous disons que, dans ce cas, comme dans
tous ceux où il s'agit d'apprécier le mérite d'une
disposition, c'est par la volonté de son auteur,
et par les effets immédiats qu'il a pu et dû prévoir qu'on doit se déterminer , et non par ceux
ultérieurs qu'en abusant de son bienfait, le donataire pourra lui faire produire : *in conditio-*
nibus primum locum voluntas defuncti obtinet,
eaque regit conditiones. Autrement, il faudrait
s'abstenir de toute libéralité, car il n'en est pas
dont on ne puisse abuser. Tel jeune homme ne
s'est livré au libertinage, que parce qu'un legs
lui en a procuré les moyens , et n'aurait pas
connu les désordres auxquels il a été entraîné ,
si , laissé dans son premier état, il eût été contraint au travail.

Le premier précepte d'équité , est de ne
juger les actions des hommes que par ce qui
leur est personnel, et non par ce qui est du fait
d'autrui ; et certes, s'il est une occasion où l'on
doive suivre rigoureusement ce prétexte , c'est
quand il est proposé d'enfreindre le vœu du testateur, et de dispenser celui envers qui il a été
généreux , d'exécuter la condition par lui mise
à son bienfait ; aussi la loi ne répute pas non

écrite la condition dont les effets peuvent être contraires aux bonnes mœurs, mais celle qui leur est contraire. La lettre de sa disposition concourt donc avec son esprit, pour commander cette interprétation. En un mot, pour que la volonté du testateur ne soit pas injustement mutilée, il faut qu'il ait lui-même offensé les mœurs par une condition déshonnête.

Loin qu'on puisse trouver, dans les textes nombreux du Droit romain sur les conditions réprouvées, le moindre appui au système contraire, on peut voir parmi ceux qu'a recueillis Ricard, dans son *Traité des dispositions conditionnelles;* n°. 238, que toujours c'était la condition même qui prescrivait une chose contraire aux bonnes mœurs.

588. Cependant, cet estimable jurisconsulte, et tous ceux qui l'ont copié, en traitant de la condition de se faire prêtre, n°. 264, enseignent : « que cette condition, quoique licite, et même » louable en soi, puisqu'elle appelle le légataire » au sacerdoce, conséquemment aux fonctions » les plus honorables de la société, doit cepen- » dant être rejetée comme contraire aux bonnes » mœurs, et tendant à une mauvaise fin, parce » qu'elle donne au légataire l'occasion d'entrer » au sacerdoce, avec un crime, et par la voie sa- » crilége et simoniaque. »

Très-certainement, Ricard avait moins médité

sur le point de droit, que sur la pureté désirable
dans les ministres de la religion, lorsqu'il a conçu
cette opinion.

589. Heureusement, nous avons à lui opposer
deux adversaires dignes de lui, sous le rapport
de la religion, comme du Droit , c'est le savant
Furgole et l'illustre d'Aguesseau.

Furgole, au sujet du sacerdoce même, s'élève
avec force contre lui, dans son *Traité des Testa-*
ments , tom. 2, pag. 86 : « Afin , dit-il , qu'une
» condition puisse être considérée comme con-
» traire aux bonnes mœurs, il faut envisager son
» objet et sa fin; si la fin est mauvaise , il faut
» sans doute, rejeter la condition qui impose la
» nécessité de faire une chose mauvaise ; mais il
» en doit être autrement , si la chose est bonne
» par elle-même : ne serait-ce pas une impiété
» et une espèce de blasphême, de dire que la
» prêtrise ou le monacat sont des choses mau-
» vaises par elles-mêmes..... Les mauvaises dis-
» positions qu'un prêtre peut apporter en em-
» brassant l'état ecclésiastique , n'ont rien de
» commun avec la chose en elle-même, qui est
» toujours sainte, et c'est la chose , l'objet et sa
» sa fin, et non la manière dont on remplit l'ob-
» jet, que l'on doit considérer dans les conditions;
» ainsi, il suffit qu'il n'y ait rien d'illicite dans
» l'objet du testateur qui attache une condition
» à sa libéralité ; et qu'il n'y ait rien non plus

» d'illicite dans le fait qui sert de matière à la
» condition, afin qu'elle doive être remplie. »

590. D'Aguesseau ne s'est occupé ni de Ricard,
ni du sacerdoce, mais dans un de ces exils honorables, que lui méritèrent ses vertus, voyant,
avec chagrin, la France livrée aux manœuvres
de l'agiotage (en 1720), et sans autre désir que
celui de s'éclairer lui-même, il se proposa la
question de savoir si le commerce des actions
de la Compagnie des Indes était licite? Pour
cela, il lui fallut remonter aux principes élémentaires sur les causes contraires aux bonnes mœurs;
et, comme Furgole, il ne reconnaît de vice que
quand les causes sont honteuses par elles-mêmes,
ou que l'offense aux mœurs en est l'effet inévitable : « Une cause honteuse en elle-même rend
» toujours nul et illicite l'engagement dont elle
» est le motif et le lien. Lorsque la cause n'est
» pas honteuse, en elle-même, et qu'il en naît
» seulement des effets honteux ou contraires aux
» bonnes mœurs, pour savoir si, par cette rai-
» son, elle doit être mise au nombre des causes
» honteuses, il faut distinguer : ou les effets con-
» traires aux bonnes mœurs sont seulement des
» suites accidentelles de la cause, et naissent
» plutôt de la conduite personnelle de ceux qui
» en abusent, que de la substance et du fond de
» la chose même; ou ces effets sont, au con-
» traire, des suites infaillibles de la cause, et dé-

» rivent de sa propre nature, ensorte qu'il est
» moralement impossible qu'elle n'ait pas de
» telles suites. »

« Dans le premier cas, ce n'est pas la chose
» qu'il faut accuser de ses suites, ce sont les per-
» sonnes ; et parconséquent la cause étant inno-
» cente en elle-même, ceux qui en usent innocem-
» ment ne sont pas coupables. » (*V. ses OEuvres*,
tom. 10, *pag.* 181.)

Ce que ce célèbre magistrat a dit des causes,
il faut le dire des conditions ; car la condition
d'un legs en est présumé le motif, et conséquemment la cause.

Enfin, il est tellement vrai que, pour affranchir le légataire de la condition, il faut que le
testateur ait commis lui-même la faute de manifester une volonté contraire aux bonnes mœurs,
que c'est sur cette dernière circonstance qu'est
fondée la différence des effets de la condition
immorale sur les contrats dont elle occasionne la
nullité, et sur les libéralités dans lesquelles elle
est seulement réputée non écrite. Tous les auteurs professent uniformément, que si le contrat
est annulé, c'est que l'outrage est commis par
celui qui reçoit sous cette condition, comme par
celui qui donne en l'imposant, et que dans le
testament, le testateur est seul coupable. « Si la
» libéralité subsiste, dit M. de malleville, c'est
» parce que le donataire ne participe pas au tort

» du donateur. *Analyse, tom.* 2, *pag.* 356.
» La loi, dit M. Merlin *Répertoire, tom.* 2,
» *pag.* 741., veut venger les lois et les mœurs
» que le testateur a offensées, en lui faisant ex-
» pier une volonté injuste ou deshonnête, par
» une bienfaisance qui n'a plus de motifs. »

Puisque tel est le fondement de la loi, il est
donc incontestable que l'outrage aux mœurs,
pour que la condition soit réputée non écrite,
doit se trouver dans la volonté du testateur, et
dans la condition par lui attachée à sa libéralité,
que si son intention a été pure, si la chose par
lui désirée était bonne et innocente, quelque
puisse être la conduite du légataire, cela ne peut
ni ne doit être un prétexte pour violer la disposition, il faut que ce légataire l'exécute, ou que
le legs reste aux héritiers.

Si nous nous sommes autant attachés à cette
question, c'est parce que, comme on l'a vu,
nous avions à combattre Ricard, dont le suffrage
est très-imposant ; que son système a été repro-
duit dans un arrêt de la Cour de Bruxelles ; et
que non-seulement il a été recueilli dans les jour-
naux judiciaires, comme autorité, mais encore
que M. Grenier, dans son *Traité des donations,*
le rapporte également, et paraît adopter cette
opinion. *Voyez n.º* 594.

Nous n'en croyons pas moins pouvoir poser,
comme principe invariable, que la condition

contraire aux mœurs qui autorise à appliquer
l'article 900 du Code civil, est celle dont l'exécution aurait l'effet certain et immédiat, de faire
contrevenir le donataire à l'un de ses devoirs religieux ou civils, et que, hors de là, toute condition est licite et obligatoire.

591. Ainsi, il faudrait réputer non écrite, la
défense qui serait faite au donataire, d'employer
tout ou partie du legs à la délivrance de son père,
retenu en prison pour dette, parce qu'elle aurait
l'effet immédiat et certain, d'en faire un fils
ingrat; et qu'elle n'aurait été évidemment écrite
par le testateur, qu'en cédant à un sentiment de
haine ou de vengeance.

On devrait également dispenser le légataire de
la condition qui lui serait faite d'épouser une co-
médienne ou une femme flétrie par la justice : de
telles conditions ne pouvant avoir été conçues
que par le mépris de la considération publique
et des bonnes mœurs.

Ce n'est que dans de semblables circonstances,
et quand il n'est pas possible de trouver à la volonté du testateur un sens raisonnable, qu'il est
permis d'y porter atteinte.

592. La condition de ne pas épouser une personne désignée est reconnue licite par tous les
auteurs, se fondant sur la loi 63, ff. *de condit. et
demonst.*, qui, effectivement, est formelle.

593. Toutefois ils exceptent le cas où le léga-

taire aurait eu, avec la femme désignée, des habitudes criminelles, et surtout si elle était devenue
mère : l'exécution de cette défense ayant pour
effet de détourner le légataire du double devoir
que lui impose sa conduite antérieure à l'égard
de la mère et de l'enfant.

D'abord, il ne suffit pas que la condition puisse
avoir cet effet, il faut que le testateur ait pu le
prévoir, et pour cela, la preuve qu'il a connu ces
circonstances particulières doit être rapportée ;
car s'il les a ignorées, il n'a pas offensé les mœurs,
en voulant repousser une femme qu'il a jugée ne
pas convenir à son légataire; il a usé très-légitimement de la faculté qu'il avait de disposer de
sa fortune à cette condition, et n'a pas entendu
détourner son légataire de remplir des devoirs
qu'il ne connaissait pas. Si celui-ci les avoue, il
est louable d'écouter ainsi les inspirations de
l'honneur, il doit s'empresser de faire ce qu'elles
lui commandent; mais, pour être fidèle à ses
obligations, il n'a pas besoin du legs, et l'honneur
exige de lui, tout aussi impérieusement, de s'abstenir d'un legs subordonné à une condition qu'il
ne peut pas exécuter.

Nous ferons, d'ailleurs, observer que, quand
le testateur aurait connu les fréquentations de
son légataire avec la personne désignée, et déjà
sa condition le fait présumer, cela ne suffirait
pas encore pour improuver sa disposition. Ces

relations blâmables entre les deux sexes ne font un devoir à l'homme d'épouser la femme qui s'est prêtée à ses désirs, que lorsqu'elle n'a succombé qu'à la faveur d'une promesse de mariage, ou qu'elle est devenue mère. Dans le premier cas, il doit à la femme séduite de tenir sa promesse; dans le second, il doit à l'enfant de le légitimer.

Sans doute, dans l'une comme dans l'autre de ces deux hypothèses, s'il était établi que le testateur en était instruit, il aurait offensé les mœurs en promettant un prix à la déloyauté, et les tribunaux s'empresseraient de faire au légataire la remise de cette honteuse condition; mais, jusqu'à cette preuve, la présomption est pour l'innocence des intentions du testateur. Les dispositions de cette espèce, loin d'outrager les mœurs, ne tendent qu'à les faire respecter, à rompre des habitudes pernicieuses, et à soustraire le légataire à tous les maux dont les mariages ainsi précédés ne manquent, presque jamais d'accabler, les époux.

Si cependant c'était à une fille qu'il fût recommandé de ne pas épouser un homme désigné, il suffirait, pour faire rejeter la condition, de prouver que le testateur savait non-seulement qu'elle avait souffert les fréquentations de cet homme, mais qu'elle s'était livrée à lui, lorsmême que ce désordre n'aurait été ni amené par une promesse de mariage, ni suivi de grossesse.

Le testateur, informé qu'elle s'est oubliée à ce

point extrême, outrage les mœurs, s'il s'oppose
à ce qu'en épousant celui auquel elle s'est ainsi
abandonnée, elle efface son déshonneur, autant
qu'il est possible de le faire ; mais il faut la preuve
de cette grave circonstance ; celle de simples fréquentations, eussent-elles été malignement inter-
prêtées par cette partie du public toujours disposée aux jugements téméraires, n'emportant
pas le déshonneur dans l'esprit des personnes
sensées, ne devrait pas déterminer les magistrats à proscrire la condition.

594. Une cause de cette espèce s'est présentée,
en 1809, devant la Cour de Bruxelles ; mais elle
y a reçu une décision tout-à-fait opposée à notre
théorie, et nous devons, d'autant plus, en réfuter
les motifs, qu'elle a paru dans les fastes de l'ordre
judiciaire avec éclat. Le *Journal du Palais, premier sémestre* 1810, *p.* 456, l'a publiée, en y
joignant des observations dans lesquelles on ne
se borne pas à l'approuver, on y porte beaucoup
plus loin le système que nous regardons comme
une erreur. Mêmes éloges, mêmes extensions
dans le *Recueil de M. Sirey, tom.* 9. 2. 341 ; mais,
ce qui est plus important, M. Grenier, *t.* 1er, *p.* 300,
en la rapportant, comme autorité faite pour fixer
l'opinion, l'investit par-là de toute la confiance
qu'il inspire lui-même à si juste titre.

On va voir si elle méritait tous ces honneurs.
Le sieur François, médecin à Binch, menacé de

mort prochaine, fit son testament, le 27 janvier
1808, et légua la totalité de ses biens, qui étaient
considérables, tant à son frère qu'à sa nièce, fille
de ce dernier; mais, en mettant au legs de la
demoiselle François la condition qu'elle ne se
marierait pas avec Clément Brichot, musicien,
de la même ville.

A peine le testateur était il décédé, que la demoiselle François traduisit son père devant le
tribunal de Charleroi, pour qu'il eût à lui déli-
vrer les biens qui lui étaient légués. Son père lui
opposa la condition écrite au testament, et le
tribunal en ordonna l'exécution. Sur l'appel, elle
déclara avoir mis au monde, le 4 avril, un enfant
dont Brichot était le père, et en conclut que la
condition qui lui défendait d'épouser Brichot
était contraire aux bonnes mœurs. C'est ce plai-
sant rigorisme, dans la bouche d'une fille devenue
mère, que la Cour de Bruxelles a consacré par
son arrêt du 16 mai 1809. Pendant l'instance
d'appel, plus d'un an après la naissance de l'enfant, Brichot s'en était reconnu père, et le mariage, dont la pensée révoltait le testateur, avait
été contracté, La Cour de Bruxelles n'en réfor-
ma pas moins le premier jugement, et la nièce
de François, tout en lui désobéissant audacieusement, et sans respect pour sa mémoire, donnant à sa famille le chagrin qu'il voulait lui épargner, recueillit tout le prix qu'il avait mis à son
obéissance.

La science mal digérée est souvent plus funeste
que l'ignorance ; et tel malade est mort pour avoir
été traité savamment, qui aurait recouvré la
santé, si on l'avait abandonné aux ressources de
la nature : si les magistrats de Bruxelles n'avaient
pas eu l'imagination égarée par les innombrables
lois du Droit romain sur la matière, par les interprétations en tout sens qu'en ont faites les
docteurs des derniers siècles, ainsi que par les
décrets que l'esprit de parti a donnés à la France
en 1791 et en l'an 11 ; s'ils n'avaient été éclairés,
dans cette cause, que par les lumières du bon
sens, ils auraient dit : le frère du testateur devait
recueillir toute sa fortune ; il n'avait pas démérité
auprès de lui, puisqu'il lui laisse tout ce qu'il
ne donne pas à sa nièce ; mais, alarmé de voir
cette jeune personne follement éprise d'un musicien sans mœurs (la suite l'a prouvé), il a voulu
éviter à sa famille l'humiliation, et à sa nièce les
déplorables effets qu'il apercevait dans cette mésalliance. Pour conjurer tous ces maux, il a promis
une récompense à sa nièce : il ignorait qu'elle eût
mis le comble à ses égarements, puisque c'est la
veille de sa mort qu'il lui lègue une partie de ses
biens, pour la détourner de l'épouser ; on n'a,
d'ailleurs, jamais ni prouvé, ni même offert de
prouver jusqu'à quel point il avait pu apprécier
les liaisons de sa nièce avec Brichot ; et parce
qu'elle s'est rendue coupable de la plus grande

faute que fille puisse commettre, parce qu'elle a fait aux mœurs le plus sanglant outrage, et qu'elle s'est mise, par cette honteuse conduite, dans la nécessité de renoncer à la récompense qui lui a été promise, ou d'outrager une seconde fois les bonnes mœurs, il faut, à l'entendre, dire que c'est son oncle qui a blessé les mœurs par sa condition, et l'en punir en livrant à la nièce la récompense dont elle s'est rendue indigne. Amenés par ces réflexions à une juste indignation, les juges de Bruxelles, sans s'occuper de ce qu'auraient pensé les Romains en pareil cas, auraient, comme les juges de Charleroi, repoussé le révoltant système de la demoiselle François. Ce système qui flétrit la mémoire de l'innocent, viole ses dernières volontés, et décerne à la désobéissance le prix de la docilité, paraîtra toujours aux yeux de l'homme qui a plus de raison que de savoir, un pénible contre-sens.

Voyons par quels motifs on s'est ainsi éloigné de l'équité naturelle.

1°. La Cour de Bruxelles se fonde sur les décrets de 1791 et de l'an 11.

Ces décrets, sans contredit, auraient fait annuler la disposition du sieur François, puisqu'ils déclaraient contraires aux bonnes mœurs toute clause gênant la liberté qu'a le légataire de se marier ou remarier. Ils avaient été conçus dans le premier moment de la révolution, pour briser les liens de famille, et donner, aux partisants des idées nouvelles, la faculté de s'y livrer sans frein et sans danger pour leur fortune. Mais, dix années après, l'exaltation des idées politiques commençant à se calmer, les auteurs du Code se sont bien gardés de renouveler des dispositions aussi restrictives de la faculté de tester ; la règle infiniment simple et concise qu'ils ont tracée, dans l'article 900 en est l'abrogation la plus formelle.

Telle a été l'opinion unanime des jurisconsultes du premier rang, MM. de Malleville, Merlin, Grenier, Toullier, Delvincourt, et elle sera celle de quiconque n'aura pas intérêt de regretter ces lois qui, nées de la révolution, ont dû s'évanouir avec elle.

Cette première erreur de la Cour de Bruxelles est si palpable, que les autres ne doivent plus étonner.

2° La loi 64, ff. *de condit. et demonst.* proscrivait la condition « de ne pas se marier avec une » personne désignée. »

Oui ; mais dans quel cas ? quand il paraissait que le testateur ne l'avait écrite que dans *l'intention frauduleuse* d'empêcher le légataire de se marier facilement, *an fraus legi facta esset* ; cela est si vrai, que la loi 63, qui précède immédiatement celle citée, autorise la condition prescrite à une femme de n'épouser ni *Seïus*, ni *Marius*, ni plusieurs autres ; au surplus, pour la condition de ne pas se marier, *voyez ci-après* n°. 597.

3°. La condition mise par François à son legs doit être réputée « contraire aux bonnes mœurs, » parce qu'elle pourrait avoir l'effet d'empêcher » la réparation de l'honneur de la légataire, l'es- » poir d'un autre mariage quelconque, et priver » l'enfant né d'elle du bienfait de la légitimation.»

Qu'importe toutes ces conséquences, si la cause ne peut en être imputée qu'à la légataire, et si le testateur n'a pas été instruit que sa nièce s'était déshonorée ; quelle influence peuvent-elles avoir sur son testament? ses intentions ont-elles été moins louables, parce que le mal qu'il voulait éviter existait déjà, et à son insu ? et peut-on, sans un intolérable arbitraire, donner à la nièce pour réparer son honneur, précisément ce que son oncle lui promettait pour qu'elle le conservât? Avec cette manière de voir, il faut bannir du barreau ces axiomes si souvent répétés sur le res- pect dû aux testaments et ce mot de la loi : *Dispo- nat testator et erit lex*, et celui de Quintilien : *Nihil potentius apud nos, nihil nostro amico sacratius esse debet.*

Ajoutons que ce motif repose sur une idée qu'on n'approfondit pas sans amertume. Les juges supposent que la demoiselle François, si elle avait dû opter entre le legs de son oncle et la réparation de son honneur, aurait laissé son hon-

neur et son enfant dans l'état où elle les avait
mis; et c'est dans cette pensée, et à cette fille,
qu'ils accordent le legs destiné à un honneur in-
tact !

4°. Enfin, pour apprécier si une condition est
ou non contraire aux mœurs, « il suffit d'examiner
» le rapport de ses effets avec ce qu'exigent l'ordre
» public et l'intérêt des mœurs; ainsi il est indif-
» férent que François ait connu ou non la gros-
» sesse de sa nièce. »

On renouvelle par là le sentiment auquel Ricard s'était laissé entraîner par des scrupules mal
entendus, sentiment que Furgole a si victorieusement combattu, et auquel nous avons également
ment opposé la profonde théorie de d'Aguesseau
sur les causes contraires aux bonnes mœurs.
Voy. ci-dessus n°. 587 et suivants.

Nous devons à M. Grenier la justice qu'il n'a
mis sous les yeux de ses lecteurs que ce dernier
motif, et leur a épargné les trois premiers, tout
à fait opposés à sa doctrine.

Quant au rédacteur du *Journal du Palais*,
nous n'en dirons qu'un mot qui fera suffisamment
apprécier la légèreté avec laquelle ses observations ont été rédigées. Il veut qu'on n'ait aucun
égard à la loi 63, ff. *de cond. et dem.* qui autorise
la condition de se marier avec une personne désignée, nonobstant que tous les auteurs anciens
et modernes l'aient suivie, et rapportent une

multitude d'arrêts qui y sont conformes. Il voudrait persuader que les lois de 1791 et de l'an 11 sont préférables, tandis que tous les autres jurisconsultes sont d'accord sur ce point, qu'elles sont abrogées par le Code civil, et en donnent une raison qui ne supporte pas de réplique raisonnable, c'est qu'elles sont inconciliables avec l'article 900 de la loi nouvelle.

Cet arrêt est aussi rapporté dans la *Jurisprudence du Code civil*, tom. 13, *p.* 87; mais la même collection, p. 376, contient une consultation qui en fait une critique fort savante et très-judicieuse.

595. On se porte avec tant de facilité à réputer contraires aux bonnes mœurs les conditions des testaments, qu'on a très-solennellement agité devant la Cour de Pau, en 1823, la question de savoir si la condition de ne point *s'écarter de la conduite d'une honnête et décente fille*, leur était contraire. Il est vrai que, dans certaines circonstances, elle peut l'être, ainsi que nous le verrons, mais il y avait absurdité et ridicule à le prétendre dans l'espèce.

En 1812, Moustron partant pour l'armée, institua la fille A... sa légataire universelle, sous cette condition : «Néanmoins, ladite institution » ne devra sortir son effet que dans le cas où, au » jour où ma mort pourra être connue, ladite A... » ne serait pas mariée; voulant, en lui donnant

» mon bien, améliorer son sort et l'encourager à
» persévérer dans les bonnes mœurs que je lui ai
» connues. Mais si, ce que je ne puis croire, elle
» venait à changer de principes, et à s'écarter de
» la conduite d'une honnête et décente fille, le
» présent testament restera comme nul et non
» fait. »

Moustron étant mort en Autriche, le 16 septembre 1813, sa mort ne fut connue en France
que quelques années après, et alors la fille A..,
voulant profiter de son bienfait, éprouva de l'opposition de la part des héritiers. L'instance, d'a-
bord liée devant le tribunal d'Orthez, fut portée
par appel devant la Cour de Pau, et là s'éleva la
question sur la validité du legs. Les héritiers de
Moustron, se prévalant de la condition, arti-
culèrent que, dès 1815, la fille A..., devenue
enceinte, avait été chassée de la maison dans laquelle elle servait, à cause de la dissolution de
ses mœurs ; qu'elle avait accouché à Dax, et que
son enfant avait été mis à l'hospice.

Pour la fille A..., sans avouer ni dénier ces
faits, on soutint que la condition devait être réputée non écrite, comme contraire aux bonnes
mœurs, parce qu'il ne peut pas être permis de
promettre une récompense pour ne pas faire le
mal ; on ajoutait qu'admettre la preuve pour
prouver qu'une jeune fille a cessé d'être honnête
et décente, c'était ouvrir un vaste champ à la
médisance et au scandale.

Pour les héritiers Moustron, on répondait que la condition de persévérer dans une conduite honnête et décente, loin d'être contraire aux bonnes mœurs, leur était favorable, puisqu'elle encourageait à les conserver; qu'à l'égard de la preuve offerte, c'était aux tribunaux à ne l'autoriser que sur des faits graves et décisifs.

C'est ce dernier système qui a été accueilli, par arrêt du premier février 1823, dont les principales dispositions sont ainsi conçues :

« Attendu que la disposition ne doit avoir son » effet, d'après la volonté formelle et l'intention » non-équivoque de son auteur, qu'autant que » la condition qu'elle renferme aura été remplie; » que vainement on a prétendu, dans l'intérêt de » Sentine A..., qu'une pareille condition devait » être regardée comme non écrite, puisqu'elle » n'est ni impossible, ni contraire aux lois ou aux » bonnes mœurs, et que celles là seules sont ré- » putées non écrites dans les donations entrevifs » et les actes de dernière volonté, aux termes de » l'article 900 du Code civil ;

» Attendu que les faits articulés, notamment » celui de l'accouchement hors mariage, sont » pertinents et admissibles, puisque, si la preuve » en est rapportée, il en résulte que Sentine A... » aura, par son inconduite, perdu les droits » qu'une vie honnête et régulière lui assurait sur » la succession de Moustron, son bienfaiteur.

(*Voy*. le *Journal du Palais*, tom. 70, *p.* 31.)

Le rédacteur de ce Journal, en rapportant cet arrêt, a cru devoir en faire la critique ; et, suivant lui, toute la fortune de Moustron, qui ne la destinait à Sentine A… qu'autant qu'elle conserverait ses bonnes mœurs, devait être livrée à cette fille, malgré la conduite déréglée et publique qu'elle avait tenue, et dont la preuve était offerte.

Sans vouloir répondre à tous les arguments qu'il présente pour soutenir ce qui, à nos yeux, n'est qu'un paradoxe, nous ferons observer qu'il n'est parvenu à donner à ses propositions une couleur spécieuse, qu'en les supposant dans les écrits de Pothier et de M. Toullier, et qu'il a confondu les conditions insérées dans les conventions avec celles écrites dans les testaments, quoiqu'il ait affecté, sous un autre rapport, d'en rappeler la différence.

Sans contredit, la condition de ne pas faire le mal, écrite dans une convention, c'est-à-dire, dans un acte commutatif, serait réprouvée; mais pourquoi? parce qu'elle y est toujours une turpitude, ou de la part des deux contractants, s'il y a autant de mal à promettre qu'à accepter, ou au moins de la part de celui qui accepte. Si, par exemple, et sans sortir de l'espèce, Moustron, au lieu de faire un testament, avait passé une obligation au profit de Sentine A…, de lui payer une somme à son retour, s'il la trouvait persévérante dans le bien, incontestablement, un tel acte aurait eu pour motif une turpitude, non du côté de Moustron, dont les intentions n'en auraient pas été moins louables, mais de celui de Sentine A... qui se trouverait avoir mis un prix à sa persévérance dans l'accomplissement de ses devoirs.

Dans le testament, le testateur dispose seul, sans que le légataire y prenne part; et si, en lui léguant tout ou partie de sa fortune, il y met pour condition qu'il ne s'en sera pas rendu indigne par l'abandon de la vertu, certes, il ne peut pas mériter le reproche d'avoir outragé les mœurs. On ne peut apprécier la condition, comme nous l'avons établi nᵒ. 587., que par l'objet et la fin que s'est proposé son auteur, et, dans cette hypothèse, le bon sens fait trop apercevoir la pureté de l'objet et de la fin de la condition, pour qu'on puisse se laisser égarer par les subtilités qui étayent le système contraire : système qui, dans la proscription qu'il provoque, enveloperait toutes les institutions dont le but est de provoquer à l'amour de la vertu et à la passion de la gloire.

Au surplus, nous ne prétendons pas que, par suite d'une semblable disposition, les héritiers du testateur seraient recevables à relever, dans la conduite du légataire, des faits équivoques et peu importants. Nous croyons, au contraire, que les héritiers de Moustron n'ont dû leur

succès qu'à la gravité des faits par eux articulés,
et que, dans toutes les instances du même genre,
il faudrait des faits, à peu près, aussi décisifs : il n'y
aurait pas à hésiter, par exemple, si le légataire
avait été flétri par une condamnation judiciaire.

Nous ferons encore observer que tout ce que le rédacteur de cet article a dit des instances sans fin que
pouvait occasionner la condition de Moustron,
porte à faux, en supposant que cette condition
devait s'exécuter, même après la délivrance du
legs, et donner aux héritiers du testateur le droit
de surveiller la conduite de Sentine A... pendant
toute sa vie : rien dans le testament n'autorise
cette interprétation ; tout, au contraire, y démontre qu'il n'entendait parler que de la conduite qu'aurait tenue cette fille depuis son départ jusqu'au moment où elle se présenterait pour
recevoir son legs.

596. Sans contredit, si un legs était fait à la
condition que le légataire se conduirait sage-
ment toute sa vie, on devrait la réputer non-
écrite. Elle serait attentatoire à l'honnêteté publique, et conséquemment aux bonnes mœurs,
par l'effet immédiat qu'elle aurait de donner aux
héritiers du testateur une inspection quotidienne
sur les actions du légataire, et un intérêt trop
sensible à en médire, peut-être même à concevoir de ces fausses idées qu'inpire trop souvent un
violent désir, inquisition qui pourrait devenir

une source inépuisable d'accusations hasar-
dées.

Il n'en est pas de même lorsqu'il ne s'agit que
de vérifier, à l'époque de la délivrance du legs,
si le légataire s'en est rendu indigne, et surtout
lorsque les faits sont graves, et ont le caractère
évident d'une conduite répréhensible.

597. La question sur laquelle nous allons nous
trouver le plus en opposition avec tous les auteurs modernes, est celle de savoir si, sous l'empire du Code civil, on peut réputer contraire aux
lois ou aux mœurs la condition de ne pas se marier?

Quel que soit le jugement qu'on portera sur
notre opinion, on nous ferait injure de l'attribuer
à l'amour-propre et au désir de critiquer des jurisconsultes auxquels personne ne porte, plus que
nous, d'estime et de considération ; mais ils n'ont
pas présenté, sur cette question, d'opinion personnelle; ils se sont bornés à reconnaître que les décrets
de 1791 et de l'an 11 avaient perdu toute leur force,
et à renvoyer à la jurisprudence antérieure, sans
examiner si cette jurisprudence pouvait encore
avoir force de loi, avec notre droit public actuel.

Nous pensons donc qu'en thèse générale, et
sauf quelques exceptions, la condition de ne pas
se marier, mise par un testateur au legs fait en
faveur d'une personne de l'un ou de l'autre sexe,
n'est contraire ni à nos lois, ni à nos mœurs ;

que le légataire est obligé de la remplir ou de renoncer à son legs, et que les tribunaux ne peuvent pas l'en dispenser, sans commettre un arbitraire inexcusable.

L'homme qui, prévoyant sa fin prochaine, consigne par écrit ses dernières volontés, exerce la dernière des facultés de la liberté civile, et, pour celle-ci, comme pour toutes les autres, il ne doit reconnaître de bornes que dans les lois divines ou humaines. Si donc, ni les unes ni les autres ne défendent le célibat, il ne peut pas les offenser en le recommandant à son légataire.

S'appuyer sur les lois romaines pour soutenir le contraire, comme l'ont fait tous nos jurisconsultes et les Parlements, depuis l'introduction de ces lois en France, c'est perpétuer un préjugé, un véritable contre-sens avec les lois françaises, contre-sens bien plus palpable aujourd'hui, que la liberté civile et religieuse est un des points fondamentaux du Droit civil.

Voyons donc pourquoi, dans le Droit romain, la condition *non nubendi* était réprouvée, et si nous découvrons que les causes de sa réprobation ne subsistent plus parmi nous, il faudra reconnaître qu'il y aurait inconséquence et arbitraire à la prononcer encore.

5g8. Une opinion assez répandue est que la défense de se marier a été réputée contraire aux mœurs, parce que l'homme étant né et organisé pour s'unir à la femme, en le condamnant au célibat, on l'expose à des désordres. De tous les raisonnements que nous avons à combattre, c'est le plus facile à déconcerter.

L'esprit de conquête était l'âme de la République romaine, qui a fini par asservir les trois quarts du Monde alors connu ; sa population s'usait, suivant les expressions de Montesquieu, comme l'arme dont on se sert toujours. Il fallait donc que cette nation, pour remplir sa destinée, obtînt, de ceux à qui elle commandait, le plus d'hommes qu'il était possible. Cette idée dominante respire dans toutes ses lois, comme la cause unique de la réprobation qui nous occupe : *legem....* *utilem rei publicœ, sobolis scilicet procreandœ* *causâ latam.* L. 64, § 1, ff. *de cond. et dem.* *augeri nostram rempublicam, et multis homi-* *nibus legitimè progenitis frequentari volumus.* L. 2, *Cod. de ind. vid.* Aussi Pothier, pénétré de ces lois, en réunissant, dans ses *Pandectes,* *tom.* 2, *p.* 455, toutes celles relatives aux diverses conditions qui peuvent gêner la liberté du mariage, ne les regarde pas comme contraires aux mœurs, mais à l'utilité publique : *Utilitate* *publicâ adversantes conditiones quœ aliquem à* *nubendo deterrent.* C'est encore à cette seule cause qu'il attribue leur illégalité dans son *Commentaire sur la Coutume d'Orléans, p.* 503. La Cour de cassation, dans l'arrêt du 20 janvier

1806, que cite M. Chabot, *tom. 1, p. 119*, en
reconnaissant que ces lois étaient suivies dans
l'ancienne jurisprudence, se borne à conclure
contre la condition de ne pas se marier; qu'elle
était réputée contraire *à l'utilité publique.* Ricard
lui-même, en votant le rejet de la condition de se
faire prêtre, n'a considéré que la pureté désirable dans ceux qui exercent le sacerdoce, et non
les dangers du célibat, puisqu'il regarde comme
licite la condition de se faire moine.

Ce désir de multiplier les mariages, et par là
la population, était tel, qu'à diverses époques
des Censeurs ont été chargés de les diriger et d'y
porter les citoyens par toutes sortes de moyens;
que des peines étaient prononcées contre le célibat; que les hommes mariés recevaient des ré-
compenses et avaient des priviléges ; que tous les
fonctionnaires, même les Consuls et les Sénateurs
prenaient rang, non dans l'ordre de leur récep-
tion ou de leur âge, mais dans celui du nombre
de leurs enfants; en sorte que l'obligation de
donner à la patrie des enfants légitimes était un
des devoirs du bon citoyen; que le remplir, faisait
conséquemment partie des bonnes mœurs, et que
la condition *non nubendi* était déclarée illicite.

Loin qu'en publiant ces lois, on eût pensé aux
suites du célibat sur les mœurs, d'une part, la
condition de ne pas se remarier, qui d'abord était
permise, puis a été réprouvée, fut de nouveau

déclarée licite par Justinien; de l'autre, on gênait le mariage sous plusieurs rapports; les soldats ne pouvaient pas se marier (*Voy. Dion, liv.* 60), et ces armées innombrables, répandues dans le plus vaste empire qui ait pesé sur la terre, s'y livrant aux excès ordinaires de la soldatesque, n'étaient composées que de célibataires. Le mariage était interdit à cinquante ans pour les femmes, et à soixante pour les hommes : pendant longtemps il fut défendu entre les familles patriciennes et les plébéiens. Jusqu'à Auguste, les ingénus ne pouvaient se marier ni avec les esclaves, ni avec les affranchis. Ces entraves aux mariages étaient encore augmentées par le caprice des censeurs, sans l'agrément desquels on ne pouvait pas les contracter.

On ne s'occupait donc nullement de prévenir les rapprochements illicites entre les deux sexes : à cet égard, si la loi était indifférente, la religion ne l'était pas moins; on voulait donc des mariages dans le seul but de fournir des hommes à l'Etat.

Sous Constantin, la religion chrétienne, que ses prédécesseurs avaient persécutée, devint celle de l'Empire; mais quoi qu'elle ait érigé en vertus la virginité et la continence, l'esprit de conquête continua d'animer cet Empereur, ainsi que ses successeurs, et l'influence de la religion sur cette partie des mœurs et de la législation fut très-lente. Justinien lui-même n'abrogea que la loi

62 ff. *de cond. et dem*. qui réputait illicite la condition faite à la veuve de ne pas se remarier; celles
sur la condition *non nubendi* se trouvèrent con-
firmées par cette abrogation particulière, et con-
tinuèrent d'être regardées comme lois, non-seulement pour les Provinces de Droit écrit, mais
même pour les pays coutumiers, ce qui est implicitement consacré par l'Ordonnance de 1747, sur
substitutions.

On ne doit donc pas s'étonner que tous nos
auteurs aient enseigné ce point de Droit, et que
la Cour de cassation, dans l'arrêt dont nous venons de parler, ait déclaré qu'en cette partie les
lois romaines formaient notre ancienne législation; mais doivent-elles encore être suivies dans
l'état actuel de notre Droit? non, sans doute.

Comme nous l'avons dit, le mariage n'est plus
un devoir, ni religieux ni civil.

Comment serait-il un devoir religieux, quand
la religion de l'Etat honore le célibat, en fait à ses
ministres une obligation, et aux particuliers un
motif de perfection?

Il n'est pas davantage un devoir civil; enfin, il
a cessé ce contre-sens que les lois romaines faisaient parmi nous avec la religion chrétienne, et
l'esprit de liberté qui, de tout temps, a distingué
le Français des autres nations. Le Code civil a
fixé toutes les règles concernant le mariage, et
l'on s'est bien gardé d'y imposer à des hommes

III			26.

libres l'obligation la plus destructive de la liberté.
L'orateur du Tribunat disait, à ce sujet, au Corps-
Législatif, le 23 ventôse an XI : « L'un des premiers
» besoins de l'Etat est la population dont le mariage
» est la source la plus féconde, parce qu'il en est la
» plus pure; s'en suit-il cependant que le législa-
« teur doive user de sa puissance pour y déter-
» miner les citoyens? L'antiquité et les Romains
» eux-mêmes en offrent des exemples qui, de
» notre temps encore, ont semblé enchaîner
» quelques opinions. Mais, presque toujours,
» ces sortes de législations accusent les peuples
» pour qui elles sont faites, de décadence et de
» faiblesse. Dans un état florissant, la propaga-
» tion ne demande au législateur d'autre encoura-
» gement que de n'être point arrêtée. A cet
» égard, le projet proposé a, sur notre ancienne
» jurisprudence, plusieurs avantages, moins par
» les dispositions qu'il contient, que par celles
» qu'il n'a pas dû rappeler. »

A cette déclaration solennelle, ajoutons que
l'article 7 de la loi du 30 ventôse an XII, sur la
réunion des diverses lois composant le Code,
porte : « Les lois romaines, les Ordonnances, les
» Coutumes générales ou locales cessent d'avoir
» force de loi générale ou particulière dans les
» matières qui sont l'objet des lois composant le
» présent Code. »

Si, de se marier, n'est plus un devoir, si le céli-

bat en soi n'est contraire ni à l'ordre public, ni
aux bonnes mœurs, le legs fait sous la condition
de le garder, est aussi licite que le célibat même.
Oublions donc, sur ce point, les lois et les mœurs
des Romains, et conformons-nous aux nôtres.
Ne disons plus, avec les anciens auteurs et plusieurs parmi les modernes, que cette condition
est contraire *à l'honnêteté publique*, *à l'utilité
publique*; qu'elle est *impolitique*, *injuste*, etc.
Ces grands mots qui ne spécifient rien, et dont
le sens élastique s'élargit ou se rétrécit, suivant
l'opinion du jour, sont les portes de l'arbitraire.
Il ne s'agit pas de l'ordre public, comme chacun
voudra l'entendre, mais *des lois et des mœurs*,
c'est-à-dire, des obligations dérivant du Droit
naturel ou du Droit civil.

A ces moyens se joint un grand motif de considération : il est difficile de penser qu'un testateur
emploie jamais cette condition dans une intention hostille. On ne donne pas à qui l'on veut du
mal. Mais, par exemple, il peut arriver qu'un père,
ayant un enfant délicat ou difforme, et craignant
pour lui les suites du mariage, lui laisse, pour
l'en dédommager par plus d'aisance, tout ou
partie de la portion disponible, et qu'en même
temps il déclare que si, contre son conseil, il se
marie, il veut que l'égalité règne entre ses enfants.
Qui refuserait d'applaudir à une aussi sage disposition ? Ecrite par un bon parent ou un ami,
elle ne serait pas moins louable.

Objectera-t-on, avec Ricard, que le légataire, ainsi intéressé à s'abstenir du mariage, peut être entraîné à une mauvaise fin? Furgole et d'Aguesseau répondent : *C'est la chose, l'objet et sa fin, et non la manière dont on remplit l'objet que l'on doit considérer dans les conditions. Voy. ci-dessus n°. 587.*

599. Toutefois, s'il apparaissait, comme nous l'avons dit n°. 593, que cette condition n'a été conçue par le testateur, que pour porter son légataire à méconnaître un devoir, elle devrait être déclarée illicite, non parce qu'elle contiendrait prohibition du mariage, mais parce qu'elle tendrait directement à une mauvaise action. Si, par exemple, il était établi que le testateur n'a prescrit à son légataire la condition générale de ne pas se marier, que pour l'empêcher d'épouser la fille dont il savait qu'il avait un enfant; dans ce cas, c'est par le testateur même que les mœurs seraient offensées.

600. Tout ce que nous venons de dire, sur la condition du célibat, est indifférent relativement à celle de garder la viduité. Long-temps elle fut réprouvée comme celle du célibat; mais, nous l'avons déjà dit, Justinien, par une loi expresse, la déclara licite, et elle l'a toujours été dans notre ancienne jurisprudence. Il fallait une législation comme celle de la révolution pour, laisser aux veuves remariées les dons à elles faits en

DE LA FRAUDE. 403

foulant aux pieds la condition de viduité. Heureusement le Code civil a fait taire ces lois immorales, et tous nos jurisconsultes sont unanimes sur la validité de cette condition. M. Grenier est le seul qui, dans la première édition de son *Traité des Donations*, ait hésité ; mais, à la lecture de ce que MM. Merlin et Chabot écrivirent après lui sur ce sujet, il adopta leur sentiment dans les éditions subséquentes, avec la noble franchise qu'inspire toujours à l'homme vertueux l'amour de la vérité.

601. Si la condition de ne pas se marier est licite aujourd'hui, ainsi que nous croyons l'avoir démontré, à plus forte raison, celle de ne se marier que du consentement d'un tiers, imposée au majeur privé des parents à qui il devrait demander le leur, doit-elle être exécutée.

La loi 28 ff. *de cond. et dem.* la déclarait nulle, et tous nos auteurs, M. Toullier même, *tom.* 5, *pag.* 265, ont pensé que cette loi devait encore être suivie, une telle condition étant *contraire à la liberté du mariage*. Cette doctrine est d'autant plus étonnante de la part de cet habile et savant professeur, que, d'abord, et avec grande raison, il déplore que les auteurs du Code civil se soient trop servilement attachés aux décisions du Droit romain, en réputant *non-écrite* la condition réprouvée ; il voudrait que cette condition fût une cause de nullité de la disposition, même dans les libéralités comme dans les conventions, et regrette qu'on n'ait pas en cela imité les auteurs du Code Frédéric.

Plus cette observation est judicieuse, plus il est convenable, en obéissant à une loi qu'on improuve, de ne pas étendre ses effets au-delà du cercle qui lui est tracé. Or, nulle part, le Code n'a prohibé la condition contraire à la liberté du mariage; une telle condition ne blesse ni les lois, ni les mœurs; il faut donc que le légataire s'y conforme, et d'autant mieux, qu'il ne perd pas pour cela la liberté de se marier à son gré en renonçant au bienfait; mais s'il veut le prendre sans satisfaire au désir qui l'accompagne, c'est une déloyauté que les tribunaux ne peuvent plus autoriser.

Ici s'élève encore le grand moyen de considération que nous avons présenté *ci-dessus*, n° 598. Un père, un oncle, un ami arrivé au terme de ses jours, et animé du louable désir de garantir après lui un jeune homme, objet de son affection, de tous les dangers qui l'environeront à son entrée dans le monde, voudra, en lui léguant des biens qu'il ne lui doit pas, lui prescrire de ne se marier qu'avec le consentement d'une ou plusieurs personnes dont la sagesse lui est connue, et notre législation s'y opposerait! Elle s'y opposerait sans l'avoir dit! Il faudrait supposer qu'il est dans son esprit de le vouloir! C'est porter jusqu'à une aveugle idolâtrie le respect que, sous d'autres rapports, mérite l'ancienne jurisprudence.

602. Il faut, au contraire, reconnaître que les bonnes mœurs réclament le maintien d'une telle faculté ; et aller plus loin, en décidant que le légataire qui voudra se marier contre le gré de la personne désignée, ne sera pas fondé à la traduire en justice, pour y déduire et faire apprécier les motifs de son refus. Souvent on a, de s'opposer à une alliance, des raisons très-graves et très-certaines qu'on ne pourrait pas, sans danger et sans scandale, exposer en public. Par cela seul que le testateur s'est confié à la prudence du tiers, il y a un motif suffisant pour présumer que ce tiers n'abuse pas du pouvoir qui lui a été donné.

603. Si cependant le légataire pouvait prouver que le refus qu'il éprouve n'a pas pour cause le choix qu'il a fait; mais qu'indigne de la confiance que lui a donnée le testateur, la personne dont il attend le consentemeut n'est mue, dans son opposition, que par une passion particulière, il serait fondé à se plaindre de cette fraude dans l'exécution du mandat. L'ancien *Journal du Palais*, *tom.* 1er, *pag.* 274, en rapporte un exemple.

Par son testament du 14 septembre 1771 , Arnout légua à Jean et Louis Arnout ses deux fils tous ses biens , sous la condition que Jean, le plus jeune, ne pourrait se marier que de l'agrément de Louis son frère, et d'Antoine Arnout son oncle, sans quoi il le réduisait à sa légitime. Les deux frères, devenus majeurs, s'occupèrent de leur partage, dans lequel l'aîné voulait qu'on insérât qu'il ne préjudicierait pas à la condition écrite dans le testament de leur père; cette discussion en fit naître plusieurs autres, et rien n'était terminé lorsque Jean, voulant se marier, et trouvant plusieurs partis sortables, ne pût obtenir l'agrément de son frère pour aucun d'eux. Antoine Arnout leur oncle, approuvant le choix de Jean, lui donna l'attestation que la demoiselle Aubert, par lui recherchée, lui convenait à tous égards, et qu'il ne pouvait imputer les refus successifs de Louis, sur les divers partis choisis par Jean, qu'au désir de profiter de la peine prononcée contre ce dernier par leur père, s'il se mariait contre le gré de son frère.

On se prévalut encore, à la vérité, dans l'intérêt de Jean, des lois romaines sur la liberté du mariage; mais le consentement donné par l'oncle, et son attestation sur les causes secrètes et injustes qui pouvaient déterminer le refus de l'autre, ont été présentées avec trop de soins et de force, pour ne pas leur attribuer la plus grande part dans la décision du Parlement qui autorisa le mariage de Jean, sans encourir la peine écrite au testament.

604. Observez, comme nous en avons déjà prévenu n°. 428, que cette condition ne peut être

valablement imposée qu'à l'individu libre de se
marier à son gré ; s'il était mineur, ou que, majeur, il eût son père ou sa mère ou des aïeux, la
condition devrait être rejetée. Dans tous ces cas,
donner au mariage un surveillant de plus, ce
serait, d'une part, inspirer au légataire des idées
défavorables des personnes dont il dépend, et le
détourner du respect, comme de l'obéissance
qu'il leur doit; de l'autre, entraver dans ces personnes, invitées par la nature et la loi à surveiller
le mariage, l'exercice de leur autorité ; ce serait,
enfin, une condition illicite, comme contraire
non à la liberté du mariage, mais aux bonnes
mœurs et à l'ordre public.

605. La liberté du mariage, cette liberté si
souvent la source de maux incalculables, pour
ceux qui en usent, sans le discernement et la prudence convenables, peut donc très-légitimement
être restreinte et modifiée par un bienfaiteur qui
en fait la condition de ses largesses Quand ce
qu'il désire n'a rien de blâmable, il ne fait en
cela qu'imiter la loi, qui a apporté à cette liberté
des empêchements aussi sages que multipliés.
Ainsi serait valable la condition faite au légataire
de ne se marier qu'à une personne de son rang.
Suivant M. Toullier, « il est bien difficile de
» croire qu'on ne regardât pas, comme contraire
» aux lois, la condition d'épouser une personne
» noble, un baron, un comte, etc. »

Nous dirons, d'abord, qu'il est bien plus difficile de croire qu'on la déclarât contraire aux lois,
puisqu'il n'en est pas qui la défende. Cependant
nous conviendrons qu'elle peut être contraire aux
mœurs, si elle est imposée à une personne qui
n'est pas de ce rang. Que par ses vertus ou des
actions glorieuses on se trouve élevé au-dessus
de sa première condition, rien n'a sur les mœurs
une plus salutaire influence; mais que, par un
motif de pur orgueil et d'ambition sans titre, on
exige de son légataire qu'il s'allie à une famille
noble, pour s'y exposer aux humiliations qui en-
fantent le dépit et la haine, c'est le détourner
d'un devoir essentiel à l'harmonie de la société,
celui de rester dans le rang où l'on est né, à
moins qu'on ne soit appelé plus haut par son mérite personnel.

A l'égard des nobles, vouloir qu'ils ne s'allient
qu'aux personnes d'une naissance égale à la leur,
n'est certes pas offenser les mœurs; on ne peut
pas présumer que le mépris des autres états ait
dicté la disposition : la présomption est pour une
sage prévision des suites funestes qu'ont trop
souvent les mariages disproportionnés.

Il convient encore d'observer que si, dans une
disposition de cette nature, comme dans toutes
celles désignant au légataire la classe dans laquelle il devra se marier, soit supérieure, soit
égale, ou inférieure à la sienne, il apparaissait par

son texte, ou par d'autres écrits du testateur,
que la condition n'a été inspirée que par mépris
ou aversion des classes par lui interdites, et dans
le dessein d'innoculer les mêmes sentiments au
légataire, une telle disposition outragerait évidemment les mœurs; elle enfreindrait ce devoir qui
lie tous les hommes entr'eux pour leur commun
avantage, en les rappelant à leur commune origine.

606. La condition d'épouser une personne pa-
rente ou alliée à un des degrés prochains, pour
lesquels le pouvoir civil et le pouvoir religieux
ne peuvent pas donner de dispense, serait justement proscrite, quand même un des deux pouvoirs aurait la faculté de dispenser, si l'autre ne
l'avait pas; puisque, comme nous le répétons,
du moment où une condition conduit le légataire à transgresser un de ses devoirs religieux
ou civils, elle porte atteinte aux mœurs.

Il en serait autrement, si le degré de parenté
ou d'alliance laissait l'espérance d'obtenir, sans
allégation honteuse, les dispenses nécessaires.
Dans ce cas, l'exécution de la disposition n'étant
ni impossible, ni contraire aux mœurs, le légataire devrait l'exécuter, ou justifier qu'inutilement il a fait les démarches convenables pour satisfaire au vœu de son bienfaiteur. MM. Chabot
et Toullier, ont victorieusement réfuté Furgole,
qui, dans ce cas, trouvait la condition contraire
aux lois, parce qu'à l'instant où le testateur l'é-

crivait, les lois s'élevaient contre sa volonté : ils
font observer que le testateur n'a pas pu avoir
cette pensée, sans entendre que son légataire se
rendrait digne de sa libéralité, en faisant sincè-
rement tous ses efforts pour en remplir la condition. À cette réflexion persuasive, nous en ajouterons une qui ne l'est pas moins : ce n'est pas
contrevenir aux lois sur le mariage, que d'en
vouloir un que les lois générales improuvent, lorsqu'en même temps des lois particulières l'ap-
prouvent à la faveur de certaines formalités.

607. Dans notre ancienne jurisprudence, on
s'attachait si scrupuleusement aux décisions du
Droit romain, que toutes les conditions qui pouvaient gêner la liberté individuelle, étaient réputées non écrites, comme contraires aux lois.
MM. Merlin (*Répertoire*, *au mot condition*,
sect. 2, 5, 6, *article* 5) et Toullier (*tom.* 5,
pag. 266) reconnaissent qu'en général, pour les
rejeter, il ne suffit pas qu'elles gênent la liberté
ou l'inclination du légataire; qu'ainsi la condition d'apprendre un métier, à moins qu'il ne
soit déshonorant, est valable, et l'on ne peut pas
hésiter à accueillir la règle, ainsi que l'exception.

608. Mais tous deux y apportent une restriction, pour le cas où les conditions tendraient
directement à détruire la liberté des personnes
et des actions : à les entendre, elles devraient
être réputées non écrites, et il nous semble dif-

ficile de souscrire à ce sentiment. D'abord, il
n'est pas de condition qui ne gêne, plus ou moins,
la liberté de celui qui la reçoit, puisqu'en l'exécu-
tant, il se conforme à une volonté qui n'est pas
la sienne. Comment ensuite fixer le point de division entre les conditions qui ne font que gêner la
liberté, et celles qui tendent directement à la
détruire? C'est créer un problême que chacun
pourra résoudre à son gré, sans que ni le droit,
ni la morale puissent fournir un seul point
d'appui.

Nous estimons, au contraire, sur cette question, comme sur celle relative à la condition de
ne pas se marier, qu'elle ne doit plus, depuis
le Code, être régie par le Droit ancien, et que,
quelque contrariété qu'éprouve le légataire dans
ses goûts et ses inclinations, s'il trouve dans le
legs un dédommagement suffisant, il n'a point à
se plaindre, que s'il ne se trouve pas suffisamment indemnisé, il doit y renoncer.

Cette doctrine de l'ancienne jurisprudence qui
réputait non écrite la condition contraire à la
liberté, était fondée sur la loi, *Titio centum,*
71, §. 2, ff. *de cond. et dem.* Elle réprouve la
condition de ne pas quitter le sépulcre du testateur, ou de conserver son domicile dans un
certain lieu, en donnant pour motif: *Jus liber-
tatis infringitur.* C'est delà que sont partis les
auteurs pour attaquer toutes les conditions dans

lesquelles ils ont trouvé plus ou moins d'occasions de contrarier les inclinations du légataire·
Mais le Code nous a déliés de tout ce que le Droit
romain pouvait avoir d'obligatoire pour nous,
nulle part en France, il n'a conservé d'autre pouvoir que celui *de raison écrite*. Si donc, dans ce
cas particulier, les jurisconsultes romains ont
plus écouté leur aveugle enthousiasme pour la liberté, que les conseils de la raison et de la justice, il faut se garder de faire passer leurs travers
dans notre nouvelle jurisprudence.

609. Nous ne pouvons pas mieux justifier ce
reproche d'erreur, que par l'examen de deux
arrêts de nos Parlements qui l'ont adoptée, et
que MM. Merlin et Toullier ont rappelés, comme
devant encore servir de guides aux magistrats.

Le premier que cite M. Merlin, d'après Al-
bert (*), est du Parlement de Toulouse, et daté
du 18 février 1627. Un laboureur riche, n'ayant
qu'un fils et une fille, institua son fils héritier,
sous la condition qu'il resterait laboureur comme
lui, et pour le cas où il quitterait cet état, il institua sa fille. Son fils, sans respect pour la mémoire et la volonté de son père, fit des études,
et devint architecte. Il n'en voulut pas moins
recueillir la fortune de son père, au préjudice
de sa sœur, se fondant sur la loi que nous ve-

(*) Il nomme Bardet par erreur.

nons de citer, et c'est ce mépris de la volonté
paternelle, que le Parlement de Toulouse a autorisé. Sans doute on reconnaîtra, avec nous,
combien était sage la volonté du père. Elle ne
peut être attribuée à un autre sentiment qu'à celui
de sa tendresse pour son fils, puisqu'il le comblait
de tous ses biens, réduisant sa sœur à sa légitime,
et de cette certitude on passe nécessairement à
celle qu'il avait de puissants motifs pour retenir
ce jeune homme dans sa profession; soit par
l'idée générale que les bonnes mœurs se conservent mieux sous le toît modeste du laboureur,
que dans les habitations des villes où s'exercent
les professions plus relevées, soit par des considérations particulières puisées dans les inclinations de son fils; soit enfin parce qu'il trouvait
équitable, si ce dernier embrassait un état plus
lucratif, de laisser ses biens a sa fille.

Ni cet arrêt, ni l'autorité que semble lui donner M. Merlin, en le mettant au jour de nouveau
dans les dernières éditions du Répertoire, ne
détermineraient probablement les magistrats, si
une espèce analogue se présentait, à se mettre
ainsi à la place d'un testateur, pour détruire
l'œuvre de la sagesse et de la prévoyance, et
cela par une fausse idée de liberté que notre
Code n'a point adoptée.

Furgole lui-même, écrivant dans un pays de
droit écrit, et à une époque où le Droit romain

y faisait la loi, s'élève contre cette décision, *t. 2*; *p.* 96. « J'ai de la peine à croire que de sem-
» blables considératious puissent être regardées
» comme suffisantes, pour pouvoir se départir
» de la règle qui veut que les conditions soient
» accomplies, afin qu'on puisse profiter des li-
» béralités. Il n'y a pas de condition qui ne gêne,
» en quelque façon, la volonté et la liberté, puis-
» que la plupart roulent sur des choses que l'on
» ne ferait pas volontiers, si elles n'étaient pas
» ordonnées. Les lois n'examinent pas si la con-
» dition blesse la volonté et l'inclination du léga-
» taire, il faut des considérations bien plus fortes,
» prises du droit public, pour faire rejeter une
» condition. »

Le second arrêt invoqué par M. Toullier, est rapporté par Mornac et Ricard. Jean Demay, qui avait une fortune considérable, légua les biens qu'il possedait à Beaune, à celui de ses deux ne-veux qui s'établirait dans la Province, donnant, cependant, la préférence à l'aîné, s'il remplissait la condition. L'aîné devint Conseiller au Parle-ment de Toulouse, et le plus jeune Conseiller au Parlement de Bourgogne. Alors leur père, qui était exécuteur testamentaire, maria celui-ci avec les biens que le testateur avait à Beaune; mais l'aîné les revendiqua, demandant la nullité de la condition comme contraire à la liberté. Ce qui fut prononcé par le Parlement de Paris, le 3 juillet 1614.

Loin que cette décision puisse aujourd'hui servir d'exemple, elle était, dans le temps, un arbitraire inconciliable avec les principes reconnus, et notre respect ordinaire pour Ricard, n'enchaînera pas notre pensée. Le motif qu'il donne de l'arrêt, est « que cette condition por- » tait atteinte à la liberté du légataire, et qu'il y » va de l'intérêt public de conserver la liberté » des particuliers. »

Mais, dans l'article précédent, il venait de reconnaître licite la condition de se faire religieux : plus haut, il avait déclaré valable celle de se marier et même d'épouser une personne désignée : or renoncer au monde, pour se vouer irrévocablement aux exercices de l'état monacal, ou quitter l'indépendance du célibat, et subir toutes les chances du mariage, n'avoir pas même le choix de la personne avec laquelle il faudra supporter ce joug, ce n'est pas seulement compromettre sa liberté, c'est la perdre sans retour; et, si de telles conditions sont licites, comment celle de Demay à ses neveux pouvait-elle ne pas l'être, lors surtout que Ricard reconnaît encore que, de son temps, on pouvait borner la liberté avec *raison, mesure et médiocrité? Dispositions conditionnelles, n°. 284.*

Telles sont les contradictions dans lesquelles l'asservissement au Droit romain faisait tomber nos plus habiles docteurs, heureusement au-

III.   27.

jourd'hui les esprits s'élèvent au-dessus des subtilités, et les magistrats sont les premiers à fuir l'arbitraire; il n'est donc point à craindre que ces exemples soient suivis : aucune loi ne défend de gêner la liberté par un bienfait, il y aurait eu absurdité à l'ordonner ainsi, puisqu'on ne peut pas trop le répéter, celui à qui ce bienfait conditionnel est offert, peut, en le refusant, conserver son entière liberté.

610. De tout ce qui précède il suit que la condition de se faire prêtre serait en vain contestée. On peut diriger les inclinations de celui qu'on gratifie, nous venons de l'établir. La crainte que le légataire, pour n'être pas privé du legs, n'embrasse, sans les vertus nécessaires, une profession qui les voudrait toutes, n'est d'aucun poids, parce que c'est par l'intention du testateur, et non par la conduite du légataire, qu'il faut juger la condition. *Voy. ci-dessus* n°. 587.

On peut aussi remarquer que, du temps de Ricard, le clergé possédait des richesses qui pouvaient rendre les vocations suspectes, et entraîner de ce côté les jurisconsultes : qu'aujourd'hui, le temporel des ecclésiastiques n'a rien qui puisse exciter la cupidité; que leur nombre est et sera long-temps insuffisant; qu'ainsi, aspirer à faire déclarer contraire aux bonnes mœurs le legs fait à un jeune homme, pour l'aider à se rendre digne d'exercer ce vénérable ministère, ce serait demander aux juges une décision absurde et attentatoire à la religion. Aussi M. Toullier, après avoir rappelé les sentiments opposés de Ricard et de Furgole, sur cette question, a-t-il embrassé celui de Furgole, que la Cour de Grenoble a également adopté par arrêt du 22 décembre 1825. (*Voy. le Journal du Palais, t. 2, de 1826, p.* 180.)

611. Quoique l'article 900 ne comprenne dans son texte que la condition, il n'en est pas moins applicable à la charge imposée au légataire, si cette charge est contraire aux mœurs. En effet, si la charge, appelée aussi *mode* en droit, difère, à certains égards, de la condition, elle en prend le caractère et en produit les effets, dans ce sens que, si le légataire ne l'exécute pas, il perd son droit au legs qui, sous ce rapport, n'est que conditionnel. C'est pourquoi, dans le langage ordinaire, on dit indifféremment, qu'un legs est fait à la charge ou à la condition de donner ou de faire, etc., et dans le Droit romain, le mode et la condition des dispositions testamentaires sont assujéties aux mêmes règles : *in legatis quidem et fideicommissis etiam modus adscriptus pro conditione observatur.*

La Cour de Grenoble l'a ainsi décidé, par arrêt du   janvier 1812, sur un testament par lequel un père qui, ayant une concubine dans sa maison, dont il avait chassé sa femme et ses enfants, avait légué à son fils la portion disponible, à la charge de servir une rente viagère à cette concubine. Faire ainsi passer par les mains de son fils la libéralité qu'il destinait à cette fille, pour la récompenser de tous les maux dont elle avait abreuvé sa famille, était, de la part du père, la plus cynique de toutes les dispositions, et elle fut unanimement réputée non écrite par le tribunal civil et la Cour de Grenoble. *Voy. ci-après* n°. 614.

§. 2.

Causes et conditions contraires aux bonnes mœurs dans les contrats.

SOMMAIRE.

Division du sujet.

612. Les contrats peuvent offenser les mœurs, non seulement quand la cause en est déshonnête, mais encore quand à une cause honnête en soi, on a fait produire des effets injustes. Dans le premier cas, la nullité du contrat est absolue, dans le second, elle n'est que relative.

Article Ier. Cause emportant nullité absolue.

613. Le défaut de cause et la fausse cause dans
une obligation ont le même effet que la cause illicite, article 1131 du Code civil, parce qu'alors,
c'est l'obligation elle-même qui se trouve illicite.
Rarement cette règle reçoit directement son application, l'homme le plus pauvre en facultés in-
tellectuelles, à moins qu'il n'y ait chez lui aliénation d'esprit, en a toujours assez pour ses
intérêts, et ne s'oblige pas sans cause quelconque; on peut le tromper, mais dans son erreur,
il croit toujours avoir une cause lucrative ou de
bienfaisance.

L'importance de cette règle se fait plus souvent sentir quand la cause, étant déshonnête,
on n'a pas osé l'exprimer dans l'acte, et que la
nature du contrat se refuse à ce qu'il soit possible

de lui attribuer une cause honnête : alors le créancier est terrassé par l'alternative que sa créance a une cause contraire aux mœurs, ou qu'elle n'en a aucune ; un arrêt de la Cour de Paris du 14 juillet 1810, offre cette hypothèse. La dame Clément réclamait 30,000 fr. qu'elle devait recevoir de la succession du sieur Monget, suivant la promesse qu'il lui en avait faite, à condition qu'elle ne se remarierait pas sans son consentement. On disait à cette femme, aucune cause honnête n'a pu déterminer ni vous à souscrire à une telle condition, ni le sieur Monget à vous l'imposer; nécessairement une cause honteuse a été le mobile de vos promesses, ou elles ont été sans cause. *Voy. ci-après n°. 618.*

La ressource ordinaire, en pareille occurence, est de prétendre que l'obligation est une libéralité déguisée, et pour la dame Clément on n'a pas obmis ce moyen banal. Bientôt nous aurons occasion de répondre à cette objection. *Voy. le n°. suivant.*

614. Presque toutes les causes illicites qui peuvent vicier les conventions ont été prévues par les lois prohibitives, ainsi qu'on l'a vu dans tout le cours de ce traité, principalement dans le chapitre précédent. Il ne nous reste qu'à examiner quel doit être le sort des contrats qui ont pour cause le concubinage, et les promesses de se marier, ou de ne pas se marier.

Il n'est que trop vrai que, dans le Code civil, le concubinage, fut-il adultère ou incestueux, n'est plus une cause de nullité des libéralités. Quelques Cours et plusieurs magistrats et jurisconsultes entraînés par un sentiment qui les honore, se sont refusés à l'idée que notre législation eut abjuré, à cet égard, la doctrine presque universelle, mais le plus grand nombre a adopté l'opinion contraire, et deux Cours, celle de Turin en 1819, et celle de Pau en 1822, ont, comme eux, reconnu que cette cause de nullité était effacée de nos lois. Leurs motifs sont si pressants qu'il n'est pas possible de leur résister raisonnablement. En effet, le projet du Code mettait les concubines au rang des personnes incapables de recevoir des libéralités, et cette proposition a été rejetée. M. Bigot-Préameneu, dans son discours sur les testaments, au Corps Législatif, a positivement déclaré que cette cause d'incapacité avait été abandonnée. C'est un point de fait qui doit faire cesser toute contrariété, jusqu'à ce que le Code ait été soumis à la révision que réclament les bonnes mœurs.

Mais il faut, au moins, restreindre cette déplorable innovation, à ses moindres termes, et deux restrictions à une telle indulgence, nous paraissent incontestables. D'abord, si la créance, ou tout autre droit né du concubinage, au lieu d'être revêtu des formes prescrites aux libéralités, se trouve appuyé sur des contrats, obligations ou billets, et si la source impure de ces actes est prouvée, ils doivent être annulés, en vertu de l'article 1133.

Pour le maintien de l'acte, on ne manquerait pas d'invoquer la jurisprudence qui valide la libéralité faite par déguisement de contrats, quand il est reconnu que faite directement et sans feinte elle serait valable, et d'en conclure qu'il doit être indifférent que l'acte ait, ou non, le concubinage pour cause, puisque, dans ce cas, une libéralité directe ne serait pas contestable.

A cette proposition protectrice des mauvaises mœurs, nous répondrons, en premier lieu, que la nouvelle jurisprudence a décidé seulement que les actes, à titres onéreux, auxquels on ne fait d'autre reproche que de servir à dissimuler des libéralités, quand d'ailleurs, sous tous les autres rapports, ils sont honnêtes et inattaquables, doivent être exécutés, et que les formes des libéralités ne sont pas indispensables. Mais si l'acte, à titre onéreux, dont on a fait choix pour déguiser une libéralité, est susceptible, par lui-même, d'une juste critique, qui puisse le faire annuler, la jurisprudence cesse de lui être applicable, et il doit être jugé par les règles qui le concernent. Quand donc la récompense du concubinage est assurée par un contrat ou une obligation, ce titre doit subir toutes les règles qui lui sont propres, et surtout celles des articles 1131 et 1133, puisque sa cause est tellement une offense aux bonnes mœurs, que personne, sans doute, n'osera prétendre le contraire.

Ajoutons que, comme nous l'avons établi, celui qui a eu recours à la simulation pour en imposer aux tiers, n'est pas recevable à détruire son propre ouvrage, l'acte reste ce qu'il a voulu qu'il fût. Ainsi, dans l'espèce supposée, d'une part, on se prévaut d'un acte à titre onéreux, de l'autre, on accuse cet acte d'avoir une cause avec laquelle tout acte de cette nature ne peut avoir d'effet, la seule question à juger est donc de savoir s'il est vrai que l'acte ait la cause qu'on lui impute. Telle a été la décision dont nous avons déjà parlé n°. 611. Nous en rapporterons ici les détails, pour faire connaître jusqu'à quel point le concubinage deviendrait audacieux, si les tribunaux ne se retranchaient pas dans la sévérité de ces règles. Leur plus belle tâche est celle de venger les mœurs outragées dans les conventions ; ils sauront la remplir, et déjà le tribunal et la Cour de Grenoble en on donné l'honorable exemple.

En 1803, le sieur Barbier, ayant une femme et sept enfants, s'abandonna avec fureur à la passion la plus dégoutante. Il introduisit chez lui Anne Roquette qui sortait du dépôt de mendicité, où elle avait été traitée du mal vénérien, et peu de temps après, pour se livrer, sans contrainte, aux excès de son libertinage, il chassa de sa maison sa femme et ses sept enfants. De ce moment au mois de mars 1806, la fille Roquette accoucha de quatre enfants morts nés, ainsi que Barbier ne rougit pas d'en faire lui-même, à l'officier de l'état civil, les déclarations successives. Sur la fin de 1806, étant tombé malade, il renvoya la concubine et rappela sa femme auprès de lui. Il en reçut tous les soins, et les reconnut dans un testament, par lequel il lui faisait quelques avantages. Mais la santé qu'il recouvra lui rendit tout le délire de sa passion; la femme légitime fut, une seconde fois, expulsée de sa maison, pour y faire place à la concubine, alors le testament favorable à la dame Barbier fut révoqué, et par un autre, Barbier légua à son fils aîné le quart de ses biens à la charge de 400 fr. de rente viagère au profit d'Anne Roquette. Il ne s'en tint pas là, il souscrivit, au profit de cette fille, trois billets de 1,000 fr. chacun, payables dans cinq années, avec intérêts. Enfin la mort mit un terme à ses extravagances, le 26 novembre 1808.

Anne Roquette ne craignit pas d'appeler la veuve et les enfants, dont elle avait fait le supplice, devant le tribunal de Grenoble, pour les faire condamner à lui payer ses billets, et lui servir sa rente viagère. On osa plus pour elle; sur ce qu'on lui opposait que ses billets n'étaient

qu'une libéralité simulée, frappée, comme celle
de la rente viagère, de la nullité prononcée par
l'article 1131, contre tout ce qui offense les
mœurs : on osa chercher son salut dans le silence du Code sur le concubinage, une telle exagération du nouveau système ne fit pas d'impression sur le tribunal, et toutes les demandes
de cette fille furent rejetées.

Elle ne trouva pas la Cour plus disposée à
accueillir sa révoltante interprétation du Code,
et le jugement fut confirmé le   janvier 1822.

Les principaux motifs sont : « qu'il est établi
» au procès que la fille Roquett·, à peine sortie de
» Bicêtre, n'avait pas les moyens de fournir la
» valeur des trois billets dont il s'agit, que ces
» billets sont évidemment simulés;

» Qu'ils auraient une cause illicite et contraire
» aux mœurs, de l'aveu même d'Anne Roquette,
» qui voudrait les faire considérer comme une do-
» nation, et qu'ils doivent être annulés, confor-
» mément aux articles 1131 et 1133 du Code
» civil;

» Qu'à l'égard de la disposition testamentaire
» du sieur Barbier, la condition par lui imposée
» à son fils, dans le legs qu'il lui a fait, de payer
» à la fille Roquette une pension de 400 fr. est
» contraire aux bonnes mœurs et à l'ordre pu-
» blic, qu'elle doit alors être réputée non écrite
» et annulée, etc. » (*Voy. le Journal du Palais,*
t. 34, *p.* 62.)

615. La seconde restriction qui, suivant nous, doit être apportée à la faveur qu'a reçue le concubinage, lors de la composition du Code, est que, quand même les droits de l'un des concubins sur la fortune de l'autre, auraient reçu la forme extérieure d'une donation entre vifs, ou testamentaire, s'il était prouvé que l'acte n'a eu pour objet que d'assurer un prix à la continuation de leurs désordres, comme si un homme, vivant en concubinage avec une fille, lui faisait une donation à la condition de rester chez lui pendant sa vie, ou pendant un certain nombre d'années, et que cet acte ait été exécuté, il devrait être annulé, conformément à l'article 1172 du Code civil. La même décision devrait être prise sur le testament par lequel un individu ferait à une femme résidante dans sa maison, un legs à la condition qu'elle habiterait encore avec lui, à l'époque de son décès, si cette femme, ayant rempli la condition, venait réclamer le legs, et qu'on pût prouver le concubinage.

Peut-être trouvera-t-on que nous sommes en opposition avec l'article 900, qui maintient les dispositions entre vifs et testamentaires infectées de conditions illicites, et se borne à réputer ces conditions non écrites; mais on cessera de voir cette opposition, si l'on approfondit les motifs de notre opinion.

D'abord, à l'égard de la donation que nous

avons signalée , on conviendra qu'elle n'a de la libéralité que l'écorce , au point qu'en substituant des termes obligatoires à ceux qui lui donnent la couleur de la générosité, le caractère et les effets resteraient les mêmes. Or comme l'article 1156 recommande, pour l'inteprétation des traités , » de rechercher qu'elle a été la commune » intention des parties, plutôt que de s'arrê- » ter au sens littéral des termes » les juges ne peuvent pas se dispenser de reconnaître dans ces actes, une véritable convention , et conséquemment de faire péser, sur le prétendu donataire, toute la rigueur de l'article 1172.

Pour concilier ensuite ce que, dans cette hypothèse, les articles 900 et 1172 semblent avoir de contradictoire , il faut se persuader qu'en rédigeant le premier de ces articles , les auteurs n'ont eu en vue que les donations pures, dont les conditions ne concernent nullement l'intérêt personnel du donateur , comme celles de se faire comédien ou de changer de réligion , ou de se soustraire à la loi du recrutement · en imposant de semblables conditions quelles qu'elles soient, il ne cesse pas d'être généreux, puisqu'il ne doit en obtenir personnellement aucun avantage. Mais si la condition doit lui être profitable, si c'est pour lui qu'elle a été stipulée, il n'a pas donné, il a payé la valeur de ce qu'il a désiré, il a fait un contrat intéressé, et non une libéralité ; ce qu'il a donné n'est que le prix de ce dont il a fait une condition résolutoire.

Quant à la disposition testamentaire que nous avons supposée, il est également facile d'apercevoir qu'elle est moins un don que l'assurance donnée par le testateur à sa légataire, que ses honteuses complaisances pour lui auraient un jour leur récompense, pourvu qu'elle persévérât dans son impénitence. Comment, pour un tel legs, oserait-on invoquer l'article 900? il répute non écrite la condition immorale, afin d'éviter l'offense aux mœurs qui pourrait s'en suivre ; mais, dans l'espèce prévue, quand le testateur décède l'offense est commise, la condition est accomplie, et la légataire en demande le salaire ; le testament n'est que l'exécution d'une convention révoltante.

616. Les promesses de mariage, dont nous avons soutenu la validité, quand il ne paraît pas qu'elles aient eu d'autre but qu'une union légitime (*Voy. n°.* 426), ne sont, par fois, que des contrats de persévérance dans le concubinage, surtout quand elles fixent une indemnité pour le cas d'inexécution; si ce caractère odieux est découvert, l'outrage aux mœurs est constant, et la promesse est nulle.

Plusieurs circonstances peuvent le déceler : par exemple, s'il s'est écoulé un temps considérable depuis la promesse, sans que le retard des contractants à l'exécuter soit justifié par des motifs légitimes ;

Si des obstacles s'y opposant, ils n'ont rien fait pour les applanir ;

Si l'indemnité promise pour l'inexécution est excessive ; s'il y a, entre le rang la fortune ou l'âge des contractants, cette distance qui fait la mésalliance ;

Enfin, si, depuis la promesse, il y a eu entre eux cohabitation certaine.

Les premières circonstances, sans la dernière, ne seraient que des indices insuffisants ; mais celle-ci, dans certains cas, pourrait seule donner la conviction de l'immoralité du contrat ; à plus forte raison produirait-elle ce résultat, si elle était accompagnée d'une ou de plusieurs des premières.

On peut, il est vrai, opposer à cette théorie, un assez grand nombre d'arrêts anciens et récents ; il faut croire que des motifs puissants ont déterminé les juges à faire fléchir les principes, et s'il en est autrement, se rappeler l'adage : *non exemplis sed legibus judicandum est.* Les mœurs ne reçoivent pas d'outrages plus sanglants que par le rapprochement illicite des deux sexes : le contrat qui a pour objet d'en régler le prix, de cimenter l'union, et d'enchaîner l'un à l'autre les coupables, ne peut donc pas échapper à la réprobation prononcée par les articles 1131 et 1172.

Pour éviter la preuve de ces désordres, répé-tera-t-on le moyen banal du scandale qu'apportent dans les tribunaux les révélations de cette nature? Arrachez donc du Code civil les sept articles, qui recommandent les mœurs à l'inflexibilité des Magistrats; car ils ne pourront les venger, que lorsqu'ils auront laissé parvenir jusqu'à eux la preuve des offenses qu'elles ont éprouvées.

617. Il est encore un cas où la promesse de mariage est contraire aux bonnes mœurs, c'est celui où les pères de deux enfants contractent l'obligation de les marier à l'âge nubile : telle est le sujet de la loi canonique, *article 29, X de sponsalibus,* dont, pendant long-temps, on a fait une fausse application dans notre jurisprudence. (*Voy. n°. 426.*) Qui pourrait, effectivement, calculer les innombrables dangers auxquels s'exposent les contractants par cette convention? Son premier effet est de les porter à suggérer à leurs enfants, une volonté qui peut leur être funeste; ils ignorent encore s'il y aura entre ces jeunes êtres, l'harmonie de goûts et de sentiments, sans laquelle le mariage est un supplice continu; et n'ayant égard qu'aux convenances du moment, qui ne peuvent être que le rang et la fortune, ils s'exposent à toutes les chances qui pourront les changer. Ils se condamnent à vouloir un jour ce qu'ils jugent bon aujourd'hui, dût-il alors n'être, pour eux et leurs enfants, qu'une source d'afflic-

tions ; c'est l'unique motif qui les porte à se lier par un traité. S'il était certain que toutes les convenances dûssent se réunir au moment opportun, pourquoi un contrat? On le fait, pour que les contractants, dans la crainte d'encourir des dommages et intérêts , disposent leurs enfants à subir la loi qui leur est préparée.

Une convention aussi imprudemment formée, est donc l'abus le moins excusable du pouvoir paternel, et une coupable infraction aux devoirs qui y sont attachés; elle est manifestement contraire aux bonnes mœurs.

M. Toullier pense que , dans toute législation raisonnable, on ne peut pas hésiter à la déclarer nulle , *tom.* 6, *n*°. 95; mais au n°. 302, il fait des distinctions qui ne nous paraissent pas fondées. Suivant lui , la promesse est valable , si la peine est stipulée contre celui des deux pères qui s'opposerait au mariage', parce qu'elle favorise la liberté du mariage, et elle n'est nulle que quand la peine est stipulée pour le cas où ce serait l'enfant qui refuserait d'accomplir la promesse, parce qu'alors elle gêne la liberté du mariage. A cette distinction fantastique , nous répondrons par cette seule réflexion, que, dans les deux hypothèses , c'est toujours le père qui encourt la peine; que dès-lors , étant intéressé à contraindre la volonté de son fils , la liberté du mariage est également compromise.

M. Toullier, prévoyant ensuite le cas où la peine est stipulée, en général, pour inexécution de la promesse de mariage, veut qu'on attende l'événement; que la peine ne soit pas exigible, si c'est l'enfant qui refuse, et qu'elle le soit, si, l'enfant consentant au mariage, c'est le père qui s'y oppose. Nous voyons, au contraire, dans le motif de cette désision alternative, la démonstration de l'outrage aux mœurs résultant d'une telle convention. Quoi! elle peut faire qu'un jour le père et son fils soient en opposition, et que le fils devienne, par son consentement ou son refus au mariage, le maître de faire condamner ou absoudre son père! Ainsi elle est subversive de la paix de famille, et tend à détourner de leurs devoirs respectifs les pères et les enfants : disons, donc qu'elle est illicite dans tous les cas.

618. Nous avons dit, dans le précédent paragraphe, que la condition de ne pas se marier, insérée dans une libéralité, était licite ou illicite, suivant qu'il apparaissait que l'intention du donateur avait été louable ou répréhensible ; il ne nous semble pas possible, que seule elle puisse être jamais la cause licite d'un contrat entre deux personnes de sexes différents, parce que cette condition, n'offrant aucune valeur à celui qui la fait, et n'étant pas dans le commerce, l'obligation qu'il contracte en échange de cette condition, est au moins sans cause, si elle n'en a pas une secrète dont les mœurs soient offensées.

Telle a été la décision, dans une cause singulière, qui s'est présentée devant le tribunal de Versailles, et dont nous avons déjà parlé, nº. 613. Le 18 brumaire an XIII, le sieur Monget, notaire, souscrivit, au profit de la dame Clément une reconnaissance de 30,000 fr., payable, sans intérêts, un an après le décès de lui Monget; et le même jour, la dame Clément lui remit un écrit, signé et approuvé par elle, dans lequel elle s'exprimait ainsi : « Je déclare volontairement et » de bonne foi, prendre l'engagement d'honneur » de ne pouvoir me marier, du vivant de M. Mon- » get, que du consentement par écrit de ce der- » nier; et, dans le cas contraire, je me soumets » à lui rendre ladite reconnaissance de 30,000 fr., » comme nulle et de nulle valeur, ainsi que je le » reconnais ; que ce n'est que sous cette condi- » tion expresse qu'il m'a souscrit ladite recon- » naissance. »

Trois ans après, le sieur Monget étant décédé, la dame Clément réclama les 30,000 fr.; les héritiers lui opposèrent sa contre-lettre, et conclurent à la nullité de l'obligation, comme contraire aux bonnes mœurs. Après avoir méconnu son écriture et sa signature, que des experts déclarèrent être son ouvrage, elle résista à la demande en nullité, en soutenant que sa renonciation à se marier, sans le consentement du sieur Monget, n'était pas la cause de la générosité de ce dernier, mais seulement un témoignage de sa gratitude envers lui ; que sa soumission n'était contraire ni aux lois, ni aux mœurs, et que l'ayant exécutée, il serait injuste de dégager les héritiers de la promesse de leur auteur.

Cette défense ne fit aucune impression sur le tribunal qui annula l'obligation. Voici ses principaux motifs : « Attendu que la reconnaissance » du 18 brumaire an XIII, ne forme qu'un avec » l'obligation du même jour, en est le complé- » ment, en détermine et en explique la nature et » le sens ; qu'il en résulte également que la cause » qu'on pouvait présumer à l'acte fait double, » qui ne l'exprime point, est fausse, et que celle » que présente la reconnaissance souscrite par la » veuve Clément, est une espèce de servitude » personnelle, contraire à la nature et à l'ordre » public, et en cela illicite ; que, d'ailleurs, elle » ne peut être la matière d'une obligation, puis- » que la veuve Clément ne pouvait être tenue à » l'exécuter, et que le sieur Monget, lui-même, » ne pouvait en exiger l'accomplissement ; qu'ainsi « n'y ayant pas de lien de droit, les deux obliga- » tions sont nulles ; la première, comme conte- » nant une fausse cause, la seconde comme il- » licite et contraire à l'ordre public, et encore » parce qu'il n'y a que les choses qui sont dans » le commerce qui peuvent être la matière des » conventions, et que la liberté de disposer de

» de son état ne peut être dans le commerce
» (*article* 1128 *du Code civil*); que, sous un
» autre rapport, tout engagement doit avoir
» une cause licite et honnête, et que lorsque la
» cause exprimée pour laquelle il a été contracté
» choque, comme dans l'espèce, aussi évidem-
» ment les bonnes mœurs, l'honnêteté publique
» et la disposition précise de la loi, les articles
» 1129, 1131 et 1133 du Code, exigent impérieu-
» sement que les actes qui renferment des con-
» ventions de cette nature, soient annulés. »

Sur l'appel, la Cour de Paris, sans nouveaux motifs, confirma le jugement, par arrêt du 14 juillet 1810. (*Voy. le Journal du Palais, collection de* 1811, *pag.* 464.)

Le motif dominant dans cette cause, était que la soumission de cette veuve, à ne pas se remarier sans le consentement du sieur Monget, était la seule cause apparente pour laquelle il lui promettait 30,000 fr. sur sa succession; d'où l'on pouvait conclure que, si le traité était sincère, cette obligation n'avait pas de cause, et était conséquemment nulle; que s'il servait de voile à une cause secrète, ce dont il n'était guères possible de douter, cette cause dissimulée ne pouvait être que déshonnête. Ajoutons que la précaution prise par Monget et la dame Clément, de dissimuler le motif du traité, prouvait seule qu'ils l'avaient reconnu blâmable.

619. Nous avons fait remarquer ce motif comme seul décisif, parce qu'en effet, un traité de cette nature serait licite , si la condition de ne pas se marier sans le consentement de l'obligé, n'était qu'accessoire à une cause principale et honnête : si , par exemple, la dame Clément s'était obligée à soigner le sieur Monget dans ses dernières années, et, pour le faire avec plus de dévoûment, avait renoncé à se marier sans son consentement, l'obligation du sieur Monget, de l'indemniser de ses soins et de ses privations, aurait été très-légitime : le motif tiré de ce que la soumission de la dame Clément était contraire à la liberté individuelle, eût été sans force, puisqu'on peut valablement engager ses services à temps (*article* 1780); on n'eût pu attaquer leur convention, qu'en prouvant que les soins désirés par l'un et promis par l'autre, n'étaient que des habitudes criminelles dont ils stipulaient le prix.

ARTICLE II. Causes n'emportant qu'une nullité relative.

620. Certaines conventions ne sont contraires aux bonnes mœurs , que par les effets injustes

qu'elles font produire à une cause juste en soi; telles sont celles que dictent des individus, abusant de la nécessité dans laquelle on est de réclamer leur ministère, et se faisant donner ou promettre des valeurs supérieures à ce qui leur serait légitimement dû : cet excédent n'a qu'une cause illicite.

Ainsi, un médecin qui exige de son malade une donation, une vente, ou tout autre traité, fait de sa profession un abus d'autant plus révoltant, que le malade, dans l'esprit duquel l'idée de la mort a effacé toutes les autres, subit la loi qu'il lui fait, quelque dure qu'elle soit.

C'est par ce motif que l'article 909 du Code civil, déclare les médecins, chirurgiens, etc., incapables de profiter des donations de leurs malades, si ceux-ci succombent à la maladie durant laquelle ils les ont faites. Mais indépendamment de cette règle spéciale, qu'aucune circonstance ne peut faire fléchir, hors des cas d'exception prévus par le même article, les autres donations ou conventions lucratives, que peuvent obtenir les médecins, chirurgiens, etc., de leurs malades, pendant la maladie dont ceux-ci se relèvent, restent soumises aux règles générales, sur la liberté et la cause des conventions ; et si les malades, rendus à la santé, conçoivent de justes regrets sur ce qu'on leur a fait donner ou promettre, tandis qu'ils étaient à la discrétion de la maladie et du médecin, les tribunaux sont encore aujourd'hui investis, comme avant le Code, du droit d'apprécier ces pactes, et de les réduire ou annuler suivant les circonstances.

La loi 9, *Cod. de prof. et med.* est formelle à cet égard. *Ea patimur accipere quœ sani offerunt pro obsequiis, non ea quœ periclitantes pro salute promittunt.* Cette règle, puisée dans la morale universelle, a toujours été suivie en France et par tous les Parlements. A la vérité, chez les Romains, les médecins étaient salariés par l'Etat, et dès-lors on pouvait être plus sévère à leur égard qu'en France où ils n'ont pas le même avantage. Mais Despeisses, *tom.* 1, *pag.* 344, fait observer, avec raison, que ce n'est pas par ce motif que la défense leur est faite, sans quoi on leur aurait défendu [de se faire payer, même après la guérison. Aussi c'est sur le fondement de cette loi, que s'est établie la jurisprudence la plus unanime; elle est enseignée par tous nos auteurs anciens et modernes; nul ne l'a contestée; et Domat, *tom.* 2, *pag.* 129, en a fait une règle de droit public.

Parmi les décisions sans nombre qu'ont recueillies les juriscousultes, nous indiquerons seulement l'arrêt du 8 février 1596, qui réduit, à trois cents écus, la promesse faite par un malade à son chirurgien pour la taille de la pierre; celui du 21 juin 1594, par lequel un pestiféré,

guéri par un médécin, ne fut condamné qu'à lui
payer trente écus au lieu de deux cents, dont le
médecin avait exigé l'obligation, et celui du 5 septembre 1776, rendu contre un chirurgien de
Chaillot, qui, appelé pour traiter la femme d'un
menuisier, s'était fait, avant de commencer le
traitement, souscrire, par le mari, un billet de
300 fr. Très peu de jours et de médicaments
ayant suffi pour la guérison, le menuisier réclama
le mémoire du chirurgien et sa taxe, ce qui fut
ordonné : le chirurgien, redoutant probablement
la taxe, appela au Parlement; mais le jugement
fut confirmé. (*V. Denisart, au mot chirurgien.*)

Il en serait de même de tous autres contrats :
« et parce que les malades, dit Despeisses, pour-
» raient emprunter la forme de quelqu'autre
» contrat, afin de rendre leur acte valable, pour
» éviter cette fraude, il a été ordonné que tous
» les contrats, entre le médecin et le malade, ou
» telle autre personne, seraient nuls. »

Duplessis ajoute que le malade qui, pendant
ses souffrances, a fait une donation à son médecin, peut la révoquer après sa guérison. Un arrêt, du 8 juin 1758, annule le bail à rente d'une
métairie fait par la dame Savignac, au sieur Le-
comte son médecin, ainsi que la quittance de
remboursement et autres actes passés entre eux.
Enfin, dans les *plaidoyers* de Corbin, *chap.* 3
et dans le *Répertoire de Jurisprudence*, on lit un

arrêt, du 13 juin 1607, qui rejette la demande en dommages et intérêts du sieur Labrosse, médecin, fondée sur ce qu'on lui avait promis de le marier avec la demoiselle de Lamberville ; s'il la guérissait.

Voudra-t-on prétendre qu'une jurisprudence aussi solidement établie, aussi généralement répandue, a été abrogée tacitement par la disposition du Code civil , qui ne déclare les médecins incapables de libéralités , que lorsqu'elles leur sont faites par les malades, pendant la maladie qui les conduit à la mort? Voudra-t-on en conclure que , quand la fin du traitement est plus heureuse, ils sont capables de recevoir des dons, conséquemment de faire , avec leurs malades , toutes sortes de traités , sans qu'on puisse les critiquer, sous prétexte de donations déguisées , puisque celles directes seraient valables ?

Nous l'avons déjà dit, la disposition de l'article 909 devait être spécialement écrite dans le Code, parce que la règle qu'elle consacre étant absolue, invariable et indépendante des circonstances, elle faisait nécessairement partie du système des donations. L'ancien droit avait aussi cette règle spéciale d'incapacité absolue , qui, comme on vient de le voir , n'empêchait pas que tous les autres pactes obtenus du malade par le médecin, pendant la maladie dont il le guérissait , ne fussent susceptibles d'être annulés , si les circonstances faisaient voir dans la conduite du médecin, l'abus de sa profession, et dans celle du malade une soumission aveugle aux désirs immodérés du médecin.

Dans cette conjoncture, en effet, toute idée de générosité d'une part, et de reconnaissance de l'autre, sont bannies. Le malade ne donne que pour être guéri ; le médecin ne reçoit que parce qu'il promet de guérir. C'est donc entr'eux le *do ut des*, type caractéristique des contrats commutatifs ; et c'est aux dispositions du Code sur les conventions, qu'il faut recourir pour apprécier ce qui s'est passé entr'eux.

Or, la règle fondamentale des conventions, est que les contractants soient dans un état égal de liberté ; et certes cet équilibre nécessaire n'existe pas entre le médecin qui semble au malade l'arbitre de sa destinée, et cet infortuné qui l'implore comme le Dieu de la santé. On ne peut pas se refuser à appliquer ici l'article 1116 du Code civil, et à reconnaître dans les démarches du médecin, *des manœuvres telles, qu'il est évident que, sans ces manœuvres, l'autre partie n'aurait pas contracté,*

Il y a une parfaite analogie entre l'exaction du médecin et celle de l'usurier ; ce que celui-ci obtient de ses capitaux, l'autre l'arrache par sa réputation ; et si le produit des talents pouvait être soumis à une proportion mathématique, comme celui des écus, la puissance publique lui aurait donné un taux légal : ce que la loi n'a pas pu établir, c'est aux tribunaux à le faire ; il y a un taux moral que les habitudes des citoyens entr'eux ont fixé, et auquel se mesurent tous les échanges qui se font des talents contre le numéraire : c'est ce que le Droit appelle l'arbitrage de l'homme de bien, *arbitrium boni viri.*

Aussi avons nous dit que la nullité de ces traités n'était que relative. Dans leur appréciation, on doit tenir compte, à celui qui a soigné le malade, non-seulement de ses honoraires, mais aussi du rang que ses talents lui ont donné dans l'opinion publique, des soins extraordinaires que la gravité de la maladie a pu exiger de lui, des dangers qu'il a courus si le mal était contagieux, et même du plus ou moins d'aisance du malade ; en un mot, quelque soit le traité, il ne peut être utilement attaqué, qu'autant qu'il est évidemment injuste, et par-là contraire aux bonnes mœurs.

621. Les avocats n'ont pas moins d'empire sur leurs clients, que les médecins sur leurs malades. De cette parité d'influence, naissent en droit les mêmes conséquences sur l'incapacité dans laquelle ils sont, comme les médecins, de contracter irrévocablement avec leurs clients ; tandis qu'ils sont chargés de leurs intérêts, dans une instance non jugée. La loi *quisquis,* 6 , *Cod. de*

postulando, exprime cette parfaite assimilation. *Præterea nullum cum eo litigatore, quem
in propriam recipit fidem, contractum ineat
advocatus, nullamconferat pactionem.* La glose
ajoute : *ergo emere vel alias contrahere, cum
clientulo non potest, et est ratio, quia omnia
daret propter timorem litis, sicut infirmus prop-
timorem mortis.*

Les *Etablissements de Saint-Louis* contiennent
la même règle, *chap.* 14, et elle a constamment
fait partie de notre législation jusqu'à la pro-
mulgation du Code civil. Quelques-uns, parmi
les anciens auteurs, lui donnaient une extension
irréfléchie, en supposant à l'avocat une incapacité absolue de recevoir de ses clients aucuns
dons, en quelque circonstance que ce soit, et
même par testament. Ricard et Henrys l'ont ra-
menée à son véritable sens; c'est-à-dire à tous
pactes, pendant le procès confié à l'avocat : *le
plaid pendant* portent les Établissements de Saint-
Louis : la liberté du client n'est effectivement as-
servie que dans ce moment de perplexité.

Le Code civil, il est vrai, n'a pas spécialement
renouvelé la prohibition, et l'on doit en conclure,
dans ce cas, comme dans celui du médecin, que
le traité n'est pas nul de plein droit, et que s'il
ne contient aucune injustice, il doit être mainte-
tenu; mais si le client en éprouvait un grave
préjudice, les juges, pénétrés de l'esprit de l'an-

cienne législation, verraient dans ce préjudice
la preuve que l'avocat, en abusant de son ascendant sur son client, s'est rendu coupable d'un
véritable dol, et l'article 1116 recevrait encore
une très-juste application. C'est ce motif qui a
principalement déterminé la Cour de Besançon,
dans son arrêt du 15 thermidor an XIII, à annuler l'acte surpris à la dame d'Affry, par un défenseur officieux de Privas. (*Voy. n°. 577.*)

Enfin, le principe qui sert de base à ces règles,
les rend applicables aux avoués, agents d'affaires,
ainsi qu'à tous ceux qui, placés dans une conjoncture où leur secours est indispensable, en font
une odieuse occasion de lucre illicite, et extor-
quent aux malheureux, momentanément placés
dans leur dépendance, des promesses excessives.
Ainsi seraient annulées toutes celles obtenues à
la faveur d'un péril imminent, tel qu'un incen-
die, une innondation, une invasion de gens de
guerre; dans tous ces cas, il n'y a ni consentement, ni contrat, il y a exaction, violence et dol.

FIN DU TROISIÈME ET DERNIER VOLUME.

TABLE GÉNÉRALE

DES MATIÈRES

FIN DE LA TABLE GENERALE.

www.ingramcontent.com/pod-product-compliance
Lightning Source LLC
Chambersburg PA
CBHW031624210326
41599CB00021B/3290